HERMANN SIMON

Die heimlichen Gewinner

›HIDDEN CHAMPIONS‹

Die Erfolgsstrategien
unbekannter Weltmarktführer

Aus dem Englischen
von
JÜRGEN ULRICH LORENZ

WILHELM HEYNE VERLAG
MÜNCHEN

HEYNE BUSINESS
22/2040

Umwelthinweis:
Dieses Buch wurde auf chlor- und
säurefreiem Papier gedruckt.

3. Auflage

Ungekürzte Taschenbuchausgabe
im Wilhelm Heyne Verlag GmbH & Co. KG, München
Copyright © 1996 by Campus Verlag GmbH, Frankfurt/Main
Printed in Germany 2000
Umschlaggestaltung: Atelier Adolf Bachmann, Reischach
Technische Betreuung: M. Spinola
Satz: Schaber Satz- und Datentechnik, Wels
Druck und Verarbeitung: Presse-Druck Augsburg

ISBN 3-453-13216-5

HEYNE
BUSINESS

Heyne · Campus

INHALT

11. KAPITEL

DAS GROSSUNTERNEHMEN ALS ›CHAMPION‹ 265

12. KAPITEL

DIE LEHREN 286

VORWORT

Bis in die Mitte der 80er Jahre war ich nie besonders an kleinen und mittleren Unternehmen interessiert. Mein wissenschaftliches Interesse war vielmehr auf Großunternehmen gerichtet. 1986 traf ich in Düsseldorf Professor Theodore Levitt von der Harvard Business School, und wir begannen eine Diskussion über den anhaltenden deutschen Exporterfolg. Wir stimmten bald darin überein, daß dieser Erfolg nicht primär auf deutsche Großunternehmen zurückgeführt werden könne, weil diese sich von ihren internationalen Wettbewerbern nicht so sehr zu unterscheiden schienen.

Wir vermuteten, daß die Erfolgsursachen auf kleine und mittlere Unternehmen zurückzuführen seien und insbesondere auf eine Gruppe von Firmen, die auf ihren Märkten Weltmarktführer sind. Obgleich diese Firmen kaum bekannt sind, sind sie seit Jahrzehnten auf der Welt unübertroffen. Es interessierte mich, herauszufinden, was diese Marktführer anders machen, und sie näher zu analysieren. Im Lauf der Jahre sammelte ich ihre Namen und gewöhnte mich daran, sie ›Hidden Champions‹ zu nennen. Sie sind verborgen und ziehen es häufig vor, im Verborgenen zu bleiben. Aber ›Champions‹ sind sie um so mehr. Es hat mich sehr überrascht, wie viele ich gefunden habe. Allein in Deutschland mehr als 500.

In den ersten Jahren im Rahmen meines laufenden Forschungsprojektes dachte ich, daß das Phänomen der ›Hidden Champions‹ typisch deutsch sei, begründet in einer Tradition von handwerklichem Können und Stolz auf die eigene Arbeit. In den letzten Jahren habe ich solche Unternehmen jedoch in fast allen Teilen der Welt gefunden – von den USA über Korea bis Südafrika. Ich stellte fest, daß sie über die Ländergrenzen hinweg verblüffend ähnlich sind. Die gleichen Prinzipien scheinen überall zum Erfolg und zur Marktführerschaft zu führen. Daher sind die Erfahrungen, die ich in diesem Buch vorstelle, wahrscheinlich für alle Unternehmen nützlich – unabhängig von ihrem Standort oder nationalen Ursprung. Diese Erfahrungen wurden überall auf der Welt gut aufgenommen, wo immer ich sie auch präsentierte.

Aus meinen Erfahrungen mit Großunternehmen gelangte ich zu der Feststellung, daß die ›Hidden Champions‹ die meisten Facetten des ›Großunternehmen-Syndroms‹ vermeiden, wie zum Beispiel Inflexibilität, Bürokratie, übertriebene Arbeitsteilung oder Kundenferne. In meiner Beratungstätigkeit habe ich versucht, viele Erkenntnisse der Forschung über ›Hidden Champions‹ auf Großunternehmen zu übertragen, und fand heraus, daß die ›Riesen‹ eine Menge von den ›Zwergen‹ lernen können. Obgleich der übliche Lernprozeß von den Großunternehmen zu Kleinbetrieben verläuft, ermutigen die Erkenntnisse dazu, diese Richtung zu ändern. Die Strategien von Großunternehmen sind weitgehend bekannt und verlieren – auf Grund dieser reinen Tatsache – viel von ihrem Wert im Wettbewerb. Was die ›Hidden Champions‹ tun, ist viel weniger bekannt und könnte daher für die Entwicklung einer Unternehmensstrategie viel wertvoller sein.

Meine zunehmende Beschäftigung mit ›Hidden Champions‹, zahlreiche Besuche und wiederholte Begegnungen mit ihren Geschäftsführern lösten eine Reihe von Aha-Erlebnissen aus. Häufig war ich tief davon beeindruckt, was diese Firmen trotz ihrer begrenzten Größe und Hilfsmittel erreicht haben. Ich bin tatsächlich davon überzeugt, daß die weltbesten Firmen eher in dieser Gruppe gefunden werden können als bei Großunternehmen. Ich persönlich lernte aus diesen praktischen Erfahrungen mehr über Management als in zwei Jahrzehnten wissenschaftlicher Forschung. Ich erlaube mir die

Freiheit, meine subjektiven Eindrücke und meine Beurteilungen als Wissenschaftler und Berater mit dem Leser zu teilen. Nicht alle Feststellungen in diesem Buch können bzw. wurden wissenschaftlich verifiziert. Es könnte tatsächlich sein, daß jene Merkmale, die der wissenschaftlichen Analyse am wenigsten zugänglich sind, wie z. B. Führung, Motivation, Verlassen auf die eigene Kraft, die wichtigsten Bestimmungsgrößen für den Erfolg der ›Hidden Champions‹ sind.

Dieses Buch wendet sich in erster Linie an Praktiker. Ich bin sicher, daß diese die Betonung der praktischen Relevanz gegenüber wissenschaftlicher Strenge akzeptieren. Wissenschaftler werden feststellen, daß einige allgemein akzeptierte Anschauungen angezweifelt werden, und ich hoffe, dies wird sie ermutigen, diese Aspekte eingehender zu analysieren.

Ich bin vielen zu Dank verpflichtet, die meine Arbeit an diesem Buch unterstützt haben. Zuerst und vor allem möchte ich den Gründern, Eigentümern und Führungskräften der ›Hidden Champions‹ für die unzähligen Stunden anregendster Diskussion und Lernerfahrungen danken. Ich danke der Deutschen Forschungsgemeinschaft für die Unterstützung des Projektes im Zeitraum 1993–1995. Mein Forschungsassistent Eckart Schmitt trug unermeßlich zu der Arbeit bei und war in allen Phasen ein hochkompetenter gedanklicher Sparringspartner. Ich bin ihm sehr zu Dank verpflichtet. Die Diskussion mit Nick Philipson von der Harvard Business School Press erweiterte meine Perspektive hinsichtlich einer internationalen Veröffentlichung. Und schließlich geht mein Dank an Cäcilia, Jeannine und Patrick für ihr nie endendes Verständnis, daß Zeit die knappste unserer Ressourcen ist.

Hermann Simon

1. KAPITEL

DIE ›HIDDEN CHAMPIONS‹ – WER SIND SIE?

»Wir ziehen es bewußt vor, im Verborgenen zu bleiben.«

Es gibt zahlreiche weitgehend unbekannte, äußerst erfolgreiche Unternehmen, die der Aufmerksamkeit jener entgangen sind, deren Geschäft es ist, alles zu wissen (wie z. B. Fachzeitschriften), alles zu verstehen (wie z. B. Professoren) oder alles in Ordnung zu bringen (wie z. B. Unternehmensberater). Dies ist die Sphäre der weltbesten mittelständischen Unternehmen, die Welt der ›Hidden Champions‹.

Tief verborgen unter den Schlagzeilen sensationeller Geschäftserfolge und innovativer Durchbrüche liegt eine völlig unbeachtete Quelle für Erkenntnisse über Unternehmensführung. Eine ganze Gruppe globaler Wettbewerber blieb hinter einem Schleier von Unscheinbarkeit, Unsichtbarkeit und sogar Verschwiegenheit versteckt. Nur wenige Praktiker, Journalisten oder Wissenschaftler kennen ihre Namen, Produkte, geschweige denn die Art, wie sie überall auf der Welt Geschäfte machen. Ihre marktführende Stellung steht jedoch in totalem Widerspruch zu ihrem unscharfen Profil. Viele dieser Unternehmen haben Weltmarktanteile von 70–90 % – Marktanteile, die nur wenige große multinationale Unternehmen erreichen können. Und viele dieser ›Hidden Champions‹ vermarkteten bereits global, lange bevor der Begriff ›Globalisierung‹ geprägt wurde.

Dieses Buch enthüllt die Geschäftsgeheimnisse der besten unter diesen weltbesten Firmen. Obgleich sie weitgehend unbekannt sind, sind wir ständig von ihren Erzeugnissen umgeben. Lassen Sie uns schnell einige von ihnen betrachten:

Hauni: Dies ist der Weltmarktführer für Zigarettenmaschinen und tatsächlich der einzige Lieferant kompletter Systeme zur Tabakverarbeitung. Der Weltmarktanteil beträgt ca. 90 %. Alle Filterzigaretten auf der Welt werden mit einer Technologie hergestellt, die von Hauni erfunden wurde.

Tetra: Wenn Sie ein Aquarium haben, kennen Sie bestimmt Tetramin. Tetras Anteil am Weltmarkt für Zierfisch-Futter beläuft sich auf über 50 %.

Baader: Dieser ›Hidden Champion‹ hat einen Anteil von 90 % am Weltmarkt für Fischverarbeitungsmaschinen. Sogar in Wladiwostok hätten Sie kein Problem, Produkte und Service von Baader zu bekommen.

Hillebrand: Wenn Sie in Los Angeles einen Beaujolais Nouveau genießen, einige Tage nachdem die Trauben in Frankreich gepreßt wurden, werden Sie sich kaum fragen, wie der neue Wein so schnell nach Kalifornien gelangte. Die Wahrscheinlichkeit, daß er von Hillebrand transportiert wurde, beträgt 60 %. Hillebrand ist das größte Wein-Transportunternehmen auf der Welt und in 60 Ländern vertreten.

Webasto: Dieses Unternehmen ist ein zweifacher ›Hidden Champion‹: Es ist Weltmarktführer bei Auto-Schiebedächern und Zusatzheizungen für Straßen-, Schienen- und Wasserfahrzeuge.

Brita: Der Markt für Haushaltswasserfilter wurde von Brita geschaffen. Der Pionier kämpfte beständig, um seine führende Position zu verteidigen, und hat immer noch einen Weltmarktanteil von 85 %.

Gerriets: Dieses Unternehmen stellt Theatervorhänge und Bühnenausstattung her. Es ist der einzige Hersteller von großen Bühnenvorhängen auf der Welt, so daß der Weltmarktanteil 100 % beträgt.

Stihl: Stihl-Motorsägen sind überall auf der Welt im Einsatz. Ein äußerst innovatives Unternehmen, dessen Weltmarktanteil ungefähr doppelt so hoch ist wie der des stärksten Konkurrenten.

Barth: Wenn Sie ein Glas Bier trinken, werden Sie kaum darüber nachdenken, wo der Hopfen – ein wesentlicher Bestandteil des Bieres – herkommt. Barth ist der Weltmarktführer für Hopfen und Hopfenprodukte. Von der Einstellung her ist es eines der internationalsten Unternehmen, das ich je besucht habe.

SAT und *Wirtgen:* Straßen überall auf der Welt werden schlechter und müssen erneuert werden. Gleichzeitig werden Recycling und Umweltschutz in vielen Ländern immer wichtigere Anliegen. Dieses Paar von ›Hidden Champions‹ nutzt die Möglichkeiten, die sich aus diesen Trends ergeben. Wirtgen stellt Kaltfräsen für das Abtragen von Asphalt- und Betonbelägen sowie Asphalt-Recyclinggeräte her, und *SAT* führt das Recycling von Straßenbelägen auf der Baustelle durch. In Ihrer neuesten Technologie ›Kalterneuerung von Straßenbelägen‹ wird in einem kontinuierlichen Prozeß der ausgehobene Straßenbelag gemahlen, das Material ohne Hitze auf der Baustelle recycelt und der Straßenbelag erneuert. Kalterneuerung von Straßenbelägen wird bereits in Ländern wie z. B. Australien, Südafrika und Israel angewendet. Dieses Verfahren dürfte bald auch in Deutschland eingesetzt werden.

Haribo: Haribo-Gummibärchen sind in Europa und den USA gleichermaßen beliebt. Diesem *Unternehmen* gelang es, eine klar überlegene Position als Marktführer für diese Süßwaren-Spezialität in der westlichen Welt aufzubauen.

Würth: Dieser ›Hidden Champion‹ begann Mitte der 50er Jahre als Zwei-Mann-Betrieb. Würth ist jetzt der bei weitem größte Lieferant von Schrauben, Verbindungs- und Befestigungsmaterial auf der Welt. Sein stärkster Konkurrent erreicht nur 20 % der Größe von Würth. Mit werkseigenen Niederlassungen in 44 Ländern wächst das Unternehmen unaufhörlich und baut seine Marktführerschaft auf dem Weltmarkt ständig aus.

Diese Aufzählung von ›Hidden Champions‹ könnte Seite um Seite verlängert werden – unter Berücksichtigung von Produkten und Dienstleistungen wie z. B. Bucheinbandstoffe, große lebende Bäume, Modelleisenbahnen, Metallfilter, Kongreß-Übersetzungssysteme, Weihnachtsstern-Pflanzen, Winkelmesser, zerstörungsfreie Materialprüfung, Knöpfe, Zeltverleih oder Blumenerde. Warum sind die ›Hidden Champions‹ der Aufmerksamkeit der Fachpresse und der Wissenschaftler weitgehend entgangen? Es gibt verschiedene Gründe. Erstens sind viele ihrer Produkte unscheinbar oder unsichtbar. Häufig werden diese Produkte im Herstellungsprozeß verwendet, wie z. B. Maschinen und Meßinstrumente, oder sie werden in das Endprodukt eingebaut bzw. eingearbeitet, wie z. B. Schiebedächer in Autos oder Duftstoffe in Parfüms. Manchmal sind die Produkte (wie z. B. Knöpfe oder Bleistifte) einfach zu unbedeutend, um bewußt wahrgenommen zu werden. Wer bedenkt schon, daß jemand Dinge wie Knöpfe, Bleistifte oder Schrauben herstellen oder Etiketten auf Getränkeflaschen anbringen muß?
Es gibt jedoch noch einen weiteren Grund für das unscharfe Profil dieser Weltmarktführer: Die meisten ›Hidden Champions‹ schätzen ihre Unbekanntheit. Sie scheuen die Öffentlichkeit, und viele verfolgen erklärtermaßen die

Strategie, sich nicht mit der Presse einzulassen oder – nebenbei bemerkt – mit Wissenschaftlern. Ein Manager eines führenden Herstellers von Investitionsgütern sagte: »Wir haben kein Interesse, unsere Erfolgsstrategien offenzulegen und jenen zu helfen, die in den letzten Jahren träge waren.« Der Chef eines anderen ›Hidden Champion‹ schrieb: »Wir wollen nicht auf Ihrer Liste stehen. Wir ziehen es bewußt vor, im Verborgenen zu bleiben.« Und der Chef des Weltmarktführers für eine wichtige Komponente für Schwingungsdämpfer bemerkte: »Wir wollen weder, daß unsere Wettbewerber noch unsere Kunden unseren tatsächlichen Marktanteil kennen.« Der junge Chef eines Dienstleistungsunternehmens bemerkte: »Jahrelang haben wir an unserer Anonymität festgehalten. Dies ist sehr bequem. Niemand hat unsere Marktnische bemerkt.« Nach eingehenden Recherchen stellte der amerikanische Journalist Philip Glouchevitch[1] resigniert fest, daß »diese Unternehmen in vieler Hinsicht unergründlich bleiben – eine wohlüberlegte Eigenschaft«. Zahlreiche Kandidaten, die ich als ›Hidden Champions‹ identifizierte, beantworteten nie meine Telefonanrufe oder Briefe, noch standen sie für Interviews zur Verfügung oder beteiligten sich an einer Fragebogen-Erhebung.

Sie blieben außenstehenden Beobachtern jedoch nicht vollständig verborgen. Porter[2] beschreibt einige Industriezweige, in denen ›Hidden Champions‹ eine wichtige Rolle spielen, ganz besonders die deutschen Druckmaschinenhersteller *Heidelberger Druckmaschinen,* Weltmarktführer für Offsetdruckmaschinen, und *Koenig & Bauer,* Weltmarktführer für Geld-Druckmaschinen. Er erwähnt auch *Claas*, den Weltmarktführer für Mähdrescher, und *Cloos*, einen ›Hidden Champion‹ für Schweißtechnik. Peters[3] berichtet von ›mächtigen Zwergen‹ und beschreibt einige ›Hidden Champions‹. In ähnlicher Weise stellte *Business Week* deutsche[4] und amerikanische[5] ›Hidden Champions‹ vor.

Wer qualifiziert sich als ›Hidden Champion‹?

In meiner Forschung konnte ich über 500 kleine und mittelgroße Unternehmen in Deutschland identifizieren, die Weltmarktführer sind. Da es keine Statistik für ›Hidden Champions‹ gibt, ist diese Datenbasis nicht vollständig, sondern
eher die Spitze eines Eisbergs.

Um sich als ›Hidden Champion‹ zu qualifizieren, muß ein Unternehmen drei Bedingungen erfüllen (vgl. Abbildung 1.1):

Wer ist ein »Hidden Champion«?
• *Nr. 1 bzw. Nr. 2 auf dem Weltmarkt oder Nr. 1 auf dem europäischen Markt* (Die Marktstellung wird durch den Marktanteil beschrieben. Wenn das Unternehmen sei- nen exakten Marktanteil nicht kennt, muß das Unternehmen stärker als sein bedeutend- ster Konkurrent sein.)
• *Umsatz unter 1,5 Mrd. DM* (mit einigen Ausnahmen. 4 % der Stichprobe übersteigen die Umsatzobergrenze - haben jedoch die typischen Eigenschaften von »Hidden Champions«, z. B. Würth)
• *Geringer Bekanntheitsgrad* (nur qualitativ geschätzt)

Abbildung 1.1: Kriterien für einen ›Hidden Champion‹

Forschungsprojekt und Datenbasis

Die Ergebnisse meines ersten Forschungsprojektes wurden
1992 veröffentlicht[6]. 1992 habe ich dann ein größeres Projekt begonnen. Dieses Buch stützt sich auf die Ergebnisse
meiner wissenschaftlichen Forschung in den letzten sechs
Jahren und meine persönlichen Kenntnisse vieler ›Hidden
Champions‹, mit denen ich als Berater seit Jahren zusam-
menarbeite.

Das Forschungsprojekt bezieht sich auf ›Hidden Champions‹
in Deutschland. Mit der Zeit richtete sich meine Aufmerksamkeit auch auf ›Hidden Champions‹ aus anderen Ländern. Qualitative Erkenntnisse aus diesen Beobachtungen
werden in diesem Buch mit berücksichtigt.

17

Methodisch stützt sich das Projekt auf fünf Datenquellen:

1. *Veröffentlichte Informationen*
   (z. B. Zeitungsmeldungen, Zeitschriftenartikel, Bücher, elektronische Medien usw.)

2. *Firmeninformationen*
   (z. B. Geschäftsberichte, Firmenbroschüren, Kataloge usw.)

3. *Fragebogen-Erhebung bei 457 Unternehmen*
   Dieser Fragebogen war sehr umfassend und berücksichtigte alle relevanten Aspekte der Wettbewerbsstrategie. 122 Fragebögen (= Rücklaufquote von 27 %) wurden zurückgeschickt und konnten analysiert werden.

4. *Persönliche Interviews*
   Mehr als 100 persönliche Interviews, die fast alle anläßlich besonderer Firmenbesuche durchgeführt wurden. Wenn die Situation und der Befragte es erlaubten, wurden die Interviews auf Band aufgezeichnet und später schriftlich erfaßt.

5. *Persönliche Begegnungen*
   Zahlreiche persönliche Begegnungen mit Gründern, Chefs, Führungskräften und Mitarbeitern von ›Hidden Champions‹ im Zusammenhang mit Beratungsaufträgen, Workshops, Seminaren, Konferenzen, Besuchen usw.

Während ein beträchtlicher Teil der erhobenen Informationen, wie z. B. Umsätze, Beschäftigtenzahl, Anzahl der bearbeiteten Länder, Anzahl der Patente usw., auf ›harten‹ Fakten beruht, besteht ein größerer Teil aus ›weichen‹ bzw. subjektiven Informationen. Zur letzten Kategorie zahlen Sachverhalte wie z. B. die Beurteilung von Wettbewerbsvorteilen oder von Kundenanforderungen, Führungsstil und Motivation der Mitarbeiter usw. In einigen Fällen ist sogar die Schätzung des Marktvolumens oder Marktanteils ziemlich ›weich‹, d. h. unsicher. Ich möchte in diesem Zusammenhang ausdrücklich feststellen, daß ich mich auf die von den ›Hidden Champions‹ bereitgestellten Daten stützte. Es gibt keine realistische Möglichkeit, diese Daten für Hunderte von Firmen in Dutzenden von Ländern zu überprüfen. In vielen Fällen, in denen ich zufällig die Gelegenheit hatte, mit Kunden oder Wettbewerbern der ›Hidden Champions‹ zu sprechen, wurde deren Selbsteinschätzung bestätigt. Mein subjektiver Eindruck ist, daß die Angaben der ›Hidden Champions‹ eher dadurch geprägt sind, daß sie ihre Leistung zu bescheiden angeben, als daß sie übertreiben.

Das vorliegende Buch sieht davon ab, methodische Aspekte der Analyse eingehender zu behandeln. Vielmehr konzentriert es sich im Interesse der Kernzielgruppe *Praktiker* auf die für die Unternehmensführung relevanten Forschungsergebnisse.

Struktur der ›Hidden Champions‹

Von den Unternehmen der Stichprobe gaben 78,6 % an, daß sie *Marktführer* oder ›einer der Führer‹ auf dem Weltmarkt sind. 95,6 % sind Marktführer auf dem europäischen Markt und 99,2 % auf dem deutschen Markt (vgl. Abbildung 1.2).

	Absoluter Marktanteil	Marktanteil des größten Konkurrenten	Relativer Marktanteil der »Hidden Champions«
Weltmarkt	30,2 %	19,4 %	1,56
Europa	36,7 %	20,8 %	1,76
Deutschland	44,4 %	21,8 %	2,04

Abbildung 1.2: Durchschnittliche Marktanteile der ›Hidden Champions‹

Der absolute Marktanteil ist definiert als eigener Umsatz in Prozent des Gesamtmarktvolumens. Der relative Marktanteil wird wie folgt ermittelt: Marktanteil des ›Hidden Champion‹ dividiert durch den Marktanteil des stärksten Konkurrenten. Ein relativer Marktanteil von 1,8 bedeutet, daß der Marktanteil des ›Hidden Champion‹ 80 % größer ist als der

Marktanteil des stärksten Konkurrenten. Dies ist zum Beispiel der Fall, wenn der Marktführer einen Marktanteil von 36 % hat und der stärkste Konkurrent einen Marktanteil von 20 %. Nur der Marktführer hat einen relativen Marktanteil, der größer als 1 ist.

Die Mittelwerte in Abbildung 1.2 zeigen, daß die ›Hidden Champions‹ der Stichprobe auf ihren Märkten eine marktführende Stellung haben.

›Hidden Champions‹ gibt es in fast allen *Branchen*. In unserer Stichprobe ist der Maschinenbau mit 37,0 % am stärksten vertreten. Das zweitstärkste Segment ist die Gruppe ›Sonstige‹ (einschließlich Dienstleistungen). Dies zeigt, daß kleinere Märkte, die in der Industriestatistik nicht gesondert ausgewiesen werden, für ›Hidden Champions‹ typisch sind. 11,8 % der Firmen zahlen zur Elektroindustrie und 10,1 % zur Metallbearbeitung. Chemie, Druck und Papier, Nahrungsmittel sowie Textilien sind andere wichtige Branchen.

Die *Größe* des typischen ›Hidden Champion‹ wird durch den Mittelwert des Jahresumsatzes von 195 Mio. DM angegeben. Ungefähr jeweils ein Drittel der Unternehmen der Stichprobe haben einen Umsatz unter 100 Mio. DM, zwischen 100–400 Mio. DM und über 400 Mio. DM. Der Umsatz des kleinsten ›Hidden Champion‹ ist 5 Mio. DM. Trotz der Rezession erreichten sie zwischen 1989 und 1994 eine jährliche Wachstumsrate von 6,5 %. In den Boomjahren Mitte und Ende der 80er Jahre betrug das durchschnittliche jährliche Wachstum 16 %. Zwei Drittel der analysierten Unternehmen waren mit ihrer Wachstumsleistung zufrieden oder sehr zufrieden.

Die ›Hidden Champions‹ beschäftigen im Durchschnitt 735 Mitarbeiter. Im Gegensatz zu Großunternehmen schaffen diese Betriebe viele neue Arbeitsplätze. In der zweiten Hälfte der 80er Jahre erhöhte sich ihre Beschäftigtenzahl rasch um 9 % pro Jahr. Selbst in den rezessionsgeschwächten 90er Jahren hielten sie ihren Beschäftigungsstand bzw. konnten die Beschäftigtenzahl geringfügig erhöhen.

Ihre Produkte sind hauptsächlich in der Reifephase (67,3 %) und Wachstumsphase (28,2 %) des *Produkt-Lebenszyklus*. Nur 2,7 % und 1,8 % sind der Einführungsphase bzw. der Phase des Umsatzrückgangs zuzuordnen. Diese Verteilung weist auf ein ziemlich stabiles bzw. gemäßigtes Umsatzwachstum hin.

Die ›Hidden Champions‹ sind sehr starke Exporteure. Im Durchschnitt beträgt der direkte *Exportanteil* 51,4 % vom Umsatz. Darin sind indirekte Exporte nicht berücksichtigt, d. h., das weiter verarbeitete Produkt eines ›Hidden Champion‹ wird durch ein anderes Fertigprodukt exportiert. Beispielsweise hat *Röhm,* ein Hersteller von Bohrfuttern, zwar nennenswerte direkte Exporte, größtenteils sind die Exporte jedoch indirekt in den Maschinenexporten von Bosch oder Black & Decker enthalten. Das gleiche gilt für *Webastos* Schiebedächer mit der Autoindustrie als Exporteur.

Wer ist *Eigentümer* der ›Hidden Champions‹? 76,5 % der Unternehmen in der Stichprobe sind Familiengesellschaften (vgl. Abbildung 1.3).

Andere Unternehmen/ Konzerne			Aktiengesellschaften/ Viele Eigentümer	Familienbesitz/ Wenige Eigentümer
21,1 %			2,4 %	76,5 %

Ausländ. Mutter	Deutsche Mutter		Eigentümer im Management	Eigentümer nicht im Management
12,5 %	8,7 %	2,4 %	62,3 %	14,1 %

Abbildung 1.3: Eigentumsverhältnisse und Management-Struktur der ›Hidden Champions‹

Von der Gesamtzahl von 500 ›Hidden Champions‹ sind ca. 50 *börsennotierte* Gesellschaften. Die Zahl der börsennotierten Unternehmen hat in den letzten Jahren zugenommen. Dieser Trend wird sich in der Zukunft fortsetzen und bietet interessante Investitionsmöglichkeiten. In den Familiengesellschaften sitzt in 81,5 % der Fälle ein Familienmitglied in der Unternehmensleitung.

Die *Altersstruktur* der ›Hidden Champions‹ verdient besondere Aufmerksamkeit (vgl. Abbildung 1.4). Ihr durchschnitt-
liches Alter ist 67 Jahre (Median[7]: 47 Jahre). Die älteste Firma
wurde 1753 gegründet, und 7,6 % der ›Hidden Champions‹
sind älter als 150 Jahre. Die Altersverteilung hat zwei Schwerpunkte: 23,5 % der Unternehmen wurden zwischen 1845 und
1920 gegründet. Die größte Gruppe mit 40,3 % wurde in der
Wachstumsphase zwischen 1945–1969 gegründet.

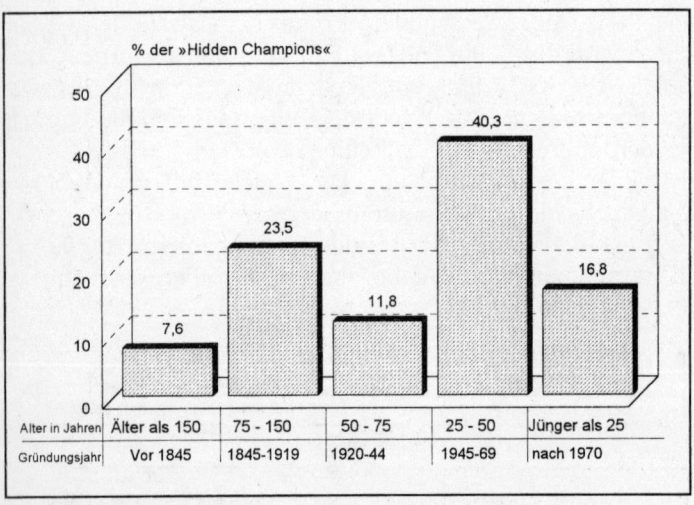

Abbildung 1.4: Die Altersstruktur der ›Hidden Champions‹

Die Altersstruktur ist insofern von besonderem Interesse,
als die Stichprobe sowohl Firmen enthält, die mehrere Generationen erfolgreich überlebt haben, als auch Firmen, die
sich in der ersten Generation befinden. Letztere müssen
noch beweisen, daß sie eine der größten Herausforderungen,
mit denen diese Firmen konfrontiert sind, meistern können –
die Nachfolgeregelung.
In Abbildung 1.5 wird die Struktur der ›Hidden Champions‹
zusammenfassend beschrieben.

Diese Strukturmerkmale tragen zu einer *Unternehmenskultur* bei, die Kontinuität sowie eher ein stetiges als ein explosives Wachstum begünstigt. Die Geschäftspraktiken sind durch gesunden Menschenverstand und Realitätssinn geprägt. Weltmarktführerschaft dieser Art stützt sich weitgehend auf sorgfältige Beachtung des Details, eine nicht endende Verpflichtung, die Kunden zu befriedigen, und Beharrlichkeit.

Umsatz	195 Mio. DM
Umsatzwachstum	1989-94 6,5 % p.a.
	1985-89 16,2 % p.a.
Status im Produkt-Lebenszyklus	2,7 % in Einführungsphase
	28,2 % in Wachstumsphase
	67,3 % in Reifephase
	1,8 % in Sättigungs-/Rückgangsphase
Anzahl der Beschäftigten	735
Exportanteil	51,4 %
Exportumsatz	99,8 Mio. DM
Eigentumsstruktur	76,5 % Familienbesitz
	21,1 % Konzerngesellsch. (davon: 59% ausländische Unternehmen)
	2,4 % Aktiengesellschaften
Altersstruktur	Mittelwert: 67 Jahre
	Median: 47 Jahre

Abbildung 1.5: Strukturdaten der ›Hidden Champions‹ (122er Stichprobe)

Sind die ›Hidden Champions‹ erfolgreich?

Diese Überschrift wirft zunächst eine Frage auf: Was ist Geschäftserfolg? Der Erfolg hängt bekanntlich von den Unternehmenszielen ab. Wenn die Ziele erreicht oder übererfüllt werden, ist ein Unternehmen erfolgreich.
Die *Sicherung der langfristigen Unternehmensexistenz* ist das wichtigste Unternehmensziel und die größte Herausforde-

23

rung. Bekanntlich scheitern mitunter sogar Großunternehmen an diesem Ziel. Können die ›Hidden Champions‹ ihre Existenz langfristig erfolgreich sichern? Unsere Forschungsergebnisse beantworten diese Frage nicht explizit, weil die Stichprobe nur Unternehmen enthält, die überlebt haben. Somit untersuche ich nur die Strategien von überlebenden Unternehmen. Es ist nicht bekannt, wie viele ähnliche Unternehmen im Lauf der Jahre zusammengebrochen sind und ob diese sich anders verhalten haben als die Überlebenden. Aber die Tatsache, daß 42,9 % der Unternehmen in der Stichprobe älter als 50 Jahre sind und daß 24,4 % älter als 100 Jahre sind, beweist deutlich, daß viele ›Hidden Champions‹ im ständigen Darwinschen Kampf um das Überleben der Stärksten erfolgreich waren. Das bedeutet keineswegs, daß sie im Lauf der Zeit nicht ernste Krisen erlebt haben. Das Gegenteil ist der Fall. Die meisten der älteren ›Hidden Champions‹ haben in ihrer Geschichte eine oder mehrere lebensbedrohende Krisen erlebt. Normalerweise gingen sie jedoch gestärkt aus der Überwindung der Krise hervor. 69,9 % bewerten ihre Überlebensfähigkeit als überdurchschnittlich. Und sogar die meisten der jüngeren ›Hidden Champions‹ glauben, auf die zukünftigen Wettbewerbsauseinandersetzungen gut vorbereitet zu sein.

Im Vergleich zu der langfristigen Leistung von Großunternehmen scheint es den ›Hidden Champions‹ sehr gut zu gehen. Nur zwei Jahre nach der Veröffentlichung der 43 Spitzenunternehmen von Peters und Watermann[8] deckte *Business Week* auf, daß wenigstens 14 Unternehmen rückläufige Gewinne verzeichnen mußten oder mit ernsten Problemen konfrontiert waren[9]. Obgleich ein direkter Vergleich zwischen Großunternehmen und ›Hidden Champions‹ infolge fehlender Daten nicht möglich ist, scheint die Überlebenskraft der ›Hidden Champions‹ wenigstens genauso stark – wenn nicht stärker – wie die der Großunternehmen zu sein.

Die Fähigkeit, auch unter widrigen Bedingungen zu gedeihen, wurde auch in der Rezession Anfang der 90er Jahre bewiesen.

Wie andere Unternehmen auch, sind die ›Hidden Champions‹ gegen Konjunkturschwankungen nicht immun. In der Krise ist es ihnen jedoch relativ gut ergangen. 68,1 % glauben, daß sie mit der Rezession besser fertig geworden sind als ihre Wettbewerber. Die folgende Auswahl von Schlagzeilen für den Zeitraum 1992–1994 stützt diese Beurteilung:

- *Märklin* (Weltmarktführer für Modelleisenbahnen): »Märklin-Kunden geben weiterhin Geld aus.«
- *Krones* (Weltmarktanteil von 80 % bei Flaschen-Etikettiermaschinen): »Kaum durch die Rezession betroffen.«
- *Cewe* (Europamarktführer in Foto-Dienstleistungen): »Nicht abhängig vom Geschäftsrückgang.«
- *Brückner* (weltführender Hersteller von Biaxial-Folienreckanlagen): »Ein Gewinner in der Rezession. Erlangte Vorteile infolge der Fehler von Konkurrenten.«
- *Stihl* (Weltmarktführer bei Motorsägen): »Stihl ist gegen Rezession gefeit.«
- *Dürr* (Weltmarktführer bei Lackiertechnik-Anlagen): »Nahezu alle Branchen waren betroffen – Dürr war trotzdem in der Lage, den positiven Trend der Vorjahre fortzusetzen.«
- *Prominent* (Weltmarktführer bei Dosierpumpen): »In 35 Jahren hatten wir nie eine Rezession, nur Schwankungen im Wachstum.«

Zweifellos profitieren Firmen wie die ›Hidden Champions‹ von ungünstigen Wirtschaftsbedingungen. 76,2 % unserer Stichprobe berichteten, daß sie ihren Marktanteil im Zeitraum 1989–1994 erhöht haben. Dies wurde offensichtlich nicht durch Selbstzufriedenheit erreicht, sondern durch rigorose Kostensenkung, Restrukturierung und Verlagerung von Arbeitsplätzen aus dem Hochlohnland Deutschland in ausländische Standorte (hauptsächlich in die USA und Zentral-/Osteuropa). In Diskussionen wird oft behauptet, daß die Rezession deutsche Firmen hart getroffen hat. Tatsächlich wurden zahlreiche mittelständische deutsche Unternehmen (insbesondere im Maschinenbau, z. B. Deckel, Maho)

Opfer der Rezession. Aber diese ›Opfer‹ gehören nicht zu der Elite, die in diesem Buch betrachtet wird. Die Krise machte die Starken stärker und eliminierte schwächere Konkurrenten.

Der *Marktanteil* ist ein anderes Erfolgskriterium. Der Markterfolg der ›Hidden Champions‹ bedarf keines weiteren Kommentars. Wenn ein Unternehmen in der Welt einen Marktanteil von 30, 50 oder 70 % erreicht oder einen relativen Marktanteil von 1,5 oder 2 oder 5, muß es etwas richtig machen und als erfolgreich angesehen werden.

Was die *Rendite* betrifft, ist das Erfolgsbild gut, jedoch nicht überragend. Nur wenige ›Hidden Champions‹ sind Aktiengesellschaften und daher verpflichtet, die Geschäftsergebnisse zu veröffentlichen. Insofern überrascht es nicht, daß nur eine kleine Minderheit von 22,7 % der Stichprobe bereit war, ihren Return-on-Investment (ROI) mitzuteilen. Der durchschnittliche ROI vor Steuern betrug 13,6 %. Wenn man eine Eigenkapital-Quote von 40 % annimmt, ist diese Zahl nahezu identisch mit der Eigenkapital-Rendite erfolgreicher Unternehmen, die in einer McKinsey-Studie über deutsche Unternehmen festgestellt wurde[10]. Diese Rendite ist vergleichbar mit der durchschnittlichen Profitabilität großer Industrieunternehmen in Deutschland, deren ROI vor Steuern im Zeitraum 1989–1993 ca. 2,6 % betrug[11]. In einer relativen Bewertung, an der sich 99,1 % aller Befragten beteiligten, bezeichneten 56 % ihre Rendite als überdurchschnittlich oder deutlich über dem Durchschnitt liegend. Die Schlußfolgerung lautet: Die ›Hidden Champions‹ erzielen eine deutlich höhere Rendite als andere Unternehmen, die in der gleichen Umgebung tätig sind, wenn ihre Rendite auch nicht spektakulär ist. Kurzfristiger Gewinn scheint nicht ihr Hauptziel zu sein.

Sind die ›Hidden Champions‹ mit ihrer Leistung zufrieden? Die Frage »Wie zufrieden sind Sie insgesamt mit dem Geschäftsergebnis der letzten 5 Jahre?« sollte auf einer 7-Punkte-Skala beantwortet werden, die von ›1 = überhaupt nicht zufrieden‹ bis ›7 = sehr zufrieden‹ reichte. Abbildung 1.6 zeigt die Verteilung der Antworten.

Eine deutliche Mehrheit von 63,9 % liegt über dem Durchschnitt, wenn auch nur sehr wenige ihren Erfolg mit der höchsten Note bewerteten. Dieses Ergebnis kann als Kompromiß aus bescheidenem Stolz und dem Bewußtsein interpretiert werden, daß Erfolg nie garantiert ist, sondern erkämpft werden muß.

Die verschiedenen Erfolgsindikatoren zeigen, daß die ›Hidden Champions‹ erfolgreiche Unternehmen sind, wenn sie auch in dieser Hinsicht nicht so außergewöhnlich sind, wie man erwarten könnte. Die ›Hidden Champions‹ liefern uns keine magischen Erfolgsformeln. Die meisten von ihnen würden sicherlich der Formulierung von T. Levitt zustimmen: »Kontinuierlicher Erfolg ist hauptsächlich eine Angelegenheit, sich regelmäßig auf die richtigen Dinge zu konzentrieren und täglich zahlreiche unspektakuläre, kleine Verbesserungen durchzusetzen.«[12]

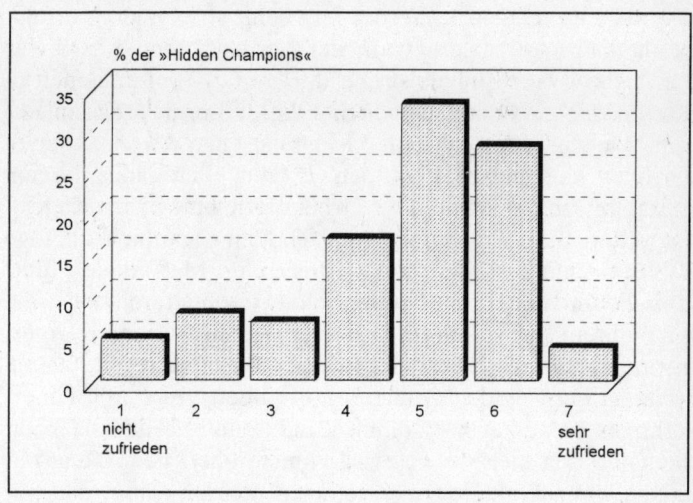

Abbildung 1.6: Erfolgszufriedenheit der ›Hidden Champions‹

Die Mehrheit der ›Hidden Champion‹-Chefs, mit denen wir gesprochen haben, sieht sich in dieser Weise. Immer wieder sagten sie, daß ihre Wettbewerber auch gut sind, oft sogar hervorragend, daß ihr eigener Erfolg nicht auf einem spezifischen Faktor beruht, sondern vielmehr darauf, viele kleine Dinge ein wenig und konsequent besser zu machen. Sie sehen sich den gleichen Schwierigkeiten und Herausforderungen ausgesetzt, mit denen jedes Unternehmen konfrontiert ist. Sie glauben nicht, daß sie außergewöhnlich sind.

Ich möchte deshalb den Leser warnen, die folgenden Ausführungen nicht als einfache Erfolgsrezepte zu interpretieren. Statt dessen sollte der Leser sich kritisch fragen, welche Beobachtungen und Erfahrungen sich auf seine Situation übertragen lassen und welche nicht. Nehmen Sie alles mit Vorsicht zur Kenntnis und bleiben Sie skeptisch!

Wer kann von den ›Hidden Champions‹ lernen?

Jedes Unternehmen sollte bestrebt sein, von anderen erfolgreichen Firmen zu lernen. In der Vergangenheit war dieser Lernprozeß eine Einbahnstraße, die von Großunternehmen zu Kleinbetrieben führte. Ich möchte diesen Lernprozeß umkehren. Wie wir in den folgenden Kapiteln sehen werden, können Großunternehmen viel von den ›Hidden Champions‹ lernen. In zahlreichen Seminaren bei Großunternehmen habe ich festgestellt, daß die Erfahrungen der ›Hidden Champions‹ heftige Diskussionen auslösten und zu konkreten Maßnahmen führten. Collins und Porras[13] nennen die Großunternehmen, die sie in ihrem Buch ›Built to Last‹ analysieren, ›visionäre Unternehmen‹ und ›die Besten der Besten‹. Wenn auch viele Eigenschaften der ›Hidden Champions‹ und der ›visionären Unternehmen‹ bemerkenswert ähnlich sind, sind die ›Hidden Champions‹ in den meisten dieser Merkmale überlegen. Wenn nur einige ihrer Praktiken übernommen werden, kann dies für Großunternehmen eine große Verbesserung bedeuten.

Eine zweite Gruppe von Unternehmen, die von den ›Hidden Champions‹ lernen kann, sind mittelständische Unternehmen, die weniger erfolgreich sind. Sie sollten ihre Strategien mit denen der ›Hidden Champions‹ vergleichen und feststellen, wo die Unterschiede liegen. Am Ende des zwölften Kapitels schlage ich einen ›Hidden Champion‹-Audit vor, das große und kleine Unternehmen zu einer solchen Überprüfung nutzen können.

Zusammenfassung

Neben den bekannten Erfolgsstories über Großunternehmen, die häufig in der Wirtschaftspresse vorgestellt werden, gibt es andere erfolgreiche Firmen, die hinter einem Nebel von Unauffälligkeit und Verschwiegenheit verborgen sind. Unter diesen unbekannten Firmen sind einige der weltbesten Unternehmen.

Die ›Hidden Champions‹

- sind kleine und mittelständische Unternehmen;
- beherrschen den Weltmarkt häufig mit Marktanteilen von über 50 %;
- haben Produkte, die oft ›unsichtbar‹ oder unauffällig sind;
- beweisen eine bemerkenswerte Überlebensfähigkeit;
- haben einen beachtlichen Exportanteil und leisten einen wichtigen Beitrag zur Leistungsbilanz eines Landes;
- sind wahrhaft globale Wettbewerber;
- sind überwiegend Familiengesellschaften;
- sind erfolgreich – jedoch keine Wunder-Firmen.

Von den Strategien und Praktiken der ›Hidden Champions‹ können sowohl Großunternehmen als auch mittelständische Firmen lernen, unabhängig von der Branche und dem Standort.

29

Anmerkungen

1 Glouchevitch, Philip: Juggernaut – The German Way of Business: Why it is Transforming Europe – and the World, New York: Simon and Schuster, 1992, S. 51.

2 Porter, Michael E.: Competitive Advantage of Nations, London: MacMillan, 1990a.
Porter, Michael E.: Competitive Advantage of Nations, Harvard Business Review, 1990b.

3 Peters, Thomas J.: Liberation Management, New York: Alfred A. Knoepf, 1992.

4 Business Week: Think Small, October 7, 1991.

5 Business Week: The Little Giants, September 7, 1993.

6 Simon, Hermann: Lessons from Germany's Midsize Giants, Harvard Business Review, 70 (March–April) 1992, 5. 115–123.

7 Median (Zentralwert): Jener Wert, der in einer größenmäßig geordneten Reihe von Merkmalswerten in der Mitte liegt. Er wird – anders als das arithmetische Mittel – durch die Extremwerte nicht beeinflußt.

8 Peters, Thomas J., und Waterman, Robert H.: In Search of Excellence – Lessons from Americas Best-Run Companies, New York: Harper & Row, 1982.

9 Business Week: Who's excellent, now? November 5, 1984.

10 Rommel, Günter, Brück, Felix, Diederichs, Raimund, und Kempis, Rolf-Dieter: Simplicity Wins – How Germany's Mid-Sized Industrial Companies Succeed, Boston: Harvard Business School Press, 1995.

11 iwd, 29. 09. 1994, S. 3.

12 Levitt, Theodore: Harvard Business Review, November–December 1988, S. 9.

13 Collins, James C., und Porras, Jerry I.: Built to Last – Successful Habits of Visionary Companies, New York: Harper Collins Publishers, 1994.
Collins, James C., und Porras, Jerry I.: Die Besten der Besten – Zwölf Managementmythen, gdi-impuls 1/1995, S. 23–29, Zürich: Gottlieb-Duttweiler-Institut 1995.

2. KAPITEL

Die Unternehmensziele

»Unser Ziel ist, Nr. 1 zu werden.«

Das Hauptziel der ›Hidden Champions‹ ist Marktführerschaft – und sonst nichts. Aber was ist Marktführerschaft? Wie verstehen die ›Hidden Champions‹ dieses Konzept? Wie erreichen und verteidigen sie ihre führende Position? Welche Rolle spielen dabei Ziele und Visionen für ihren Erfolg und wie werden sie umgesetzt?

Marktführerschaft

Das Interesse am Thema Marktführerschaft ist in jüngster Zeit enorm gestiegen[1]. Marktführerschaft wird normalerweise per Marktanteil definiert. Das Unternehmen mit dem größten Marktanteil ist der Marktführer. Wie wir gesehen haben, sind die ›Hidden Champions‹ in diesem Sinne Marktführer. Ihr durchschnittlicher Weltmarktanteil ist 30,2 %, und ihr relativer Weltmarktanteil liegt bei 1,56, d. h., sie sind 56 % größer als ihr stärkster Wettbewerber.

Abbildung 2.1 gibt eine detaillierte Beschreibung der Weltmarktposition für ausgewählte ›Hidden Champions‹. Aus dieser Tabelle geht die marktführende Stellung dieser ›Hidden Champions‹ klar hervor.

Marktführerschaft beschränkt sich nicht notwendigerweise darauf, den größten Marktanteil zu haben (vgl. Abbildung 2.2).

Die Unternehmensziele

Firma	Hauptprodukt	Umsatz Mio.DM	Beschäftigte	Weltmarkt-Position		
				Rang	Absoluter Marktanteil %	Relativer Marktanteil
Aesculap	Chirurgische Instrumente	525	4.500	1-2	15	1,5
Hensoldt & Söhne	Ferngläser, Zielfernrohre	90	957	1	>50	2,5
Brähler	Verleih von Konferenzausstattung, Übersetzungsanlagen	70	390	1-2	30	1
Hille & Müller	Kaltgewalzter Bandstahl	500	1.500	1	>50	2
Matth. Hohner	Mundharmonikas, Akkordeons	190	1.050	1	85	42,5
Carl Jäger	Weihrauch-Kegel, -Stäbe	5	10	1	70	2,3
Arnold & Richter	35-mm-Filmkameras	195	700	1	60	3
Ex-Cell-O	Sonderfräs- und Schleifmaschinen für Gelenkteile	450	1.300	1	70	3,5
Söring	Ultraschall-Trenngeräte	5	20	1	36	1,2
Grenzebach	Schneide-, Beschick-, Stapel- und Transportanlagen für die Flachglasherstellung	100	450	1	50	5
Märklin	Modelleisenbahnen	220	1.700	1	55	3
SAP	Standard-Software	1.800	5.000	1	40	1,5
ASB Grünland	Blumenerde	191	465	1	40	4

Abbildung 2.1: Weltmarkt-Position ausgewählter ›Hidden Champions‹

Warum verstehen Sie sich als Marktführer?	
Umsatzstärkster Anbieter (Basis: Wertumsatz)	72,6 %
Mengenstärkster Anbieter (Basis: Mengenabsatz)	46,6 %
Technologie-Führer	36,2 %
Größtes Produktprogramm	6,9 %
Andere Kriterien (z. B. Qualität, Service, weltweite Präsenz)	14,7 %

Abbildung 2.2: Kriterien der Marktführerschaft (nach Definitionen der »Hidden Champions‹)

Normalerweise wird der Marktanteil auf Basis der Wertumsätze ermittelt. 36,2 % glauben jedoch, daß ihre Marktführerschaft auch durch die technologisch führende Stellung definiert sei. Unsere Interviews belegen eindeutig, daß Marktführerschaft für die ›Hidden Champions‹ mehr ist als die rein quantitative Dimension des Marktanteils. Marktführerschaft schließt Aspekte ein wie Überlegenheit in Innovationsbereitschaft, Technologie, Kernkompetenzen, Trendsetzung, Bestimmung der Spielregeln. Echte Marktführerschaft bedeutet mehr, als den größten Marktanteil zu haben.

Die ›Hidden Champions‹ verstehen Marktführerschaft eher lang- als kurzfristig. Im Durchschnitt sind die ›Hidden Champions‹ seit 10,5 Jahren[2] Marktführer. Ca. ein Viertel hält die führende Position seit 25 Jahren. *Glyco* ist beinahe 100 Jahre alt, und der Geschäftsführer Horst Müller betont, daß technische Überlegenheit immer die Stärke des Unternehmens war. *Scheuerle,* 1869 gegründet, war seit der Gründung führend auf dem Gebiet der Schwertransport-Technologie (bis zu 10 000 t).

Marktführerschaft in der Vergangenheit ist die Grundlage für gegenwärtige und zukünftige Stärke. Die Antworten auf die Frage »Wie dominant sind Sie als Marktführer?« sind in Abbildung 2.3 dargestellt.

74,4 % bewerten ihren Markteinfluß als überdurchschnittlich. Nur 13,7 % liegen unter der durchschnittlichen Punktzahl. Dieser Beurteilung entspricht die Bewertung ihres Einflusses auf zukünftige Marktentwicklungen. 66,4 % der ›Hidden Champions‹ glauben, daß ihr eigener Einfluß stark oder sehr stark sein wird. Nur 16,4 % bewerten ihren Einfluß als unterdurchschnittlich. Die Ergebnisse der quantitativen Erhebung über marktbeherrschende Stellung und Beeinflussung der zukünftigen Marktentwicklung wurden in unseren Interviews bestätigt und reflektiert. Diese Beobachtungen veranlassen mich, das Konzept der ›*psychologischen Marktführerschaft*‹ vorzuschlagen. Es schließt alle möglichen Parameter von Marktführerschaft ein, wie z. B. Technologie,

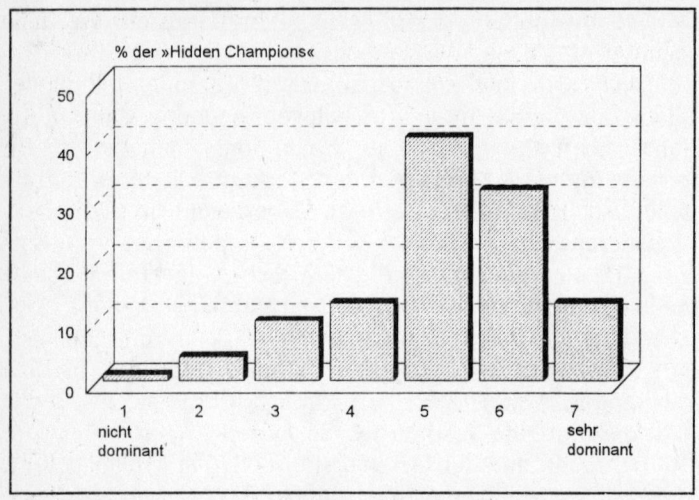

Abbildung 2.3: Stellung als Marktführer (Selbsteinschätzung der ›Hidden Champions‹)

Marktabdeckung oder Qualität. Die Interviewpartner nahmen dieses Konzept begeistert auf und hielten diesen Begriff für aussagefähiger als den einfachen Begriff Marktführerschaft. Dr. Hans-Michael Müller von *Eppendoff-Netheler-Hinz,* Weltmarktführer für Pipetten, sagte: »Mir gefällt der Ausdruck ›Psychologische Marktführerschaft‹. Das sind wir! Niemand kann uns ignorieren. Wenn es zu Vergleichen kommt, sind wir immer der Maßstab. Wir setzen die Standards. Wettbewerber sagen: ›Wir sind genauso gut wie Eppendorf‹.« *E. C. H. Will,* auf deren Maschinen jedes zweite Schulbuch auf der Welt hergestellt wird, bemerkt: »Unser Geschäft ist nicht, den Stand der Technik zu kopieren, sondern ihn zu initiieren. Wir haben den Branchen-Standard gesetzt.« Alfred K. Klein, Vorsitzender der Geschäftsführung von *Stabilus,* dem Weltmarktführer für Gasfedern, denkt in Begriffen der psychologischen Marktführerschaft: »Nach einiger Zeit stellen wir fest, daß unsere Ideen sich in den Produkten und Gewohnheiten unserer Branche widerspiegeln. Einmal haben wir das technische Zeichen für ›Kraft‹ von p in f geändert. Bald darauf ging die ganze Welt von p zu f über. Wir können sogar beobachten, wie einige unserer Fehler in der Vergangenheit im Verhalten unserer Konkurrenten wiederholt wurden. Ist das nicht psychologische Marktführerschaft?« Und Günther *Fielmann,* Gründer und Vorstandsvorsitzender des größten Einzelhandelsunternehmens für Brillen in Europa und Nr. 2 auf der Welt, fügt hinzu: »Wir haben die Führung übernommen und die Regeln unserer Branche vollständig neu definiert. Unser Marktanteil wird in der westlichen Welt nicht erreicht. Aber lange bevor wir der Umsatzstärkste waren, waren wir psychologischer Marktführer. Psychologische Führerschaft ist die Ursache, und Marktführerschaft ist das Ergebnis.« Hamel und Prahalad[3] sprechen von ›intellektueller Führung‹ als der ersten von drei Phasen des zukünftigen Wettbewerbs. Dieses Konzept klingt ähnlich, ›psychologische Marktführerschaft‹ schließt jedoch Durchsetzungswillen und marktbeherrschenden Einfluß ein, nicht nur gedankliche Elemente. Sie ist eindeutig mit einem Führungsanspruch verbunden. Und das Ergebnis ist eine Kombination von geistiger Führung und ›Umsetzungsführerschaft‹.

Die meisten ›Hidden Champions‹ sind auf Grund ihres Marktanteils eindeutig Marktführer mit marktdominierender Stellung. Die meisten nehmen diese führende Position bereits seit vielen Jahren ein. Sie schaffen es nicht nur, ihren Marktanteil zu erlangen, sondern auch, ihre führende Marktposition zu verteidigen.

Hinter dem direkt ausgewiesenen Marktanteil steht jedoch eine tiefere psychologische Führerschaft, die den Anspruch erhebt, Branchen-Standards zu setzen, die Regeln zu definieren und zu modifizieren. Diese psychologische Führerschaft gründet sich sowohl auf überlegene Kompetenz als auch den Willen, die Trends in einem Markt eher zu determinieren als zu akzeptieren. Psychologische Marktführerschaft geht häufig der Marktführerschaft voraus, sie ist die Ursache.

Marktführer, insbesondere Großunternehmen auf großen Märkten, scheinen dafür anfällig zu sein, die Spielregeln zu zementieren, um ihre Position zu verteidigen. Diese Einstellung verursacht Trägheit und Selbstzufriedenheit und endet schließlich mit einem Verlust der führenden Position. Foster[4] nennt dieses Phänomen das ›Führer verlieren‹-Syndrom. Die ›Hidden Champions‹ scheinen diesem Syndrom weniger zum Opfer zu fallen als Großunternehmen. Die lange Dauer ihrer führenden Marktstellung beweist augenscheinlich, daß sie flexibel und vorsichtig genug bleiben, sich nie in dieser Rolle sicher fühlen. Sie erneuern und modifizieren ständig die Regeln in ihrer Branche.

Die Rolle der Marktführerschaft

Der Befund, daß es dem Marktführer besser geht als den anderen Konkurrenten, ist so offensichtlich, daß wir diesen Aspekt nicht näher untersuchen müssen. Die PIMS-Ergebnisse[5] liefern den überzeugendsten Beweis, daß ein höherer Marktanteil (sei es als Rangfolge, absoluter oder relativer Marktanteil) zu einem höheren ROI führt. Abbildung 2.4 stellt die bekannten Ergebnisse von Buzzell und Gale[6] dar.

Die PIMS-Ergebnisse wurden vielfach kritisiert[7]. Sie beinhalten wahrscheinlich keine vollständig valide Messung des kausalen Zusammenhangs zwischen Marktanteil und ROI. Trotzdem kann kein Zweifel bestehen, daß der Marktanteil im allgemeinen eine positive kausale Wirkung auf die Rendite hat. Marktführer haben typischerweise sowohl Kostenvorteile (Größendegression und Erfahrungskurven-Effekte) als auch Marketingvorteile. Die einfache Tatsache, daß ein Unternehmen Marktführer ist, signalisiert den Kunden Vertrauen und Zuversicht. Der Marktführer hat die Fähigkeit, Standards zu setzen oder zu beeinflussen, kann seine Ver-

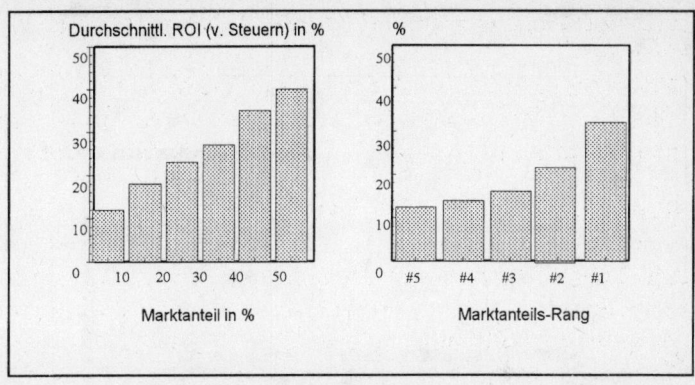

Abbildung 2.4: Der ROI-Vorteil der Marktführerschaft (nach PIMS)

kaufs- und Service-Organisation besser nutzen und verfügt über einen Goodwill-Vorteil. Einfache Slogans, die die Marktführerschaft betonen, werden als starke Werbebotschaft verstanden. Viele ›Hidden Champions‹ weisen daher in ihrer Marketing-Kommunikation auf ihre führende Marktstellung hin.

In unserer Stichprobe konnten wir die PIMS-Ergebnisse über die Korrelation von Marktanteil und ROI nicht bestätigen. Wir konnten keine signifikante Korrelation zwischen diesen beiden Variablen feststellen. Dies überrascht insofern nicht, als alle Firmen unserer Stichprobe einen hohen absoluten oder relativen Marktanteil haben. Sie fallen überwiegend in die höchste Marktanteilskategorie, die in der PIMS-Stichprobe untersucht wurde.

Wir konnten jedoch feststellen, daß die Veränderung des Marktanteils mit dem ROI statistisch hoch signifikant korreliert (vgl. Abbildung 2.5). 67,4 % der ›Hidden Champions‹, die ihren Marktanteil in den letzten 5 Jahren ausbauen konnten, erzielten einen durchschnittlichen ROI (vor Steuern) von 16,0 %. Im Gegensatz dazu hatten 19,6 % der Firmen, die in den letzten fünf Jahren Marktanteilsverluste ver-

37

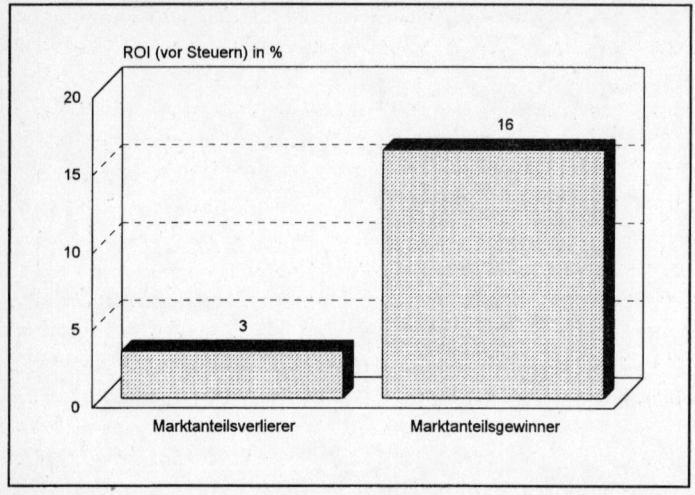

Abbildung 2.5: Der ROI von Marktanteilsgewinnern und Marktanteils-
verlierern

zeichnen mußten, nur einen durchschnittlichen ROI (vor
Steuern) von 3,0 %.
Die Marktanteilsgewinner erhöhten ihren Marktanteil um
8 Prozentpunkte. Die Verlierer büßten 10 Prozentpunkte
ein. Unsere Ergebnisse zeigen – im Gegensatz zur herrschenden Meinung –, daß der Aufbau einer Marktstellung
weniger kostet als die Verteidigung einer Marktposition. Ich
führe dies auf die psychologische Marktführerschaft zurück,
die tatsächlichen Marktanteilsgewinnen vorhergeht. Die
Marktanteilsgewinne sind eine Folge der überlegenen Leistung in Innovation, Technologie, Qualität oder ähnlichen
Faktoren. Die ›Hidden Champions‹, die ihren Marktanteil
erfolgreich ausweiten konnten, waren nahezu immer psychologische Marktführer. Sie sind aktive, aggressive und optimi-
stische Unternehmen.
Im Gegensatz dazu erfordert die Verteidigung des Marktanteils fast immer Preiszugeständnisse, die die Rendite direkt

negativ beeinflussen. Häufig wird die Verteidigung durch eine Erhöhung des Werbeetats unterstützt, die die Rendite weiter schwächt.

Der Drang, den Marktanteil zu erhöhen, kann mit der Diskussion über Kernkompetenzen und neue Schwerpunktbildung[8] in Verbindung gebracht werden. Die Konzentration auf die Kernkompetenzen eines Unternehmens schließt gewöhnlich Wachstumsmöglichkeiten in nicht verwandten und diversifizierten Nicht-Kerngeschäftszweigen aus. Wenn ein Unternehmen unter diesen Bedingungen wachsen will, muß es in seinen Kernmärkten wachsen. Dies ist damit gleichbedeutend, nach höheren Marktanteilen und nach einer noch stärkeren Position als Marktführer zu streben.

Die Konzentration auf Kernkompetenzen und das erklärte Streben nach Marktführerschaft sind im wesentlichen zwei Seiten derselben Medaille.

Die Ziele

Wie wird man Marktführer? Zuerst und vor allem dadurch, daß man es will, daß man ehrgeizige Ziele setzt, daß man den Willen hat, die Position der Nr. 1 zu erreichen.

Für die meisten ›Hidden Champions‹ ist das Ziel, Marktführer zu werden, idealerweise sogar Weltmarktführer, der Anfang und die Grundlage ihres Erfolges. Die Marktpositionen, die diese Firmen innehaben, konnten nicht erreicht werden ohne ein klares Ziel, eine langfristige Vision, eine äußerst starke Entschlossenheit und den Willen, dieses Ziel jahrzehntelang zu verfolgen. Das Ziel eines Weltmarktführers in verschiedenen Chemie-Marktsegmenten, der nicht genannt werden will, ist idealtypisch für die ›Hidden Champions‹: »Das unternehmerische Ziel ist die weltweite Technologie- und Marktführerschaft in gewinnbringenden Marktnischen der Spezialchemie.« Und das Ziel von *Winterhalter Gastronom,* Weltmarktführer für Geschirrspülautomaten für Hotels und Restaurants, ist kaum weniger spezifisch und ambitiös: »Unser Ziel ist die absolute Marktführerschaft auf unserem genau definierten Markt in Europa und Asien.« Die *Drägerwerk AG,* weltführend auf dem Gebiet des Atemschutzes, formuliert als einen von vier Grundsätzen: »Spitzenposition: Wir wollen vorn bleiben! Wir haben stets Spitzenplätze angestrebt und besetzt. Dies gilt sowohl für den Anspruch auf Technologie- als auch Marktführerschaft.« *Villeroy & Boch* sagt: »Wir waren nie auf schnelle Erfolge aus, sondern auf langfristige Ergebnisse. Wir wollten immer zu den größten Unternehmen auf unserem Markt gehören, am liebsten wollten wir der Größte sein.« Das Unternehmen ist 150 Jahre alt, ist Weltmarktführer bei Fliesen und einer der drei führenden Hersteller von Keramikgeschirr.

Dies sind markante Feststellungen. Es sind jedoch keine isolierten Beobachtungen. Der Journalist Horst Biallo[9] schreibt über Jörg Siebert, Vorstandsvorsitzender der *DGF Stoess AG,* des Weltmarktführers für Gelatine: »Siebert will nicht weniger als eine weltweit beherrschende Stellung auf dem Gelatine-Markt, obwohl er dies öffentlich leugnet.« Und in einem Interview sagte Fritz Mayer, einer der drei Söhne des Firmengründers *Karl Mayer,* Weltmarktführer für Raschelmaschinen: »Unser Motto ist, unsere Maschinen in allen Teilen der Welt zum möglichst günstigen Preis zu verkaufen und jeden Konkurrenten zu schlagen, der in unsere Marktnische eindringt.«[10] In Abbildung 2.6 wird eine Auswahl von Zielformulierungen aufgelistet, die wir in unseren Interviews erhoben haben.

Die Klarheit und Entschlossenheit der Ziele lassen keinen Raum für Ungewißheit oder Zweifel. Viktor Dulger, der Gründer von *Prominent Dosiertechnik,* Weltmarktführer für Dosierpumpen, verband sogar den Namen seiner Firma mit seinem Ziel, Nr. 1 zu sein: »Zu Beginn legte ich das Ziel fest, alle diese *prominenten* Pumpenhersteller mit meiner Erfindung zu übertreffen. Das ist der Grund, warum ich meine Pumpe *Prominent* nannte.«[11]

Die Formulierung einiger Ziele in Abbildung 2.6 mag vielleicht übertrieben erscheinen. Natürlich kann man nicht ausschließen, daß einige dieser Formulierungen nach der Erreichung des Zieles oder erst im Prozeß der Zielerreichung geprägt wurden. Nachdem ich jedoch mit so vielen Geschäftsführern von ›Hidden Champions‹ und auch mit ihren Mitarbeitern gesprochen habe, weiß ich, daß die meisten von ihnen diese Ziele sehr ernst nehmen. Möglicherweise wurde das Ziel tatsächlich bereits verfolgt, bevor es explizit formuliert wurde. Das Verhalten zählt! Bewußt oder unbewußt haben unsere Gesprächspartner die große Bedeutung von Zielen und Visionen erkannt. Die Leiter der ›Hidden Champions‹ haben mich oft an den spanischen Philosophen Ortega y Gasset[12] erinnert, der den Menschen definiert als »ein Wesen, das nicht so sehr durch das existiert, was es ist, als durch das, was es sein sollte«. Diese Unternehmensführer kontrollieren die Gegenwart von der Zukunft her und würden wahrscheinlich der folgenden Aussage von Ortega zustimmen: »Niemand ist da, wo er ist, sondern sich selbst voraus, weit voraus am Horizont seiner selbst, und von dorther lenkt und führt er das wirkliche, das gegenwärtige Leben. Jeder lebt aufgrund seiner Illusionen, als wären sie schon Wirklichkeit.«[12] Sehr häufig mögen die Ziele und Visionen der ›Hidden Champions‹ als Illusionen erscheinen, im Lauf der Zeit werden ihre Gedanken, Visionen, Worte und Vorstellungen jedoch Realität, weil sie durch Taten gestützt sind.

Peter Drucker[13] bringt die entscheidende Rolle solcher Ziele und Visionen auf den Punkt: »Jede Unternehmung braucht einfache, klare und sie zusammenhaltende Ziele. Diese müssen leicht verständlich und herausfordernd genug sein, um eine gemeinsame Vision zu begründen. Wenn wir heute so oft über Unternehmenskultur sprechen, dann meinen wir damit in Wirklichkeit das die ganze Unternehmung durchziehende Commitment, das Eingeschworensein auf gemeinsame Ziele und Werte. Diese Ziele und Werte müssen von

»Unser Ziel ist, die Nr. 1 zu sein und zu bleiben.«
»Wir wollen in unserem Markt weltweit die Besten sein.«
»Wir streben Marktführerschaft an. Das Ziel: beste Qualität zu wettbewerbsfähigen
Preisen.«
»Marktführer - sonst nichts.«
»Von Anfang an war das erklärte Ziel, Weltmarktführer zu werden.«
»Als ich zwei Mitarbeiter hatte, wollte ich Nr. 1 auf der Welt werden. Jetzt habe ich
Tausende von Beschäftigten und wir sind Nr. 1.«
»Bei den 30 Top-Unternehmen in der Welt Lieferant zu sein.«
»Die Identität unseres Unternehmens ist durch unsere führende Position auf dem
Weltmarkt definiert.«
»Wir wollen auf kleinen Märkten groß sein.«(Ein doppelter »Hidden Champion«)
»Verteidigung der führenden Position auf unserem Fachgebiet.«(Eines von drei Zielen)
»Noch in 100 Jahren soll meine Firma Marktführer sein.«
»Wir haben diesen Markt gemacht. Und wir wollen ihn jetzt und in der Zukunft
beherrschen.«
»Unser Chef sieht uns als Weltmarktführer. Daher hatten wir keine andere Wahl, als
Weltmarktführer zu werden.«
»Von Anfang an erreichten wir einen Marktanteil von 40-50 % auf den neuen Märkten -
in Polen, in Tschechien. Und in Rußland werden wir diese Marktanteile wiederholen.«
»Obwohl wir sehr klein sind, wollen wir eine Marke aufbauen, die im Jahr 2000 zu den
500 führenden Weltmarken (aller Branchen) gehört.«
»Unser Ziel ist, auf ausgewählten Gebieten internationaler Marktführer zu sein. Wir sind
entschlossen, dies durch ständige Bemühungen um Spitzenleistungen zu bleiben.«

Abbildung 2.6: Ausgewählte Ziele der ›Hidden Champions‹

den Unternehmensführern ausgedacht, verkündet und vorgelebt werden.«
Viele ›Hidden Champions‹ sind vorbildlich in der Vorgabe
von Zielen und Visionen und in der Planung ihrer langfristigen Strategien. 1979 hatte Würth, der Weltmarktführer für
Verbindungs- und Befestigungsmaterial, einen Umsatz von
429 Mio. DM. Zu dieser Zeit legte Geschäftsführer Reinhold Würth neue Umsatzziele fest: für 1986 1,0 Mrd. DM
und für 1990 2,0 Mrd. DM. Reinhold Würth kommentiert:
»Es ist erstaunlich, wie schnell solche Ziele ein Eigenleben
entwickeln und Teil der Unternehmenskultur werden. Die
Mitarbeiter identifizieren sich mit diesen Vorgaben und tun
alles, um sie zu realisieren.« 1989 wurde das Umsatzziel von
2 Mrd. DM erreicht, und Reinhold Würth zögerte nicht, für
das Jahr 2000 11,0 Mrd. DM als neues Ziel vorzugeben. Mit

einem Umsatz von nahezu 4,0 Mrd. DM in 1994 verläuft die
Entwicklung nach Plan.

Würth bewertet dieses neue Ziel wie folgt: »Diese neue Vision wurde von den Mitarbeitern in sehr kurzer Zeit akzeptiert. Niemand denkt heute noch über diese enorm hohe Zahl nach und keiner hat Probleme, seine Aktivitäten an dieses neue Ziel anzupassen. Ich übertreibe nicht, wenn ich sage, daß diese neue Vision eine fast magnetische Anziehungskraft schuf.« Und Klaus Hendrikson, Hauptgeschäftsführer von Würth do Brazil, kommentiert: »Dies ist nicht länger eine Vision. Es ist ein klar erreichbares Ziel. Der Optimismus, daß wir diesen Umsatz erreichen können, gründet sich auf nüchterne Analysen.« Der letzte Aspekt ist entscheidend. Reinhold Würth gibt zu, daß man nicht einfach »solch eine Vision in die Diskussion werfen kann. Man muß diese Vision belegen können. Man muß alle Begrenzungen und die Mittel prüfen, den Markt, die Finanzierung, die Mitarbeiter, die Management-Kapazität usw. Nur wenn man seine Hausaufgaben sorgfältig gemacht hat, sollte man solche ambitiösen Visionen und Ziele verkünden. Aber wenn die Grundlagen solide sind, wird die Vision für sich selbst sorgen.«

Ein zweites Beispiel ist *Kärcher,* der Weltmarktführer für Hochdruckreiniger. Nach dem Tod des Gründers Mitte der 70er Jahre übernahm ein junger Mann namens Roland Kamm das Management. 1978, als das Unternehmen einen Umsatz von ca. 30 Mio. DM machte, schrieb Kamm seine Ziele in einem ›Report 1995‹ genannten Papier nieder. Für 1995 plante er einen Umsatz von 1 Mrd. DM. Dieser Bericht enthielt konkrete Strategien für neue Produkte (einschließlich eines Kapitels ›Bisher unbekannte Produkte‹) und für eine internationale Expansion. 1993 erzielte Kärcher einen Weltumsatz von 1,036 Mrd. DM. In der Zwischenzeit wurden neue Ziele für die nächsten 10 Jahre gesetzt. Sie sind kaum weniger kühn.

Ähnlich liegen die Verhältnisse bei *Webasto.* Mitte der 70er

Jahre hatte Webasto ungefähr den gleichen Umsatz wie Kärcher. Werner Baier, der zu dieser Zeit Vorstandsvorsitzender wurde, betrachtete das als eine Gute Ausgangsposition für die Weltmarktführerschaft bei Auto-Schiebedächern. »Dies war das Fundament, auf dem wir unsere langfristige Vision von Weltmarktführerschaft aufbauten«, sagt er. Webasto hat jetzt einen Umsatz von 1,5 Mrd. DM und ist Weltmarktführer für Schiebedächer und motorunabhängige Standheizungen.

Viele Chefs und Mitarbeiter von ›Hidden Champions‹ sind vorausschauende Leute. *Winterhalter Gastronom,* der Weltmarktführer bei Geschirrspülautomaten für Hotels und Restaurants, hat ein explizites Unternehmensprinzip: »Wir widmen der Zukunft einen beachtlichen Teil unserer Zeit.«

Zum Schluß der Interviews fragte ich gewöhnlich: »Wo sehen Sie das Unternehmen in 10 Jahren?« In den meisten Fällen war die Antwort spontan und klar. Die Ziele für die Zukunft scheinen so präsent und ausgeprägt zu sein, wie die in der Vergangenheit für die Gegenwart waren.

All dies mag klingen, als ob alle ›Hidden Champions‹ die Methode der *geplanten Strategie* anwenden, wie sie von Mintzberg und Waters[14] definiert wird. »Die Planung schlägt klare und gut strukturierte Ziele vor, gestützt auf formale Kontrolle, um ihre Erfüllung sicherzustellen. Mit anderen Worten, hier wird die klassische Unterscheidung zwischen ›Formulierung und Umsetzung‹ aufrechterhalten. Die Unternehmensführer formulieren präzise ihre Absichten und bemühen sich um die Umsetzung mit einem Minimum an Verzerrung, frei von Überraschungen.« Wenn die Fälle von *Würth, Kärcher* und *Webasto* auch diesem Planungsschema ähneln, verlief die Umsetzung gewiß nicht ohne Verzerrungen und Überraschungen.

Bei dem typischen ›Hidden Champion‹ sind Ziel und Vision klar, die Strategien sind jedoch nicht sehr detailliert ausgearbeitet. Es handelt sich eher um qualitative Vorstellungen als um quantitative Analysen. Dies scheint sich von der typischen Vorgehensweise in Großunternehmen zu unterscheiden, die den Details, korrekten Zahlen und analytischen Grundlagen große Aufmerksamkeit schenken.

Ein zweiter Unterschied zwischen Großunternehmen und kleinen bzw. mittleren Betrieben liegt in der *Einheit von Planung und Realisierung.* Bei den ›Hidden Champions‹ ist der Verantwortliche für Planung und Umsetzung normalerweise dieselbe Person. Diese Person wird sich kaum mit pseudogenauen Zahlen oder unsicheren Langfristprognosen selbst zum Narren halten. Wenn die Pläne sich nicht erwartungsgemäß realisieren lassen, wird der Verantwortliche die Strategie anpassen. Diese Methode, die Mintzberg und Waters[15] *sich entwickelnde Strategie* nennen, ist bei den ›Hidden Champions‹ weit verbreitet. Mintzberg und Waters[15] beschreiben diese Methode als »ein Schema, das sich in einer Folge von Entscheidungen herauskristallisiert«. Die Strategie »entwickelt sich in einem Prozeß, in dem die Ergebnisse vieler individueller Handlungen nach einem folgerichtigen Schema zusammenfließen«.

›Sich entwickelnde Strategie‹ heißt nicht, daß die übergeordneten Ziele weniger klar sind als in einer ›geplanten Strategie‹. Das Ziel, Marktführer zu werden, kann in beiden Fällen gleich klar und bestimmt sein. Aber der Markt ist vielleicht nicht so detailliert definiert oder dynamischere, alternative Wege können zur dominierenden Marktstellung führen, die Beschaffung von Ressourcen muß vielleicht noch gelöst werden usw.

Ein typisches Beispiel der ›sich entwickelnden Strategie‹ ist *JK Ergoline,* der Weltmarktführer für gewerbliche Sonnenbänke. Der Markt für Bräunungs-Dienstleistungen ist schwer bestimmbar, er hängt vom Geschmack und der sich ändernden Mode ab. Daher ist die Marktentwicklung nur schwer vorherzusagen. Auf meine Frage, wo er das Unternehmen in 10 Jahren sieht, antwortete der Geschäftsführer Josef Kratz: »Das ist in einem solchen unbestimmten Markt kaum zu sagen. Ich kann Ihnen jedoch versichern, wo auch immer die Chancen liegen werden, wir werden schnell und flexibel genug sein, sie zu ergreifen. Und wir werden nach Marktführerschaft streben, das ist keine Frage. Wir haben unsere Flexibilität bewiesen. Unser erstes Produkt war die Sauna, und wir hatten damit eine führende Marktstellung. Aber die Eingangsbarrieren für diesen Markt waren niedrig, und jeder konnte als Anbieter auftreten. Darum haben wir das Sauna-Programm aufgegeben und sind in den Markt für gewerbliche Sonnenbänke eingetreten, entschlossen, die Nr. 1 auf der Welt zu werden. Das war unser Ziel, und hier sind wir.«

Kurt Held, der zweitgrößte Hersteller von Doppelband-pressen zur Herstellung dekorativer und technischer Laminate auf der Welt, ist ein weiteres Beispiel für eine ›sich entwickelnde Strategie‹. Der Standort von Held liegt im Schwarzwald. Das Unternehmen begann als Lieferant von mechanischen Teilen für lokale Uhrenhersteller. Da Held den Rückgang der Uhrenindustrie sehr früh bemerkte, sah man sich nach alternativen Möglichkeiten um und erfand 1974 einen neuen Prozeß für Doppelband-Pressung. Diese Erfindung führte das Unternehmen in vollständig neue Märkte. »Heute bin ich nicht von einer bestimmten Kundengruppe abhängig, sondern ich suche ständig neue Anwendungen für meine Technologie. Dies führt mein Unternehmen in immer neue Richtungen«, sagt Kurt Held.

Eine dritte Strategie-Variante wird *unternehmerische Strategie* genannt. Mintzberg und Waters[16] beschreiben sie wie folgt: »Ein Individuum, das eine Organisation persönlich kontrolliert, ist in der Lage, seine Vision voll auf das Unternehmen zu übertragen. Diese Strategien sind oft in neu gegründeten oder kleinen Unternehmen anzutreffen. Die Vision liefert nur eine allgemeine Richtung. Es gibt Raum zur Anpassung. Da hier der Planer zugleich der Realisierer ist, kann diese Person schrittweise schnell auf das Ergebnis von Handlungen reagieren oder auf neue Möglichkeiten oder Bedrohungen in der Umgebung. Die Anpassungsfähigkeit unterscheidet die ›unternehmerische Strategie‹ von der ›geplanten Strategie‹. Sie läßt Raum für Flexibilität – zu Lasten der genauen Beschreibung der Ziele.«

Diese Strategie ist weniger typisch für ›Hidden Champions‹, als man vielleicht erwartet. Ein Unternehmen wird nicht durch häufigen Wechsel der Richtung Weltmarktführer. Eine Ausnahme sind einige sehr junge Firmen in unserer Stichprobe. Sie schaffen häufig neue Märkte, sind bemüht, die Kundenbedürfnisse und die Möglichkeiten besser zu verstehen, und müssen sehr flexibel sein, bis sie ihr langfristiges Ziel und ihre Richtung gefunden haben. Dann allerdings werden alle Aktivitäten konsequent auf die gesetzten Ziele ausgerichtet.

Ein illustrativer Fall ist *Clean Concept*. Gegründet auf die Annahme, daß Hygiene ein ernstes Problem in öffentlichen Toiletten ist (es sterben zum Beispiel mehr Leute an Infektionen aus Sanitäranlagen in Krankenhäusern als an Verkehrsunfällen), entwickelte Clean Concept ein vollständig neues Toilettensystem, ›Cleanomat‹ genannt. Aber dann erkannte man, daß es nicht ausreicht, ein solches System zu entwickeln. Annett Kurz, Sprecherin von Clean Concept, erklärt: »Der Cleanomat war großartig. Er war jedoch nicht ausreichend für neue Hygiene-Standards. Unser Ziel war eine völlig neue Problemlösung und Lebensqualität. Wir wollten, daß der Benutzer einer öffentlichen Toilette nichts anfassen muß. Vollständig berührungsfrei!« Darum mußte Clean Concept weitergehen und u. a. das Konzept für Behinderte anpassen. Das Unternehmen entwickelte ein entsprechendes Programm, das auf der Rehabilitations-Messe 1993 vorgestellt wurde. Dann bemerkten sie, daß das Produkt nicht ausreichte. Sie begannen, den Service zu liefern und kurzlebige Bedarfsprodukte, wie z. B. Flüssigseife, Reinigungsmittel, Papier. ›Clean Out‹ wurde gegründet, eine Tochtergesellschaft, die diesen Service liefert. Alle Toiletten in einem Gebäude können durch Fernbedienung kontrolliert und alles kann in einem PC-Netzwerk gespeichert werden. Diese umfassende Problemlösung wurde in den letzten fünf Jahren entwickelt. In der Zwischenzeit hat man einige Prestigekunden gewonnen. Die Produkte sind eingesetzt im Casino von Monte Carlo, im Majestic, dem größten Hotel in Cannes, im KLM-Gebäude auf dem Flughafen Schiphol in Amsterdam. Die Produkte werden auch in 17 Autobahn-Raststätten in Deutschland getestet. Clean Concept ist überzeugt, daß diese Idee den Beginn einer neuen Hygienekultur an der Schwelle zum nächsten Jahrhundert darstellt. Jeder auf der Welt verabscheut unhygienische Toiletten. Es wird jedoch Zeit erfordern, diesen Markt zu entwickeln, weil ein kultureller Wandel stattfinden muß. Clean Concept hat ein klares Anliegen, blieb jedoch unternehmerisch und flexibel genug, sich an die Umstände anzupassen.

Interface ist ein zweiter Fall der ›unternehmerischen Strategie‹. Rainer Wieshoff ist einer von vielen PC-Unternehmern, jedoch mit einem Spezialprodukt. Nach seinem Informatikstudium arbeitete er drei Jahre bei IBM in Deutschland. 1983 gründete er seine Firma Interface mit Standard-Anwendungen. 1989 war in diesem Markt ein zunehmender Wettbewerbsdruck zu verzeichnen. Daher begann er, sein Angebot zu differenzieren. In einem Kooperationsprojekt mit der Universität Frankfurt bemerkte er, daß Computer-Sicherheit zunehmend wichtiger wird, jedoch sehr teuer ist. Rainer Wieshoff erzählt: »Zu dieser Zeit suchten die Leute eine Software-Sicherungslösung für ca. 200 DM pro PC, aber zu diesem Preis konnte niemand liefern. Plötzlich hatte ich die Eingebung, wie man einen PC mit einer vertretbaren Hardware-Lösung schützen kann, einfach durch Abschließen des Disketten-Laufwerks.« Zu Beginn produzierte er 1000 Platten-Schlösser, was ein großes finanzielles Risiko für die kleine Firma war. Heute verkauft Rainer Wieshoff pro Jahr 40 000 Stück seines ›Floppy Lox‹ und ist Weltmarktführer in diesem Segment.

Verfolgung der Ziele

Die Substanz und die Klarheit des Zieles, Weltmarktführer zu werden, ist die eine Seite. Die Realisierung des Zieles bildet die andere Seite. In der Verfolgung ihrer Ziele sind die ›Hidden Champions‹ äußerst beharrlich und hartnäckig. Sie verfolgen ihre Ziele über Jahrzehnte und verlieren sie dabei nie aus den Augen. Geduld und Beharrlichkeit können nur bei langfristiger Orientierung gedeihen. Der Druck, kurzfristig Gewinne zu erzielen, der für Großunternehmen typisch ist, würde viele der Strategien und Ziele der ›Hidden Champions‹ undurchführbar machen.

Die Fälle von *Würth* und *Kärcher,* die wir in diesem Kapitel beschrieben haben, illustrieren die Beharrlichkeit, die Ziele über Jahrzehnte zu verfolgen. Ein anderes Beispiel ist *SAP,* 1972 gegründet und Weltmarktführer für Standard-Anwendersoftware. Hasso Plattner, Mitbegründer und stellvertretender Vorstandsvorsitzender, sagte 1995: »Wir hatten eine Vision und wir hielten daran fest.« In diesen Unternehmen resultierte der Erfolg nicht nur aus der Klarheit der Ziele, sondern gleichbedeutend war das unaufhörliche Streben, sie ernst zu nehmen und sie Wirklichkeit werden zu lassen. Die Realisierung der Ziele verläuft selten glatt, das Ziel wurde jedoch nie aus den Augen verloren, und die Energie, das Ziel zu verfolgen, brannte in diesen Unternehmen nie aus.

Kommunikation der Ziele

Ein wichtiger Aspekt der Umsetzung ist die Kommunikation des Zieles und der Vision. Besser als fast jedes andere Ziel ist das Bestreben, Marktführer oder Nr. 1 zu werden, für Kommunikationszwecke hervorragend geeignet. Fast jeder identifiziert sich gern mit dem Ziel, der Beste zu sein, die Nr. 1, der Marktführer zu sein. Und das Ziel, Nr. 1 sein

49

zu wollen, ist einfach und leicht zu verstehen. Einfachheit des Ziels ist eine Voraussetzung für wirkungsvolle Kommunikation.

Ob das Ziel schriftlich fixiert ist oder nicht, wird dabei weniger wichtig als die Frage, ob es gelebt wird. Einige ›Hidden Champions‹ haben heute explizit formulierte Ziele und Strategien. Es gibt jedoch viele, bei denen es keine schriftlichen Formulierungen gibt, doch jeder Mitarbeiter weiß, wohin das Schiff steuert, weil das Ziel kontinuierlich mitgeteilt und gelebt wird. Einige Leiter von ›Hidden Champions‹ sind Meister darin, die Kraft von Symbolen zu nutzen. Einer spricht immer von seiner Firma als einem Baum, um seinen Mitarbeitern das Wachstumsziel zu vermitteln. Er sagt: »Unser Unternehmen ist wie ein Baum. Ein Baum, der wächst, ist gesund. An dem Tag, an dem ein Baum aufhört zu wachsen, beginnt er zu sterben. Daher müssen wir wachsen.« Niemand in dieser Firma will Teil eines sterbenden Baumes sein.

Verschiedene ›Hidden Champions‹ verwenden ihre außergewöhnliche Marktstellung, ihre einzigartigen Produkte oder Technologien für spektakuläre Kommunikations-Aktionen. Häufig ist nur der Marktführer in der Lage, solche Aktionen durchzuführen, die die Aufmerksamkeit der Medien auf sich ziehen und auf diese Weise kostenlose Werbung darstellen. Solche Aktionen signalisieren den Mitarbeitern, den Kunden und der Öffentlichkeit, daß dieses Unternehmen die Nr. 1 ist, wenn es um die Produktanwendungen mit dem größten Prestige geht. Abbildung 2.7 beschreibt einige beeindruckende Beispiele.

Ob diese Aktionen oder Projekte an eine bestimmte Klientel gerichtet werden oder an das allgemeine Publikum, hängt vom Produkt ab. Sie werden definitiv von den relevanten Zielgruppen wahrgenommen und haben eine Wirkung auf die Kunden. Ihr Motivationseffekt auf die Mitarbeiter kann enorm sein. Allen Gruppen signalisieren diese spektakulären Aktionen Weltmarktführerschaft. Bei den Mitarbei-

Firma	Hauptprodukt	Aktionen, Abschlüsse, Kunden
Glasbau Hahn	Vitrinen für Museen	Alle berühmten Museen der Welt
Sport-Berg	Sportgeräte: Diskus, Hammer	Lieferant für Olympische Spiele und Weltmeisterschaften usw.
Von Ehren	Große lebende Bäume	Trafalgar Square in London, National Gallery, Euro-Disneyland in Frankreich, Flughafen München, Kurfürstendamm in Berlin
Gerriets	Bühnenvorhänge, Bühnenausstattung	Metropolitan Opera/New York, Opéra Bastille/Paris, Opern in Istanbul, Taipeh, Wang Center/Boston usw.
Kärcher	Hochdruckreiniger	Spektakuläre Reinigungsaktionen: Christus-Statue in Rio de Janeiro, Freiheits-Statue in New York, Küste von Alaska nach dem Unglück der Exxon Valdez
Röder	Verleih von Zelthallen	Olympische Spiele, Weltausstellungen
Louis Renner	Klaviermechaniken höchster Qualität	Steinway & Sons, Schimmel, Bechstein, Grotian-Steinweg, Sauter etc.
Wige Gruppe	Zeitmessungen bei großen Sportveranstaltungen	Olympische Spiele in Barcelona, Formel-I-Rennen
Trasco	Gepanzerte Fahrzeuge und Langlimousinen	Autos für Frank Sinatra und Papst Johannes Paul II sowie zahlreiche Regierungen - sogar 6 Autos für die Volksrepublik China
Germina	Langlaufskier	4 Gold- und 5 Silbermedaillen bei den Olympischen Winterspielen in Albertville/Frankreich
Sachtler	Kamera-Stative	1992 verlieh The Academy of Motion Picture Sachtlers Chef-Designer den (technischen) Oscar für seine patentierte Erfindung.
Brähler	Verleih von Konferenzausstattung, Übersetzungsanlagen	Lieferant für das Weiße Haus und den Kreml bei Pressekonferenzen, Ausrüster für UN-Gipfel über Umwelt und Entwicklung in Rio de Janeiro, G7-Gipfel in München, die Weltbank und den Internationalen Währungsfonds

Abbildung 2.7: Aktionen, Abschlüsse oder Kunden von ›Hidden Champions‹, die Marktführerschaft signalisieren

tern fördern sie Stolz und Identifikation mit dem Unternehmen. Solche Kommunikationsmöglichkeiten stehen nur den Marktführern zur Verfügung.

51

Zusammenfassung

Die ›Hidden Champions‹ verfolgen und erreichen das Ziel Marktführerschaft. Marktführerschaft bedeutet für sie mehr als Marktanteil.

- Marktführerschaft beinhaltet ›psychologische Marktführerschaft‹, d. h. den Anspruch, der Beste oder die Nr. 1 zu sein.
- Die marktführende Stellung bringt Vorteile hinsichtlich Kosten, Marketing, Kommunikation und Motivation.
- Das Ziel der ›Hidden Champions‹, Marktführer zu werden, war eine der Grundlagen für ihre gegenwärtig führende Marktstellung.
- Bei der Zielsetzung und Strategieformulierung wenden die ›Hidden Champions‹ unterschiedliche Methoden an: ›geplante‹, ›sich entwickelnde‹ oder ›unternehmerische‹ Strategie. Es gibt verschiedene Wege, Marktführer zu werden.
- Die Realisierung der Ziele wird durch langfristige Orientierung und Beharrlichkeit bestimmt. Der Wille und die Beharrlichkeit, Nr. 1 zu werden oder zu bleiben, lassen nie nach.
- Einfachheit und Klarheit des Zieles begünstigen seine wirkungsvolle Kommunikation. Das Ziel wird von den Unternehmensführern vorgelebt.

Diese Eigenschaften sind einfach und entsprechen dem gesunden Menschenverstand. Es gibt keine Wunder, und nichts ist revolutionär. Die Botschaft ist, daß ein klares und ambitiöses Ziel am Anfang eines jeden Erfolges stehen muß. Wenn es wirksam kommuniziert wird, bestimmt dieses Ziel das Verhalten und die Tätigkeit der Mitarbeiter. Langfristige Orientierung, Beharrlichkeit und nie endende Energie sind erforderlich, um es zu verfolgen. Die ›Hidden Champions‹ führen beispielhaft vor, daß es gelingen kann.

Anmerkungen

1 Biallo, Horst: Die geheimen deutschen Weltmeister: Mittelständische Erfolgsunternehmen und ihre Strategien, Wien: Wirtschaftsverlag Ueberreuter, 1993.
Adamer, Manfred M., und Kaindl, Günter: Erfolgsgeheimnisse von Markt- und Weltmarktführern, München: Rainer Hampp Verlag, 1994.
Treacy, Michael, und Wiersema, Fred: The Discipline of Market Leaders, Boston: Addison-Wesley, 1995. Deutsche Übersetzung: Marktführerschaft. Wege zur Spitze, Frankfurt/New York: Campus Verlag, 1995.

2 Median (Zentralwert): Jener Wert, der in einer größenmäßig geordneten Reihe von Merkmalswerten in der Mitte liegt. Er wird – anders als das arithmetische Mittel – durch die Extremwerte nicht beeinflußt.

3 Hamel, Gary, und Prahalad, C. K.: Competing for the Future, Boston: Harvard Business School Press, 1994, S. 47.

4 Foster, Richard: Innovation: The Attacker's Advantage, New York: Summit Books, 1986.

5 PIMS, d. h. Profit Impact of Marketing Strategies: Das Forschungsprogramm wurde 1972 an der Harvard Business School ins Leben gerufen. 1975 wurde es in das gemeinnützige Strategic Planning Institute ausgelagert. Seither haben ca. 450 Unternehmen Daten geliefert.

6 Buzzell, Robert D., und Gale, Bradley T.: The PIMS Principles, Linking Strategy to Performance, New York: The Free Press, 1987.

7 Siehe z. B. Jacobson, Robert, und Aaker, David A.: Is Market Share All That is Cracked Up to Be?, Journal of Marketing, 49, (Fall) 1985, S. 11–22.

8 Siehe z. B. Prahalad, C. K., und Hamel, G.: The Core Competence of the Corporation, Harvard Business Review, (May–June) 1990, S. 79–91.

9 Biallo: a.a.O., S. 17.

10 Frankfurter Allgemeine Zeitung, 22.11.1993.

11 Frankfurter Allgemeine Zeitung, 16.01.1995.

12 Ortega y Gasset, José: What is Philosophy?, New York: Norton, 1960.

13 Drucker, Peter F.: Management and the World's Work, Harvard Business Review, 66, (September–October) 1988, S. 76.

14 Mintzberg, Henry, und Waters, James A.: Of Strategies, Deliberate and Emergent, Strategic Management Journal, 6, 1985,
   S. 270.
15 Ebenda. S. 257.
16 Ebenda, S. 260.

3. KAPITEL

DER MARKT

»Ein großer Fisch in einem kleinen Teich.«

Wenn wir von Marktanteil sprechen, vergessen wir häufig, daß ›Anteil‹ stets auf einen Markt bezogen werden muß. Die Definition eines Marktes kann schwierig sein und beinhaltet die Gefahr zu Selbstbetrug und Illusionen. Marktdefinitionen müssen mit großer Sorgfalt vorgenommen werden. Die Abgrenzung des Marktes und der Marktanteil sind entscheidend für die Beurteilung des Wettbewerbs und der Strategie. Die Definition des Geschäftszwecks und des Marktes ist in den Worten von Derek Abell[1] ›der Beginn strategischer Planung‹. Es sollte beachtet werden, daß die Abgrenzung eines Marktes nicht allein durch externe Kräfte, wie z. B. Kunden und Wettbewerber, bestimmt wird, sondern zu einem größeren oder kleineren Teil vom Verhalten des Unternehmens abhängig ist. Einen Markt als gegeben anzunehmen oder neu zu definieren, kann für die Strategie einen großen Unterschied bedeuten.

Enger Marktfokus

Die ›Hidden Champions‹ definieren ihre Märkte *eng*. Als Folge davon sind ihre Märkte relativ klein. Die Größe der Weltmärkte, auf denen die ›Hidden Champions‹ agieren, ist in Abbildung 3.1 dargestellt.

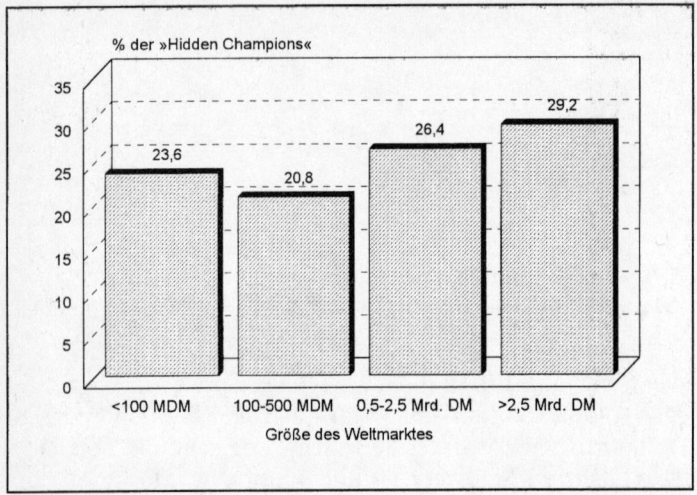

Abbildung 3.1: Größe der Weltmärkte, die von den ›Hidden Champions‹ bearbeitet werden

23,6 % der von den Unternehmen unserer Stichprobe bearbeiteten Märkte haben ein Volumen unter 100 Mio. DM und sind daher ausgesprochene Nischen-Märkte. 29,2 % der Märkte sind größer als 2,5 Mrd. DM und somit als groß zu bezeichnen. Die durchschnittliche Marktgröße beträgt für den Weltmarkt 700[2] Mio. DM, für Europa 350 Mio. DM und für Deutschland 150 Mio. DM. Im Kontext von Michael Porters[3] Basisstrategien haben die ›Hidden Champions‹ ein Wettbewerbsumfeld, das in die Kategorie ›enger Zielmarkt‹ fällt. In vielen Fällen ist der Zielmarkt sogar äußerst eng.

77,7 % der Märkte zeigten in den letzten 10 Jahren Wachstum, nur 13,2 % waren rückläufig. Auf einer Skala von 1 bis 7 wird das Wachstumspotential mit 5,1 bewertet, was ein generell positives, jedoch nicht dramatisches Wachstum signalisiert. Die Preise auf diesen Märkten stagnierten allerdings im Durchschnitt in den letzten 10 Jahren. 42,1 % der Befragten berichteten von Preisrückgängen und 47,1 % von Preissteigerungen. Trotz des kleinen Marktvolumens wird der Wettbewerb generell als hart angesehen.

Die ›Hidden Champions‹ sind erstaunlich gut über ihre Märkte informiert. 82,7 % der Befragten lieferten Zahlen über das Marktvolumen. Die Hälfte davon beruhte auf subjektiven Schätzungen, während die andere Hälfte aus zuverlässigen Quellen, wie z. B. Erhebungen oder Statistiken, stammte. Die Verläßlichkeit der Informationen wurde auf einer Skala von 1 bis 7 mit 4,9 bewertet. Nur 16,1 % der Befragten betrachteten die Aussagefähigkeit der Marktinformationen als unterdurchschnittlich. Mit einer Bewertung von 5,9 auf der 7er-Skala sehen die ›Hidden Champions‹ Marktkenntnisse als drittwichtigste Stärke an nach Kundenbeziehungen (6,1) und Image (6,2) und gleichrangig mit technologischem Know-how (5,9). Natürlich sind nicht alle Unternehmen gleich gut über ihre Märkte informiert. Einige operieren auf so stark fragmentierten Märkten, daß es nicht möglich ist, die exakte Größe des Weltmarktes zu ermitteln. Beispiele dafür sind Blumenerde (mit *ASB Grünland* als Weltmarktführer), Tauchmotorpumpen (mit *ABS* als Nr. 2 auf der Welt) oder Funkarmbanduhren (mit *Junghans* als Nr. 1). Viele der Märkte der ›Hidden Champions‹ entziehen sich einer eindeutigen Erfassung, sind stark fragmentiert oder haben fließende Grenzen. In diesen Fällen gibt es nur zwei Wahlmöglichkeiten, entweder verzichtet man darauf, überhaupt eine quantitative Schätzung des Marktvolumens zu haben, oder man nimmt eine subjektive Schätzung vor. Viele ›Hidden Champions‹ bevorzugen die zweite Möglichkeit, sind sich jedoch der Ungenauigkeit der Zahlen bewußt. Diese Situation bedeutet, daß sie häufig ihren absoluten Marktanteil (gemessen in % des Gesamtmarktes) weniger gut kennen als ihren relativen Marktanteil, der als Verhältnis zum größten Wettbewerber gemessen wird, über den sie normalerweise gute Informationen haben. In der Welt der ›Hidden Champions‹ können Marktvolumen und Marktanteil relativ vage Konzepte bleiben.

Diese Unbestimmtheit ist nicht unbedingt ein Nachteil. Viele ›Hidden Champions‹ betrachten sie im Gegenteil als eine Markteintrittsbarriere, die sie gegen neue Anbieter schützt.

Ein weiterer Grund, der es für einige Befragte schwierig macht, exakte Zahlen über die Marktgröße zu liefern, liegt in der Tatsache, daß Märkte als solche noch nicht existierten, sondern von den ›Hidden Champions‹ erst geschaffen wurden. Einige der Interviewpartner gaben an, einen Markt geschaffen zu haben, der vorher nicht existierte. Und dieser Marktschaffungsprozeß setzt sich Jahr für Jahr, Land für Land fort. *Brita* (der Weltmarktführer für Haushaltswasserfilter), *SAT* (die Baustellen-Recycling-Firma für Straßenbeläge) oder *LOBO Electronic* (ein ›Hidden Champion‹ für computergesteuerte Laser-Systeme) fallen in diese Kategorie. In solchen Märkten gibt es keine Möglichkeit, präzise Daten über die Marktgröße bereitzustellen. Dies bedeutet nicht, daß dort keine großen Chancen existieren. Häufig ist das Gegenteil der Fall. Verfügbarkeit von Markt-Statistiken sollte nicht fälschlicherweise mit hoher Marktattraktivität verwechselt werden. Einige Märkte, die informationsmäßig schwer greifbar sind, erweisen sich bei näherem Hinsehen als sehr attraktiv.

Kriterien zur Marktdefinition

Es gibt verschiedene Möglichkeiten, einen Markt zu definieren. Der traditionelle Weg ist *produktorientiert:* »Wir sind auf dem Markt für Geschirrspülmaschinen tätig.« Diese Methode wird seit T. Levitts bahnbrechendem Artikel aus dem Jahre 1960 kritisiert, der eine Orientierung nach Käufergruppen und Marktstruktur gefordert hatte. Aber den ›Hidden Champions‹ zufolge sollte die produktorientierte Marktdefinition nicht zu schnell aufgegeben werden. Eng verwandt mit der produktorientierten Abgrenzung sind Marktdefinitionen auf Basis der *Technologie* oder in einem weiteren Sinne von *Kompetenzen.* Neuere Methoden leiten die

Markt-(oder Geschäfts-)Definition aus den *Kundenbedürfnissen* oder den Anwendungen ab: »Wir sind im Geschirrreinigungsmarkt tätig.« Bei den ›Hidden Champions‹ ist diese Methode ebenfalls beliebt. Eine weitere eng verwandte Methode betrachtet den Markt aus der Wettbewerbsperspektive und fragt, welche konkurrierenden Produkte die Kunden als Substitutionsprodukte betrachten. Diese Methode ist bei ›Hidden Champions‹ weniger populär. Lieber versuchen sie, ihre Produkte so unterschiedlich wie möglich zu gestalten, lehnen Marktdefinitionen ihrer Konkurrenten ab und definieren statt dessen ihren Markt eigenständig neu. Ihrer Meinung nach sind Märkte nicht zwangsläufig durch (vor)gegebene Kriterien definiert. Die Marktdefinition selbst ist Teil der Strategie.

Die Bedeutung, die ›Hidden Champions‹ einzelnen Kriterien zur Marktdefinition zumessen, ist in Abbildung 3.2 dargestellt.

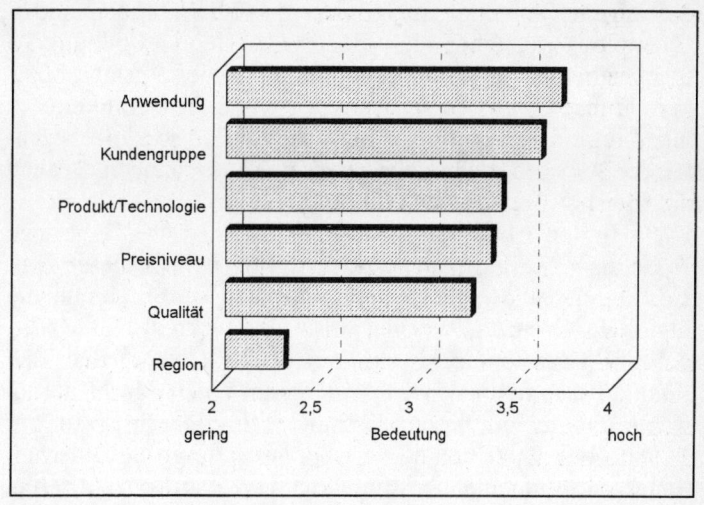

Abbildung 3.2: Bedeutung der Kriterien zur Markt-Definition – Selbsteinschätzung der ›Hidden Champions‹ (Skala von 1 = sehr geringe Bedeutung bis 7 = sehr große Bedeutung)

Die Abbildung zeigt, daß die ›Hidden Champions‹ für die Marktdefinition sowohl das Kriterium ›Anwendung/Kundengruppe‹ als auch den Aspekt ›Produkt/Technologie/Preisniveau/Qualität‹ verwenden. Beide Kriterien haben vergleichbare Bewertungen erhalten. Das Produkt und dahinter die Kernkompetenzen eines Unternehmens dürfen nicht ignoriert werden, wenn ein Markt definiert wird. Ebenso müssen die Kundenbedürfnisse und Anwendungen berücksichtigt werden. Marktführerschaft kann nur erreicht werden, wenn beide Aspekte berücksichtigt werden.

Die wissenschaftliche Betrachtung unterstützt diese beidseitige Sichtweise. Von vornherein gibt es keine Märkte. Vor einem Austausch existieren höchstens potentielle Märkte. Bevor jedoch ein Austausch stattfindet, weiß man nicht wirklich, was der Markt ist. Ein Unternehmen steht immer um verschiedene Kundenbedürfnisse im Wettbewerb. Und es gibt Konkurrenten mit anderen Produkten, die vielleicht das eigene Angebot substituieren können. Die ›Hidden Champions‹ verstehen diese Beziehung, die in Abbildung 3.3 beschrieben ist, und versuchen, den Grad der Austauschbarkeit zu ihren Gunsten zu beeinflussen. Sie beschränken sich nicht auf ein Kriterium zur Marktdefinition, sondern beachten die Aspekte sowohl der externen Marktchancen als auch der internen Ressourcen.

Die ›Hidden Champions‹ messen der Region eine geringe Rolle als Kriterium zur Marktdefinition bei. In dieser Hinsicht unterscheiden sie sich von normalen Unternehmen, die regionale Grenzen typischerweise als Merkmal der Marktdefinition verstehen. Es verdient erwähnt zu werden, daß ›Hidden Champions‹, wenn sie einmal einen Markt ausgewählt haben, an diesem festhalten. Im Durchschnitt der Stichproben-Unternehmen wurde die letzte große Entscheidung, sich auf einen bestimmten Markt zu konzentrieren, vor 10 Jahren getroffen. Und diese Entscheidung ist nur geringfügig jünger als die letzte große Entscheidung über die Basis-Technologie. Diese Ausdauer, an einem Markt festzu-

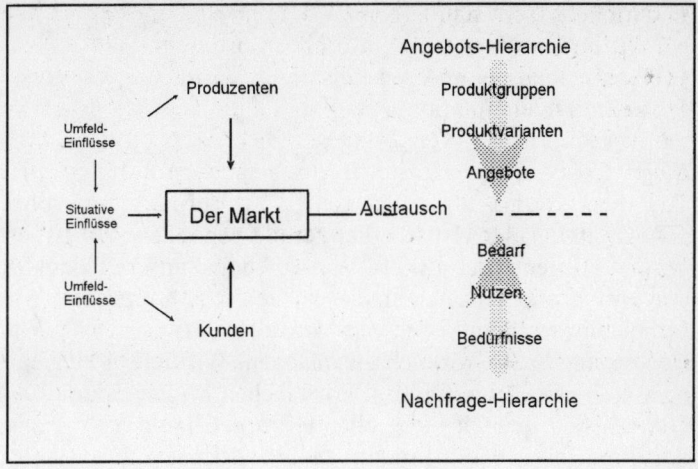

Abbildung 3.3: Zwei sich gegenseitig beeinflussende Hierarchien, die den Markt definieren[5]

halten, wirft ein Licht auf die hohe Kontinuität der ›Hidden Champions‹. Den Kunden wird auf diese Weise eine starke Verpflichtung zur Markt- und Kundenpflege signalisiert.

Fokussierung und Konzentration

Über die statistischen Aspekte der Marktdefinition der ›Hidden Champions‹ hinaus vermittelt uns eine Betrachtung konkreter Fälle ein tieferes Verständnis der starken Fokussierung, Spezialisierung und Konzentration. Sie illustriert auch die überraschende Vielfalt und Bandbreite von Märkten, die von den ›Hidden Champions‹ bedient werden.
Die grundsätzliche und typische Einstellung der ›Hidden Champions‹ spiegelt sich in folgenden Statements wider:

• »Wir sind ein Spezialist.«
• »Wir konzentrieren uns auf das, was wir können.«

61

- »Nische!« (sehr häufig genannt)
- »Wir haben ein tiefes, kein breites Sortiment.«
- »Wir bleiben bei unseren Leisten.«
- »Keine Diversifikation!«

Clean Concept, der Hersteller des neuen berührungsfreien Toiletten-Systems, formuliert seinen Schwerpunkt wie folgt: »Das Zeitalter der Hygiene hat gerade begonnen. Wir haben uns auf Hygiene spezialisiert. Wir haben alle unsere Fähigkeiten und Kompetenzen auf dieses Gebiet konzentriert. Wir wollen nicht jemand sein, der von allem etwas macht. Wir wollen eine Sache wirklich gut machen. Wir liefern Hygiene nicht neben anderen Dingen. Wir machen Hygiene pur.«

Die meisten, jedoch nicht alle ›Hidden Champions‹ haben der Versuchung widerstanden, zu diversifizieren. Und denjenigen, die bei ihren Leisten blieben, ging es fast immer besser. Die Treue zu dem Kompetenz-Spezialgebiet ist normalerweise sehr ausgeprägt. Für Unternehmen, die über Jahrzehnte oder sogar Generationen gewachsen sind, ist dies sowohl eine emotionale als auch eine rationale Angelegenheit. Einige der ›Hidden Champion‹-Chefs sind so von ihrer Idee besessen, daß sie sich ihr ganzes Leben lang auf einen Markt konzentrieren. Um die Vielfalt und Besonderheiten der Marktdefinitionen zu beschreiben, die von den ›Hidden Champions‹ angewendet werden, wird in Abbildung 3.4 eine Auswahl von Fällen vorgestellt. Die ersten sechs Definitionen sind primär produktorientiert und die letzten acht eher nachfrageorientiert.

Diese Beispiele von Marktdefinitionen mögen dem Leser sehr speziell erscheinen. Sie sind jedoch für die ›Hidden Champions‹ typisch. Sie belegen deutlich die Beobachtung, daß die Märkte eng definiert und daß die ›Hidden Champions‹ stark fokussiert sind. Diese bewußte Spezialisierung ist ein Fundament ihrer Stärke.

Neben den *typischen* ›Hidden Champions‹, die in Abb. 3.4 beschrieben wurden, gibt es zwei weitere Kategorien, die die

Firma	Marktdefinition	Weltmarkt-Position		
		Rang	Absoluter Marktanteil %	Relativer Marktanteil
Suwelack	Kosmetik-Collagen	P	1	70	2,3
G.W. Barth	Kaffee-/Kakao-Röstmaschinen	P	1	70	>3
Erhardt & Leimer	Bahnlauf-Regler	P	1	80	8
Krones	Flaschen-Etikettiermaschinen	P	1	70	4
Weinig	Profilfräsautomaten	P	1	50	4
Heidenhain	Elektronische Längen- und Winkelmeßgeräte	P	1	40	4
Stihl	Motorsägen	P	1	30	1,9
Rofin-Sinar	Industrie-Laser	P	1	21	1,6
Trasco	Gepanzerte Limousinen	P	1	50	2,4
Dümmen	Weihnachtsstern-Pflanzen	P	1	16	2,6
Schwank	Gasinfrarotstrahler	P	1	30	2
Neumann	Kaffee-Import/-Großhandel	P	1/2	13	1
Joh. Barth	Hopfen/Hopfenprodukte	P	1	15	2
ASB Grünland	Blumenerde	P	1	40	4
Automatik-App.-Maschinenbau	Unterwasser-Pelletierungs-anlagen	P	1	70	>4
Smithers Oasis	Blumenschaum	P	1	75	7.5
Dürr	Auto-Lackierung	N	1	20	1,3
Institut Förster	Zerstörungsfreie Werkstoff-prüfung	N	1	35	3,5
Kärcher	Reinigung von Gebäuden und Fahrzeugen	N	1	35	1,6
Leybold	Vakuumerzeugung	N	1	30	1,7
Webasto	Auto-Klimatisierung	N	1	50	2,5
Suspa	Waschmaschinenabfederung	N	1	40	2,3
SAP	Client-Server-Anwendungen	N	1	40	1,5

Abbildung 3.4: Ausgewählte Marktdefinitionen voll ›Hidden Champions‹
(P = Produktorientiert, N = Nachfrageorientiert)

Markt-Schwerpunktbildung und Spezialisierung noch wesentlich weiter treiben. Die erste Kategorie besteht aus extremen Spezialisten, die versuchen, eine sehr starke Marktstellung in sehr kleinen Märkten aufzubauen (»Auf sehr kleinen Märkten sehr groß sein«). Ich bezeichne sie als *Super-Nischenanbieter.* Die andere Kategorie schafft ihre eigenen Märkte. Diese Unternehmen haben keinen Wettbewerber im üblichen Sinn. Ich bezeichne sie als *Marktbesitzer,* da sie ihre Märkte praktisch besitzen. Darunter finden sich auch jene ›Hidden Champions‹, die die Geheimhaltung am weitesten treiben und sich überhaupt nicht in die Karten schauen lassen.

Super-Nischenanbieter

Zunächst betrachten wir einige ›Super-Nischenanbieter‹ (vgl. Abbildung 3.5). Aus ihren Strategien können wichtige Schlußfolgerungen über Tiefe und Breite des Sortiments abgeleitet werden.

Firma	Marktdefinition	Weltmarkt-Position		
		Rang	Absoluter Marktanteil %	Relativer Marktanteil
Hahn	Vitrinen für Museen	1	40	4
Binhold	Anatomische Lehrmittel	1	34	3,4
Koenig & Bauer	Geld-Druckmaschinen	1	90	10
Weckerle	Lippenstift-Gießanlagen	1	70	3,5
DMI	Luftgekühlte Dieselmotoren	1	>80	>10
Tente	Gleitrollen für Krankenhausbetten	1	>50	>3
Winterhalter	Gastronomie-Geschirrspülmaschinen	1	15-20	>4
Gerriets	Bühnenvorhänge	1	100	>10
Steiner Optik	Militärferngläser	1	80	>4
Tetra	Zierfisch-Futter	1	>50	>5
Märklin	Modelleisenbahnen	1	55	3
Union Knopf	Knöpfe	1	3	1,5
Grohmann	Die 30 führenden Elektronik-Hersteller auf der Welt	Einer der Besten		
Scheuerle	Schwertransportfahrzeuge	1		
Aeroxon	Insektenfänger, Fliegenklatschen	1	50	>2
Becher	Große Schirme	1	50	>3

Abbildung 3.5: Eine Auswahl von Super-Nischenanbietern

Bezüglich Marktführerschaft und Wettbewerbsstärken sind diese Super-Nischenanbieter Stars unter den ›Hidden Champions‹. Sie sind in der Regel wenigstens dreimal stärker als ihr wichtigster Konkurrent. Manchmal haben sie keinen

richtigen Wettbewerber, weil sie die einzigen Lieferanten für bestimmte Anwendungen sind. Jürgen H. Schulze, Leiter von *Deutz Motor Industriemotoren (DMI)*, sagt über seine luftgekühlten Dieselmotoren: »Sie sind ein richtiges Wunder. Vor einigen Jahren wollten wir sie infolge von Umweltschutz-Auflagen aufgeben. In der Zwischenzeit haben wir jedoch gelernt, daß diese Maschinen in bestimmten Anwendungen und Standorten unersetzbar sind, z. B. in extrem heißen oder kalten Klimazonen, in Wüsten, an abgelegenen Plätzen, wo Wartung schwierig ist. Und wir sind praktisch der einzige Hersteller auf der Welt, der diese Motoren in großer Zahl herstellen kann.« *Union Knopf,* der Weltmarktführer bei Knöpfen, ist ein anderer Super-Nischenanbieter. Diese Firma stellt nur Knöpfe her, jedoch Knöpfe in allen denkbaren Variationen; 250.000 insgesamt. Welchen Knopf Sie auch benötigen, Sie werden ihn bei Union Knopf finden. Oder nehmen Sie *Aeroxon,* ein Unternehmen, das auf nichtchemische Schädlingsbekämpfungsmittel spezialisiert ist. Das Hauptprodukt, der Honigfliegenfänger, wurde 90 Jahre nicht verändert und hat einen Weltmarktanteil von 50 %.
Ein besonderer Super-Nischenanbieter ist Klaus Grohmann. Er definiert seine Super-Marktnische nach Kunden. Seine Firma *Grohmann Engineering* stellt Maschinen und Systeme zur Montage elektronischer Produkte her und ist einer der führenden Anbieter auf diesem Gebiet. Er erklärt seine Marktdefinition so: »Wir konzentrieren uns auf die 30 führenden Unternehmen in der Welt, die aggressivsten. Wir definieren sie als unseren Markt. Indem wir für diese Kunden arbeiten, die weltweit die höchsten Anforderungen stellen, werden wir selbst Weltklasse. Diese Strategie begrenzt vielleicht unser Wachstum, sie garantiert jedoch, daß wir an der Spitze bleiben.« Super-Nischenanbieter sind überall auf der Welt zu finden. Dazu zählt zum Beispiel auch der amerikanische ›Hidden Champion‹ St. Jude Medical. Dieses Unternehmen hat einen Weltmarktanteil von 60 % bei künstlichen Herzklappen und ist ca. 10mal größer als sein stärkster Kon-

kurrent, die Firma Sulzermedica (Carbomedics) aus der Schweiz. Die Super-Nischenanbieter veranschaulichen ein Prinzip, das in gewisser Weise auf alle ›Hidden Champions‹ zutrifft. Sie akzeptieren Märkte nicht, wie sie durch externe Kräfte definiert werden, sondern sie betrachten die Marktdefinition als einen Parameter, den sie selbst kontrollieren können. Sie akzeptieren nicht die Struktur ihrer Branche, wie von Porter[6] unterstellt, sondern sie redefinieren und ändern diese Struktur, falls notwendig. Hamel und Prahalad[7] betrachten diese Einstellung als wichtigen Bestandteil einer zukunftsorientierten Strategie. Und was ich im 1. Kapitel über psychologische Marktführerschaft ausgeführt habe, zielt hauptsächlich auf diese Aspekte, die aktive Gestaltung der Märkte, ab.

Das Beispiel von *Winterhalter* im nächsten Abschnitt zeigt, wie die Neudefinition eines Marktes funktionieren kann. *BBA,* ein englisches Textil-Unternehmen mit ›Hidden Champion‹-Eigenschaften, hat sogar ein entsprechendes Statement in seiner Unternehmensphilosophie: »Unsere Taktik ist, in unseren Marktnischen marktbeherrschend zu werden durch Umwandlung allgemeiner Märkte, auf denen wir niemand sind, in Marktnischen, wo wir jemand sind.« Dieses Statement zeigt deutlich, daß ein Unternehmen, das das Ziel Marktführerschaft verfolgt, existierende Marktdefinitionen und Begrenzungen nicht akzeptieren sollte. Die Möglichkeit, einen Markt neu zu definieren, ist von Fall zu Fall verschieden. Das entschiedene Vorgehen, Marktdefinitionen nicht zu akzeptieren, sondern zu verändern, ist eine erste, gute Voraussetzung für Marktführerschaft.

Breite oder enge Marktdefinition

Die Super-Nischenanbieter lenken unsere Aufmerksamkeit auf ein sehr wichtiges strategisches Merkmal, das in starkem Maße auf viele ›Hidden Champions‹ zutrifft: die Frage nach

Breite oder Tiefe des Sortiments (oder des Geschäftes generell). Mit *Breite* des Sortiments meinen wir die Anzahl verschiedener Produkte im Sortiment eines Unternehmens. Ein Unternehmen, das Geschirrspülmaschinen, Waschmaschinen und Kühlschränke herstellt, hat ein breiteres Sortiment als eine Firma, die nur Geschirrspülmaschinen herstellt. Das Konzept der Breite kann auch auf Märkte bezogen werden. Ein Unternehmen, das für Geschirrspülmaschinen sowohl den gewerblichen als auch den Endverbraucher-Markt beliefert, hat ein breiteres Betätigungsfeld als ein Unternehmen, das nur den gewerblichen Markt beliefert.

Tiefe dagegen bezieht sich auf die Anzahl Varianten des gleichen Produktes oder auf die Vollständigkeit einer Problemlösung auf einem eng definierten Markt. So kann ein Hersteller von Geschirrspülmaschinen verschiedene Varianten für verschiedene Anwender verkaufen. Er kann sein Sortiment auch um Verbrauchsprodukte ergänzen, die mit dem Geschirrspülen in Zusammenhang stehen, z. B. Geschirrspülmittel. Die Anzahl der Artikel mag für einen ›breiten‹ und einen ›tiefen‹ Lieferanten ähnlich sein. Die Sortimentsstruktur und deren Ausrichtung sind hingegen fundamental verschieden.

Eine andere Perspektive, diesen Unterschied zu betrachten, bietet die von Porter[3] vorgeschlagene *Wertschöpfungskette*. Für einen ›breiten‹ Hersteller wäre die Wertschöpfungskette breit (viele verschiedene Produkte oder Märkte), der Abschnitt, der in der Wertschöpfungskette bedient wird, jedoch kurz. Ein ›tiefer‹ Lieferant würde eine schmale Wertschöpfungskette haben (wenige Produkte oder Märkte), jedoch einen langen Abschnitt dieser Kette abdecken. Dieser Unterschied ist in Abbildung 3.6 dargestellt. Die ›Hidden Champions‹ bevorzugen generell die enge und tiefe Strategie. Und die Super-Nischenanbieter betreiben diese Konzept am konsequentesten.

Ein passender Fall, um dies zu illustrieren, ist *Winterhalter Gastronom,* ein Unternehmen, das Geschirrspülautomaten

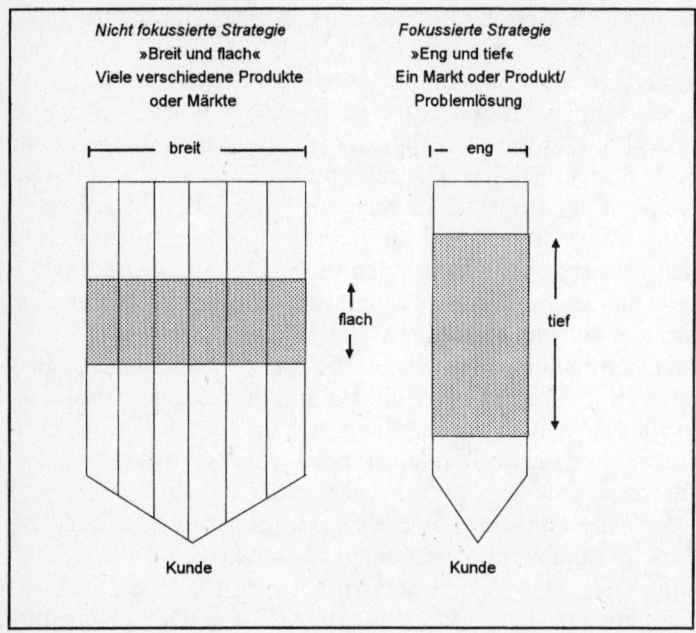

Abbildung 3.6: ›Breite‹ oder ›enge‹ Marktdefinition als Kernstrategie

für gewerbliche Anwender herstellt. Die Strategie von Winterhalter ist in Abbildung 3.7 dargestellt. Für Geschirrspülmaschinen gibt es verschiedene Märkte, z. B. Krankenhäuser, Schulen, Unternehmen, öffentliche Verwaltungen, Hotels, Restaurants, Kasernen usw. Daher ist das Marktpotential in seiner vollen Breite groß. Die Anforderungen der Kunden unterscheiden sich jedoch in den verschiedenen Marktsegmenten. Darum wurden viele verschiedene Produkte entwickelt. Manfred Bobeck, Geschäftsführer von Winterhalter, berichtet: »Wir analysierten den Gesamtmarkt für gewerbliche Geschirrspülmaschinen und stellten fest, daß unser Weltmarktanteil weit unter 5 % lag. Wir waren ein unbedeutender Mitläufer. Dies veranlaßte uns, unsere Strategie vollständig zu ändern. Wir begannen, uns ausschließlich auf Hotels und Restaurants zu spezialisieren, wir änderten sogar die Firmenbezeichnung in ›Winterhalter Gastronom‹. Jetzt definieren wir unser Geschäft als ›Lieferant von sauberen Gläsern und Geschirr‹ und übernehmen dafür die volle Verantwortung. Wir haben Vorrichtungen zur Wasser-Enthärtung in unser Sortiment aufgenommen und unsere eigene Marke für ein Geschirrspülmittel. Unser Weltmarktanteil im Segment Hotels/Restaurants beträgt jetzt 15–20 % und steigt weiter. In diesem Teilmarkt kann es niemand mehr mit uns aufnehmen.«

Die Fokussierung auf Tiefe anstatt auf Breite ist für viele ›Hidden Champions‹ typisch. *Clean Concept* stellt nur berührungsfreie Toiletten her, keine anderen Sanitäreinrichtungen. Sie liefern jedoch alles, was in diesem neuen System benötigt wird, d. h. Seife, Papier, PC-Programme und Service. *Dürr* nahm davon Abstand, Lackiersysteme an Bran-

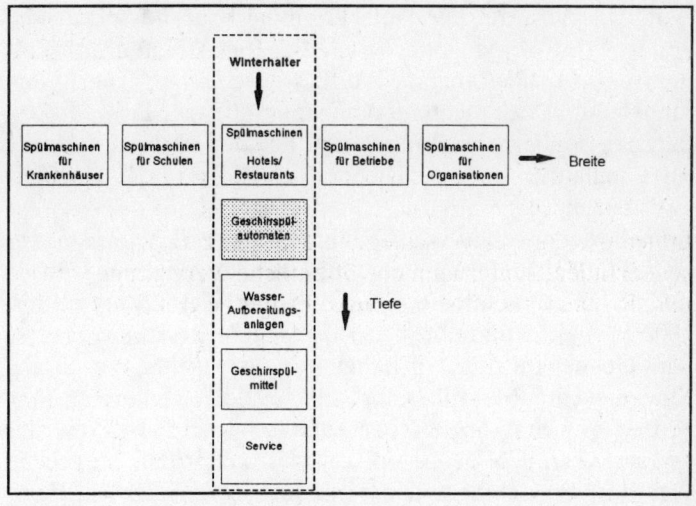

Abbildung 3. 7: Die fokussierte Strategie von Winterhalter – ›Tiefe‹ statt ›Breite‹

chen, wie z. B. Elektrogeräte, Maschinenbau oder Möbel-industrie, zu liefern. Statt dessen konzentriert sich Dürr auf die Automobilindustrie. Das Spezialangebot für die Auto-industrie ist jedoch sehr tief. Die Lieferung kompletter Lackieranlagen beinhaltet Farbanwendung, Farblagerung und -logistik, Software, technische Unterstützung und sogar Errichtung von Gebäuden. Traditionell beschränkte sich *Tetra Pak,* der schwedische Weltmarktführer für Kartonver-packungssysteme für flüssige Nahrungsmittel, auf Verpak-kungen. Das war ein kleiner Teil der Wertschöpfungskette. 1993 vertieften sie ihre Aktivitäten in der Wertschöpfungs-kette für Getränkeherstellung durch Übernahme von *Alfa Laval,* einem Unternehmen, das Maschinen zur Getränke-herstellung produziert. *Tetra Laval,* das verschmolzene Un-ternehmen, übernimmt jetzt die volle Verantwortung sowohl für die Herstellung als auch die Verpackung von Getränken. Das Geschäft wird damit eng und tief. Das gleiche gilt für *Germina,* nach Stückzahl der zweitgrößte Hersteller von Langlaufskiern auf der Welt. Germina baut auf seine Stär-ken aus der Vergangenheit, als die Top-Athleten aus Ost-deutschland die Langlauf-Wettbewerbe dominierten. Ger-mina betätigt sich nicht auf dem viel größeren Markt für Ab-fahrtski, sondern beschränkt sich auf den kleineren Markt für Langlaufski und spezialisiert sich dort auf das Hochlei-stungssegment.

Immer wieder sehen wir die Überlegenheit der *fokussierten Strategie.* Heinz Hankammer, der Gründer von *Brita-Wasser-filter,* erklärt: »Leifheit, einer unserer Wettbewerber, hat 1000 Produkte, und eines davon ist ein Wasserfilter. Das ist kein Gegner für uns. Wir haben nur Wasserfilter. Vor 5 Jah-ren versuchte Melitta, selbst ein ›Hidden Champion‹ für Kaffeefilter, uns anzugreifen, und scheiterte. In Amerika verlor Mister Coffee gegen uns, der weltgrößte Hersteller von Kaffeemaschinen. Die Firmen, die viele verschiedene Produkte herstellen, sind für uns keine Bedrohung, weil wir unsere gesamte Energie auf ein Produkt konzentrieren.«

Gerhard M. Bauer, Marketing-Direktor von *Brähler International Congress Service*, schließt sich an: »Wir sind spezialisiert. Vergleichen Sie uns mit Siemens. Für sie ist dieser Markt eine kleine Sache. Das ist unser Vorteil, und wir können in der Marktnische bequem leben. Siemens kann das nicht!« Peter *Barth* vom Weltmarktführer für Hopfen bringt die gleiche Einstellung zum Ausdruck: »Einige unserer Konkurrenten haben in andere Agrarprodukte diversifiziert, wie z. B. in Malz und Gerste. Wir haben davon Abstand genommen, das gleiche zu tun, und blieben beim Hopfen, nichts als Hopfen. Durch diese Spezialisierung haben wir eine Perfektion erreicht, mit der sich kaum jemand vergleichen kann.«

Ein wichtiger Aspekt der Strategie ist, zu wissen, was man auf keinen Fall tun will. Dieser Aspekt kann tatsächlich genauso erfolgsentscheidend sein, wie zu wissen, was man tun will. Die meisten ›Hidden Champions‹ wissen ziemlich gut, was sie wollen und was sie nicht wollen. Dies ist eine ihrer Sicherungen gegen Verzettelung.

Tiefe statt Breite ist eine der Grundlagen für den Erfolg der ›Hidden Champions‹. Die Realisierung dieser Strategie verlangt sowohl eine klare Vision als auch eine bewußte strategische Schwerpunktbildung. Der schwierigste Teil ist, der Versuchung zu widerstehen, hier und dort ein Gelegenheitsgeschäft zu machen. Super-Nischenanbieter könnten oft ein zusätzliches Geschäft auf angrenzenden Gebieten einfahren, besonders wenn das Geschäftsklima günstig ist. Die wahren ›Hidden Champions‹ widerstehen jedoch dieser Versuchung und bleiben spezialisiert. Sie haben gelernt, daß dies der beste und oft einzige Weg zu wahrer Weltklasse ist.

Marktbesitzer

Neben den *normalen* ›Hidden Champions‹ gibt es einige wenige, die praktisch ihren Markt besitzen. Ich nenne sie die *Marktbesitzer*. In strengem Sinn besitzt natürlich niemand

71

einen Markt. Gewöhnlich haben die ›Marktbesitzer‹ sich ihre Marktnische selbst geschaffen. Durch die dauerhafte Einzigartigkeit der Produkte, unschlagbare Markteintrittshürden oder Glück gelang es ihnen, ihre quasi monopolistische Position zu verteidigen. Normale Überlegungen zu Marktgröße und Marktanteil sind auf die ›Marktbesitzer‹ nicht anwendbar. Die Märkte und die Produkte sind ›Unikate‹. Ohne dieses Produkt wurde der jeweilige Markt nicht existieren. Der Markt ist durch das Produkt selbst definiert, d. h., das Produkt bezeichnet die Gattung. Die ›Marktbesitzer‹ neigen dazu, die verschlossensten unter den ›Hidden Champions‹ zu sein.

Ein Fall dieser Art ist *Hummel,* berühmt für die Hummel-Figuren. Sammler überall auf der Welt, besonders in den USA, zahlen fantastische Preise für diese kleinen Stücke. Nichts kann eine Hummel-Figur für den leidenschaftlichen Sammler ersetzen. Dies ist ein perfekter ›selbst definierter Markt‹. Eine ähnliche Position hat *Margarete Steiff* aufgebaut. Das erste Steiff-Produkt war 1880 ein kleiner Filzelefant. 1902 folgte der berühmte Teddybär, angeblich nach dem amerikanischen Präsidenten Theodore (›Teddy‹) Roosevelt benannt, der ein solches Spielzeug nach einer erfolglosen Bärenjagd als Geschenk erhalten haben soll. Alle Steiff-Tiere haben einen Knopf im Ohr. Tradition und Kontinuität charakterisieren die Strategie von Steiff. Eine Sammlerbewegung (ähnlich wie bei Hummel) hat sich entwickelt. Die USA sind der wichtigste Markt. Manche neuen Teddybären kosten bis zu 2000 $. In seiner Geschichte hatte das Unternehmen häufig Wartelisten von Kunden, die infolge fehlender Kapazität nicht befriedigt werden konnten. Das Produkt knapp zu halten und auf diese Weise bewußt klein zu bleiben, kann ein entscheidender strategischer Aspekt für einen ›Marktbesitzer‹ sein.

Ein kleiner ›Marktbesitzer‹ mit 10 Mio. DM Umsatz ist *Hein.* Das Unternehmen stellt ›*Pustefix*‹ her, eine Seifenblasen-Dose für Kinder. Der Geschäftsführer Gerold Hein erklärt: »Pustefix konkurriert nicht mit anderen Produkten dieser Art, es konkurriert mit dem Geld der Kinder für Schokoriegel, Süßwaren und sonstige Dinge, die Kinder kaufen können.« Das Produkt wird in 50 Länder exportiert, mit den USA und Japan als den wichtigsten Märkten. Die geringe Größe dieser Marktnische macht sie für größere Wettbewerber unattraktiv, und darüber hinaus ist das Produkt durch sechs Patente geschützt.

Ein anderer ›Marktbesitzer‹, der durch eine Festung aus Patenten geschützt ist, ist *Fischertechnik*. Sein Gründer Artur Fischer war wahrscheinlich der fleißigste Erfinder in der Nachkriegsperiode. Das Unternehmen hat 5500 Patente (siehe Kapitel 6). Fischertechnik ist ein technisches Konstruktions-Baukastensystem, das aus Teilen besteht, mit denen alle möglichen Gegenstände montiert werden können. Es ist nicht nur bei Jugendlichen beliebt, sondern wird auch verwendet, um Modelle von Fabriken und industriellen Prozessen für Simulationszwecke zu bauen. Fischertechnik wird in mehr als 100 Ländern verkauft. Infolge des sehr soliden Patentschutzes gibt es keinen vergleichbaren Wettbewerber. Fischertechnik definiert und ›besitzt‹ seinen eigenen Markt. Im Spielzeug-Sektor gibt es weitere ähnliche ›Marktbesitzer‹, wie z. B. *Lego* und *Playmobil* (ein Kunststoff-Spielzeug, das von dem ›Hidden Champion‹ *geobra Brandstätter* hergestellt wird).

Die *Marsberger Glaswerke Ritzenhoff* begannen 1992 einen eigenen Markt zu entwickeln. Das Unternehmen war Marktführer bei Biergläsern und Glas für bestimmte Anwendungen in Autos und Industrieanlagen. Man stellte fest, daß es Gläser für alle Arten von Getränken gab, wie z. B. Bier, Wein, Likör – jedoch nicht für Milch. Ritzenhoff konzipierte ein besonderes Milchglas und lud Künstler ein, dafür Farbdesigns zu entwickeln. Dieses internationale Projekt ›Milch, Lait, Leche, Milk, Latte …‹ wurde ein sofortiger Erfolg. Im ersten Jahr wurden 600 000 Gläser zu einem sehr hohen Preis von 17,50 DM verkauft. In den USA und Asien kann dieses ›globale‹ Produkt bereits in Galerien und Museen gefunden werden. Gläser aus der ersten Serie werden jetzt zu 800 DM gehandelt. Das Unternehmen hat den ›Ritzenhoff Milch-Club der Sammler‹ initiiert und stellt jedes Jahr limitierte Auflagen mit neuen Designs her – einige davon exklusiv für Clubmitglieder. Mit diesem Konzept verkauft Ritzenhoff mehr als nur Gläser. Die Gläser sind einfach das Vehikel für etwas Besonderes. Sie konkurrieren nicht mit anderen Gläsern.

Wen rufen Sie an, wenn Sie Banknoten benötigen? Stellen Sie sich vor, Sie kämen in einem der neuen Staaten in Zentral- oder Osteuropa an die Macht und Ihr Land benötigte seine eigene Währung. *Giesecke & Devrient* kann Ihnen helfen. Diese Firma ist der zweitgrößte nichtstaatliche Gelddrucker auf der Welt. Es gibt einen ziemlich großen Markt für Banknoten-Druck, weil nur größere Länder sich eigene Druckereien für den Druck von Banknoten leisten können. Zusätzlich druckt Giesecke & Devrient ca. 50 % der deutschen Banknoten. Auch im Kreditkartengeschäft hat das Unternehmen eine starke Marktposition. Die Firma wurde 1852 gegründet. Es ist nicht überraschend, daß dieses Unternehmen sehr verschlossen ist. Mit dem Entstehen vieler neuer Staaten boomte das Geschäft von Giesecke & Devrient.

In einem ganz anderen Markt haben *Paul Schockemühle,* ein früherer Weltklassereiter, und *Ulrich Kasselmann* eine Marktstellung, von der normale Pferdezüchter nur träumen können. Während hervorragende Pferde auf Auktionen für 30 TDM verkauft werden, erzielen ihre Pferde 300–800 TDM. Offensichtlich ist die überlegene Fähigkeit, Pferde auszuwählen und auszubilden, die Grundlage für diesen Erfolg.

Karl Mayer, der Weltmarktführer für Raschelmaschinen, hat seit Jahren seine Marktstellung als ›Marktbesitzer‹ systematisch aufgebaut. Als Erfolg einer sehr konsequenten Umsetzung dieser Strategie kann das Unternehmen heute sagen:

»Nur für 10 % unseres Umsatzes haben wir überhaupt Konkurrenten.« Karl Mayers Produkte sind für viele Kunden unersetzlich. *Convac* ist vielleicht in einer noch besseren Situation. Dieses Unternehmen stellt Anlagen für die Halbleitertechnologie (Beschichtung von Disketten) her und hat einen Weltmarktanteil von 100 %. Wettbewerber gibt es nicht.

Für ein normales Unternehmen dürfte es allerdings schwierig oder unmöglich sein, diese Strategien zur Marktbeherrschung in reiner Form nachzuahmen. Schließlich kann ein normaler Geiger auch nicht Anne-Sophie Mutter imitieren. Der beste Weg, um einen Markt zu ›besitzen‹, ist, diesen Markt von Anfang an zu schaffen. Idealerweise existierte der Markt vorher nicht und wird erst durch das Produkt geschaffen oder definiert. Die Einzigartigkeit des Produktes muß aufrechterhalten werden können, sie muß über die Zeit ständig erneuert und verteidigt werden. Um dieses zu erreichen, können folgende Instrumente eingesetzt werden: künstlerische Gestaltung (z. B. Ritzenhoff), ein starkes Logo/ Warenzeichen (z. B. Steiff), Patentschutz (z. B. Fischertechnik) oder Kundenbeziehungen und Vertraulichkeit (z. B. Giesecke & Devrient). Die Produkte sollten gezielt knapp gehalten werden (z. B. Hummel-Figuren), es kann ruhig schwierig sein, sie zu erhalten. Knappheit schafft in den Augen der leidenschaftlichen Kunden Wert. Knappheit verlangt auch, daß diese Unternehmen bewußt davon Abstand nehmen, ihr volles Wachstumspotential auszuschöpfen. Der größte Feind von Exklusivität ist starke Expansion.

Von den ›Marktbesitzern‹ können wir auch in bezug auf Beziehungs-Marketing lernen. Dieses Konzept, das in der Literatur Anfang der 90er Jahre auftauchte, ist für sie nichts Neues. Sie haben ihre treuen Kunden jahrzehntelang verwöhnt. Sie haben Clubs und Sammlerbewegungen initiiert, lange bevor diese Konzepte von Marketing-Spezialisten entdeckt wurden. In dieser Hinsicht haben sie eine treue Gefolgschaft von Kunden aufgebaut, die begierig sind, die Produkte zu erhalten, und die bereit sind, sehr hohe Preise dafür zu bezahlen. Und die ›Marktbesitzer‹ waren klug genug, spezialisiert und verschlossen zu bleiben und ihre Märkte klein zu halten. Abbildung 3.8 faßt diese wichtigen strategischen Eigenschaften zusammen.

Strategie	Fallbeispiele
• Schaffung eines Marktes	Fischertechnik, Hein »Pustefix«
• Bewahren der Sonderstellung, Barrieren gegen Nachahmung	Steiff, Hummel, Fischertechnik
• Technologische Überlegenheit	Karl Mayer, Convac
• Produkt knapp und exklusiv halten	Giesecke & Devrient, Ritzenhoff
• Superleistungen anbieten und hohe Preise verlangen	Schockemöhle/Kasselmann, Germina
• Praktizieren von Beziehungs-Marketing; Kundenbindung durch persönliche Beziehungen, Clubs, Sammler-Bewegungen	Alle

Abbildung 3.8: Strategien von marktbesitzenden ›Hidden Champions‹

›Marktbesitzer‹ sind in vielen Branchen und überall auf der Welt anzutreffen. Autos von Rolls-Royce fallen in diese Kategorie ebenso wie die Kameras von Hasselblad aus Schweden oder Weine von Mouton Rothschild aus Frankreich. Es gibt viele Erlebnisparks, jedoch nur ein Disneyland, und keine Uhr ist mit einer Rolex zu vergleichen. Weitere Beispiele findet man im Dienstleistungsbereich, z. B. Privatbanken oder Hotels. ›Marktbesitzer‹-Strategien können sich überall als erfolgreich erweisen.

Risiken der Überspezialisierung

Wir haben gesehen, daß sich die meisten ›Hidden Champions‹ auf enge Märkte und Kompetenzen spezialisieren. Dies wirft die Frage auf, ob sie überspezialisiert und damit hohen Risiken ausgesetzt sind. Sind sie nicht in einem unak-

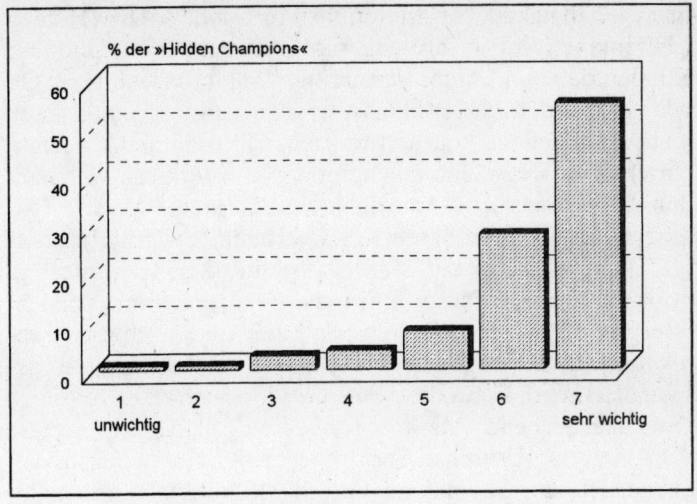

Abbildung 3.9: Bedeutung des Haupt-Marktes für ›Hidden Champions‹
(von 1 = unwichtig bis 7 = sehr wichtig)

zeptablen Ausmaß abhängig von ihren engen Märkten, von
wenigen Kunden, von unsicheren Konjunkturzyklen und
technologischen Veränderungen?
Tatsächlich ist die Abhängigkeit der ›Hidden Champions‹ von
ihrem jeweiligen Markt sehr hoch (vgl. Abbildung 3.9).
67,1 % ihres Umsatzes tätigen die ›Hidden Champions‹ auf
ihrem jeweiligen Hauptmarkt. Die befragten Unternehmen
erwarten, daß die Bedeutung des Hauptmarktes in Zukunft
noch weiter zunehmen wird. 60 % prognostizieren eine Be-
deutungszunahme und nur 8,7 % einen Rückgang. Die Konzentration steigt folglich noch weiter.
Der großen Bedeutung des Marktes für den Lieferanten entspricht in hohem Maße die starke Abhängigkeit der Kunden.
Auf die Frage, ob die Kunden das Produkt des ›Hidden
Champion‹ austauschen können, lautete die Antwort im
Durchschnitt 5,9 auf einer 7er-Skala, wobei 7 bedeutet, daß
das Produkt ›unersetzlich‹ ist. Daher gibt es eine gegensei-

tige Abhängigkeit von Lieferant und Kunden. Die ›Hidden Champions‹ sind an ihre engen Märkte gebunden. Und ihre Kunden haben meistens nur geringe Wahlmöglichkeiten. Ob einige ›Hidden Champions‹ überspezialisiert sind, kann nicht abschließend beurteilt werden. Clifford und Cavanagh[8] berichten in ihrer Untersuchung der am stärksten wachsenden amerikanischen Unternehmen, daß kleine Märkte (Nischenmärkte) mit höheren ROIs verbunden waren. In unserer Stichprobe war die Marktgröße mit dem Gesamterfolg positiv korreliert. Dieses Ergebnis sollte jedoch mit Vorsicht interpretiert werden. Bestenfalls kann es als schwache Indikation dafür angesehen werden, daß die Rendite geschmälert wird, wenn die Märkte zu klein werden.

Die übertriebene Marktenge ist ein häufig kritisierter Aspekt in der deutschen Fachpresse. Es könnte gut sein, daß einige ›Hidden Champions‹ sich in Marktnischen zurückgezogen haben, die für eine nachhaltige Gewinnerzielung und langfristiges Überleben zu klein sind. Diese Gefahr besteht real.

Im wesentlichen haben die Risiken der Überspezialisierung drei mögliche Ursachen:

- Abhängigkeit von einem Markt (»Alle Eier in einem Korb«).
- Die Marktnische kann von Standardprodukten angegriffen werden und die Premium-Position oder Einzelstellung in der Folge zugrunde gehen.
- Das geringe Marktvolumen der Nische kann hohe Kosten verursachen, so daß Größendegression und Erfahrungskurven-Effekte nicht ausgenutzt werden können.

Die Abhängigkeit von einem Markt bildet ein offensichtliches Risiko. Wenn dieser Markt schrumpft, Problemen ausgesetzt ist oder zusammenbricht, wird ein Unternehmen mit einem Marktanteil in der typischen Größenordnung der ›Hidden Champions‹ mit dem Markt untergehen. Wenn ein

Unternehmen die besten Dampflokomotiven der Welt bauen kann, wird dies die Firma nicht retten, weil niemand mehr Dampflokomotiven kauft.

Das Marktrisiko ist jedoch nur eine Seite, die andere Seite bildet das Risiko, von einem überlegenen Konkurrenten (in der gleichen oder einer ähnlichen Technologie) geschlagen zu werden. Dieses Risiko wird am effektivsten durch einen klareren Schwerpunkt reduziert. Beide Risiken sind in Abbildung 3.10 im Zusammenhang dargestellt.

| | | Marktrisiko | |
		niedrig	hoch
Wettbewerbs-risiko	gering		Fokussierte Strategie der »Hidden Champions«
	hoch	Diversifikations-Strategie (typisch für Groß-unternehmen)	

Abbildung 3.10: Alternative Risiken in Abhängigkeit von der Fokussierung

Die Darstellung verdeutlicht, daß die Wahl nicht zwischen einem höheren oder niedrigeren Gesamtrisiko besteht, sondern sie liegt zwischen höherem Marktrisiko und geringerem Wettbewerbsrisiko (und umgekehrt). Daher gibt es keine einfache Antwort, welche der beiden Strategien – fokussiert oder diversifiziert – besser ist. Die ›Hidden Champions‹ ziehen eindeutig die *fokussierte Strategie* vor. Hans Riegel von *Haribo,* dem Weltmarktführer für Gummibärchen, sagt: »Das

79

Risiko wird tatsächlich reduziert, wenn man sich auf das konzentriert, was man wirklich gut beherrscht.« Und ein anderer Interviewpartner kommentierte: »Ist es nicht weniger riskant, ein großer Fisch in einem kleinen Teich zu sein, als ein kleiner Fisch in einem großen Teich mit vielen Haifischen?« Die neuerliche Betonung der Rolle von Kernkompetenzen[9] und die Ergebnisse über das Versagen von Diversifikationsbemühungen legen nahe, daß das Gesamtrisiko einer fokussierten Strategie geringer sein kann als das Risiko einer *diversifizierten Strategie.* Der Befund einer McKinsey-Studie stützt diese Schlußfolgerung. Es wurde festgestellt, daß Unternehmen, die sich auf weniger Produkte und Kunden konzentrieren, erfolgreicher sind (vgl. Abbildung 3.11).

Unternehmen mit weniger Produkten sind weniger komplex. Eine ähnliche Beziehung wurde für die Zahl der Kunden beobachtet. Die *Einfachheits-Methode,* die durch die McKinsey-Studie vorgeschlagen wird, ist eine der Erfolgsgrundlagen.

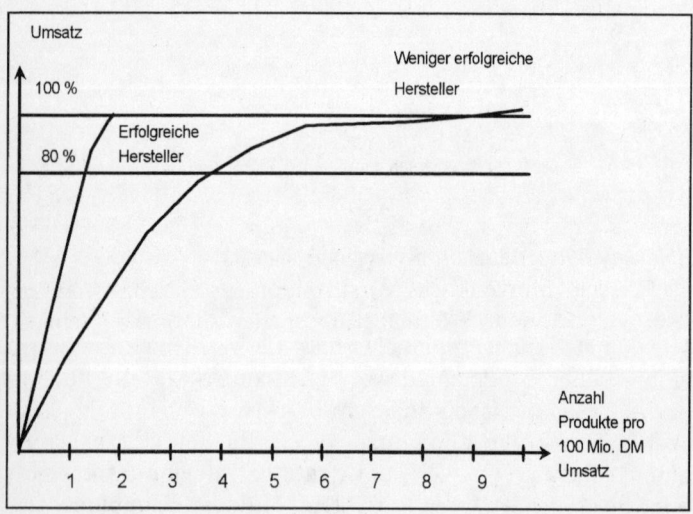

Abbildung 3.11: Erfolgreiche Maschinenfabriken haben einen engeren Produkt-Fokus als weniger erfolgreiche[10]

Das Risiko einer zu engen Schwerpunktbildung und Überspezialisierung muß mit dem Risiko verglichen werden, sich
zu wenig zu konzentrieren, seine Aufmerksamkeit zu verzetteln und überdiversifiziert zu sein. Eine einseitige Betrachtung dieser Risiken ist unangemessen. Diversifizierte Unternehmen verkaufen und kaufen häufig einzelne Geschäftszweige. Das ist bei den ›Hidden Champions‹ ganz anders. Sie
müssen in ihrem Geschäftszweig verharren. Die in dieser
Hinsicht vielleicht riskanteste Situation resultiert aus einem
technologischen Wandel, wenn die gleichen Bedürfnisse
durch eine andere Technologie befriedigt werden. Obgleich
unser Befund begrenzt ist, scheint es, daß einige ›Hidden
Champions‹ mit dieser ernsten Bedrohung sehr gut fertig geworden sind. Die Tatsache, daß sie – komme, was da wolle –
von einem Markt abhängig sind, macht sie zu entschlossenen
Verteidigern und großen Innovatoren. Sie haben einfach
keine andere Wahl.

Ein entsprechender Fall ist *Trumpf,* der Weltmarktführer für
Maschinen zum Trennen von Blech. Traditionell wurde
Blech mechanisch getrennt. Anfang der 80er Jahre drang jedoch die Lasertechnologie in dieses Feld ein, eine sehr ernste Herausforderung für Trumpf. Das Unternehmen behielt
seinen Schwerpunkt bei und entwickelte seinen eigenen
Laser. Trumpf verteidigte nicht nur seine führende Marktstellung in der Blechtrennung, sondern wurde sogar eines
der Top-Unternehmen für Industrie-Laser.

Dr. Werner Sterzenbach, Vorsitzender der Geschäftsführung
von *Kiekert,* dem Weltmarktführer für Automobil-Schließ-
systeme, beschreibt eine ähnliche Entwicklung für sein Unternehmen: »In den 70er Jahren verließen wir die Welt rein me-
chanischer Schlösser und entwickelten mit unserer elektronischen Zentralverriegelung eine neue Methode. Bereits 1979
hatten wir unseren ersten elektronischen Chip. Dies hat zu
unserer Position als Weltmarktführer beigetragen.« In der
gleichen Weise drohte einigen ›Hidden Champions‹, ernsthaft
hinter ihren japanischen Konkurrenten zurückzubleiben, als

in den 80er Jahren elektronische und mechanische Teile integriert wurden. Diejenigen, die eine klare Fokussierung hatten, wurden relativ besser mit dieser Herausforderung fertig.

Zusammenfassung

Die ›Hidden Champions‹ definieren ihre Märkte eng und bearbeiten diese Märkte hochspezialisiert. Ihre Marktdefinitionen sind durch folgende Eigenschaften charakterisiert:

- Es werden sowohl die Kundenbedürfnisse als auch die Perspektiven des Produktes und der Technologie berücksichtigt.
- Trotz der Fragmentierung und Unbestimmtheit vieler dieser Märkte kennen die ›Hidden Champions‹ ihre Märkte relativ gut. Dies ist auf ihre Spezialisierung und ihre Marktnähe zurückzuführen.
- Marktdefinitionen und -begrenzungen werden nicht als gegeben akzeptiert, sondern als Teil der Strategie angesehen und eigenständig bestimmt. Viele ›Hidden Champions‹ schaffen sich Super-Marktnischen. Einige entwickeln sogar einzigartige Produkte, die ihren eigenen Markt definieren. Sie sind ›Marktbesitzer‹.
- Die Marktdefinitionen und die Sortimente sind eher tief als breit. Demzufolge ist die bediente Wertschöpfungskette eng, jedoch lang. Dies schafft einen Spezialisierungsgrad und eine Perfektion, die von Wettbewerbern nur schwer erreicht werden kann.
- Wenn die ›Hidden Champions‹ einen Markt ausgewählt haben, bleiben sie dabei und fühlen sich diesem Markt auf lange Zeit verpflichtet. Neue Abgrenzungen erfolgen ungefähr so selten für Märkte wie für die grundlegenden Technologien.
- Die ›Hidden Champions‹ akzeptieren das Risiko, ›alle Eier in einen Korb zu legen‹, das sich aus der engen

Marktdefinition und Schwerpunktbildung ergibt. Sie glauben, daß dieses Risiko aufgewogen wird durch die verbesserte Wettbewerbsstärke. Einige übertreiben vielleicht die Spezialisierung und sind in Nischen tätig, die unter Umständen zu klein werden können, um zu überleben. Auf der anderen Seite zeichnen sich Großunternehmen häufig durch einen fehlenden Schwerpunkt aus.

Das Optimum liegt wahrscheinlich weder in den Extrempositionen noch in der Mitte, sondern in einer ziemlich starken Schwerpunktbildung. Dies ist genau die Situation, in der viele ›Hidden Champions‹ sind. Die richtige Marktdefinition und den richtigen Schwerpunkt zu finden ist eine schwierige Aufgabe. Der Erfolg der ›Hidden Champions‹ unterstützt eine Vorgehensweise, die auf Konzentration und Spezialisierung beruht. Wenn dies auch keine generelle Empfehlung für alle Märkte sein mag, sollte doch jedes Unternehmen ernsthaft die fokussierte Strategie berücksichtigen und seine Position von Zeit zu Zeit neu bewerten. Die Gefahr der Überspezialisierung ist vielleicht weniger groß als die Gefahr, seine Talente und Ressourcen zu verzetteln. Der Spezialist schlägt häufig den Generalisten.

Anmerkungen

1 Abell, Derek F.: Defining the Business – The Starting Point of Strategic Planning, Englewood Cliffs (N.J.): Prentice Hall, 1980.
2 Median (Zentralwert): Jener Wert, der in einer größenmäßig geordneten Reihe von Merkmalswerten in der Mitte liegt. Er wird – anders als das arithmetische Mittel – durch die Extremwerte nicht beeinflußt.
3 Porter, Michael E.: Competitive Advantage, New York: The Free Press, 1985. Deutsche Ausgabe: Wettbewerbsvorteile, Frankfurt: Campus Verlag, 1986.
4 Levitt, Theodore: Marketing Myopia, Harvard Business Review, 38, (July–August) 1960, S. 24–47.

5 Arrufat, Miguel A., und Haines, George H.: Market Definition For Application Development Software Packages, Carleton University School of Business, Working Paper 93-02, 1992.

6 Porter, Michael E.: Competitive Strategy, New York: The Free Press, 1980. Deutsche Ausgabe: Wettbewerbsstrategie, Frankfurt: Campus Verlag, 1983
Porter, Michael E.: Competitive Advantage, New York: The Free Press, 1985.

7 Hamel, Gary, und Prahalad, C. K.: Competing for the Future, Boston: Harvard Business School Press, 1994.

8 Clifford, Donald K., und Cavanagh, Richard E.: The Winning Performance, New York: Bantam Books, 1985.

9 Prahalad, C. K., und Hamel, G.: The Core Competence of the Corporation, Harvard Business Review, (May–June) 1990, S. 79–91.
Hamel, Gary, und Prahalad, C. K.: Competing for the Future, Boston: Harvard Business School Press, 1994.

10 Rommel, Günter, Brück, Felix, Diederichs, Raimund, und Kempis, Rolf-Dieter: Simplicity Wins – How Germany's Mid-Sized Industrial Companies Succeed, Boston: Harvard Business School Press, 1995.

4. KAPITEL

DIE WELT

»Die Sprache des Kunden ist die beste Sprache.«

Anton Fugger

Wie wurden die ›Hidden Champions‹ Weltmarktführer? Bestimmt nicht dadurch, daß sie zu Hause blieben und auf Kundenanrufe warteten. Sie gingen vielmehr in die Welt hinaus und machten ihre Produkte und ihren Service ihren Kunden verfügbar, wo immer diese auch waren. Ihre Präsenz auf Zielmärkten auf der ganzen Welt ist allumfassend und sehr beeindruckend. Viele von ihnen sind tatsächlich globale Wettbewerber. Sie schaffen direkte Kontakte zu ihren Kunden durch eigene Niederlassungen in den Zielmärkten. Sie ziehen es vor, die Kundenbeziehungen nicht an Zwischenhändler, Importeure oder Vertriebspartner zu delegieren. Ihre Kenntnis fremder Sprachen und ihre mentale Internationalisierung gehen ihrem Geschäftserfolg voraus.

Globale Vermarktung

Abbildung 4.1 beschreibt die Exportquote ausgewählter ›Hidden Champions‹.
Im Durchschnitt unserer Stichprobe beträgt der Exportanteil 51,2 %. Wenn indirekte Exporte (d. h. Exporte durch fremde Fertigprodukte) berücksichtigt werden, liegt der Exportanteil sogar bei ca. 70 %. Die Haupt-Zielmärkte außerhalb Europas sind die USA und die industrialisierten Länder

Firma	Hauptprodukt	Exportanteil %
Koenig & Bauer	Geld-Druckmaschinen	95
Schlafhorst	Rotor-Spinnspulautomaten	95
SMS	Flachwalzwerke	90
Fischer	Laborgeräte für die Ölindustrie	90
Binhold	Anatomische Lehrmittel	87
Würth	Schrauben, Befestigungstechnik	85
Dürr	Lackieranlagen	84
Aixtron	Beschichtungsanlagen für Halbleitermatrizen	80
Götz	Puppen	80
Sachtler	Kamera-Stative	80
Förster	Zerstörungsfreie Werkstoffprüfung	75
Leybold	Anlagen der Dünnschichttechnologie für Kondensator-/Verpackungsfolien; Komponenten zur Vakuum-Erzeugung	75
Tigra	Schneideinsätze für Holzbearbeitungsmaschinen	75
Henckels	Edle Schneidwaren	75

Abbildung 4.1: Exportquoten ausgewählter ›Hidden Champions‹

in Asien. Der Exportanteil von weit entfernten Ländern beträgt 30,4 %. Die ›Hidden Champions‹ sind keineswegs nur auf Europa beschränkt.

Unternehmen mit einem derartig hohen Exportanteil brauchen offensichtlich eine sehr internationale Einstellung. Der überwiegende Teil der Kunden kommt aus dem Ausland – Die ›Hidden Champions‹ verhandeln meistens in anderen Sprachen, und ihre Reiseaktivitäten sind häufig extrem hoch. Viele von ihnen unterhalten ein globales Niederlassungsnetz in vielen Ländern.

Es ist interessant, die Bedeutung der ›Hidden Champions‹ für den langfristigen Exporterfolg der Bundesrepublik Deutschland abzuschätzen. Die Export-Position der Bundesrepublik Deutschland ist in Abbildung 4.2 dargestellt.

Die Darstellung eines Zehnjahreszeitraums neutralisiert kurzfristige Schwankungen und Wechselkurseinflüsse und mißt die langfristige Exportleistung der einbezogenen Länder verläßlich. Die starke Exportposition der deutschen Wirtschaft ist zu einem großen Teil auf kleine und mittlere Unternehmen

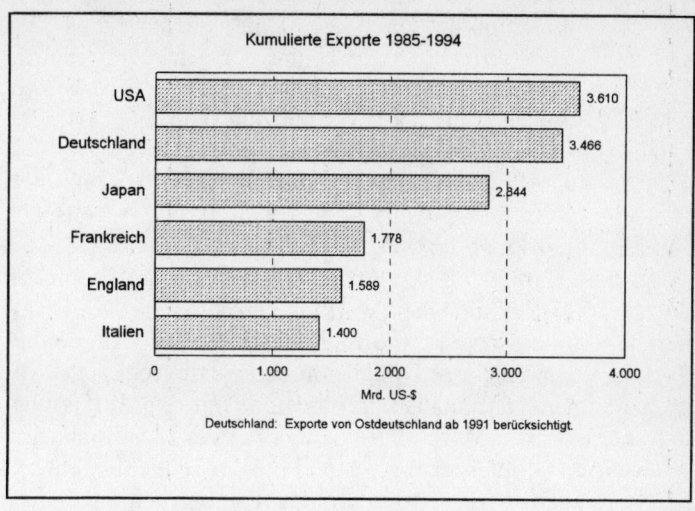

Kumulierte Exporte 1985-1994

Deutschland: Exporte von Ostdeutschland ab 1991 berücksichtigt.

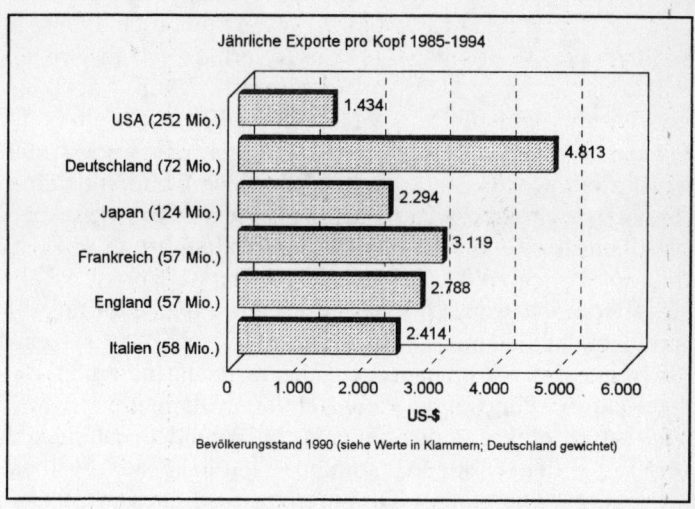

Jährliche Exporte pro Kopf 1985-1994

Bevölkerungsstand 1990 (siehe Werte in Klammern; Deutschland gewichtet)

Abbildung 4.2: Kumulierte Exporte 1985–1994 der sechs größten Export-Länder[1]

zurückzuführen, unter denen die ›Hidden Champions‹ Export-Stars sind. Im Durchschnitt unserer Stichprobe betrug 1993 der Exportumsatz eines ›Hidden Champion‹ 99,8 Mio. DM. Multipliziert mit der Gesamtzahl von 500 ›Hidden Champions‹ ergibt dies rechnerisch einen Export-Gesamtumsatz von 49,9 Mrd. DM; das ist mehr als 12 % des deutschen Gesamtexports. Dies entspricht ungefähr 200 000 Arbeitsplätzen mit hoher Qualifikation.

Wie wir in Kapitel 3 diskutiert haben, können die Definition und das Verständnis eines Marktes verschiedene Dimensionen haben: das Produkt, die Technologie und die Kundenbedürfnisse. Eine weitere Dimension betrifft die regionale Abgrenzung. Internationalisierung beginnt mit der Auffassung, daß die regionale Marktabgrenzung über ein Land hinausgehen sollte. Globalisierung ist weitgehend gleichbedeutend damit, die ganze Welt als seinen Markt zu betrachten. Genau dies tun die ›Hidden Champions‹. Wann immer ich die Frage stellte, »Wie sieht Ihr Markt aus?«, erhielt ich fast regelmäßig die Antwort »Die Welt«. Alfred K. Klein, Vorsitzender der Geschäftsführung von *Stabilus,* Weltmarktführer für Gasfedern, sagt: »Die regionale Definition unseres Marktes ist sehr einfach, es ist die Welt.« *Rittal,* der Weltmarktführer für Schaltschränke, hat unzählige kleine Wettbewerber. Friedhelm Loh, Vorsitzender der Geschäftsführung von Rittal, sagt jedoch: »Wir sind der einzige Hersteller von Schaltschränken, der wirklich weltweit arbeitet. Dies gibt uns die Kraft, globale Standards in unserem Geschäft zu setzen.« Überall auf der Welt präsent zu sein, ist ein integraler Bestandteil der Philosophie vieler ›Hidden Champions‹.

Weltkarten zählen zu den beliebtesten Wanddekorationen in den Büros der ›Hidden Champions‹. Ich habe sie fast überall gesehen. Die globale Orientierung wird auch in zahlreichen Unternehmensprinzipien und Broschüren reflektiert. *Dragoco,* Weltmarktführer für Riechstoffe, sagt: »Unser Markt ist der Weltmarkt für Riechstoffe, Aromen und Hilfsmittel für die Kosmetik-Industrie. Und wir sind überall präsent, wo unsere Kunden uns brauchen.« *Stihl,* Weltmarktführer für Motorsägen, listet ›Internationales Denken‹ als eines von 12 Prinzipien seiner Unternehmensphilosophie auf. Es beinhaltet »weltweite Distribution unserer Produkte, strategische Produktionsstandorte und ausländische Qualitätslieferanten«. *Brähler International Congress Service* erklärt: »Wir sind auf der ganzen Welt zu Hause.« Und *Hillebrand,* das weltweit führende Wein-Transportunternehmen, ergänzt in seiner Broschüre: »Nah an unseren Kunden, wo immer sie sind!« *Herion,* Weltmarktführer für pneumatische Zylinder (z. B. für Kernkraftwerke), beschreibt weltweites Marketing in ähnlicher Weise als Unternehmensprinzip. Das gleiche gilt für *Wandel & Goltermann,* Weltmarktführer in der Messung von analogen elektronischen Signalen. *Webasto,* Weltmarktführer für Auto-Schiebedächer, verkündet: »Die Internationalität unserer Automobilkunden sowie der Wille von Webasto, international Geschäfte zu machen, bedeutet, nationale Grenzen zu überwinden.«

Die weltweiten Aktivitäten beschränken sich häufig nicht nur auf Verkauf und Marketing. *DGF-Stoess,* Weltmarktführer für Gelatine, hat sowohl das Ziel, eine globale Rohstoffbasis zu sichern, als auch, ein globales Verkaufsnetz aufzubauen. Für die *Neumann-Gruppe,* Nr. 1 in der Welt für Rohkaffee, ist die Sicherung eines globalen Zugriffs auf Rohstoffquellen der entscheidende Faktor.

Während viele andere Unternehmen ähnlich große Sprüche über Globalisierung von sich geben, handeln die ›Hidden Champions‹ tatsächlich global. Normalerweise sind sie in anderen Ländern durch ihre eigenen Niederlassungen vertreten. Abbildung 4.3 beschreibt das Netz ausländischer Niederlassungen oder Tochtergesellschaften von ausgewählten ›Hidden Champions‹.

97,4 % der ›Hidden Champions‹ unterhalten in den USA eigene Niederlassungen. In England und Frankreich, den nächsten bedeutenden Märkten, ist die Präsenz ebenfalls sehr hoch. Sogar in Japan, dem schwierigsten Auslands-

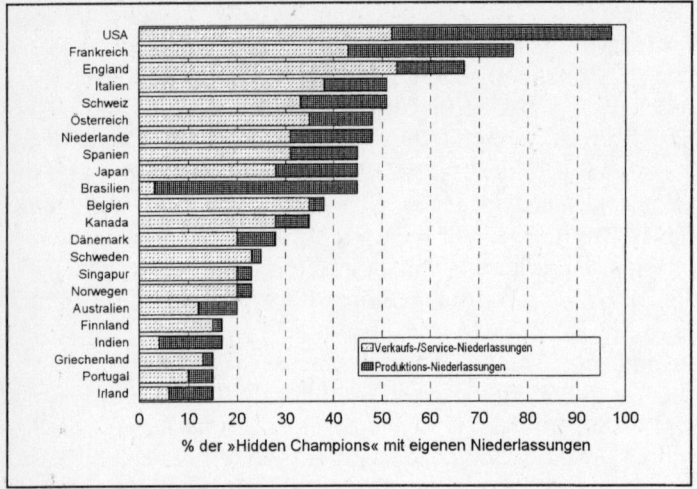

Abbildung 4.3: Auslandsniederlassungen der ›Hidden Champions‹

markt, ist fast die Hälfte der ›Hidden Champions‹ durch ein
eigenes Büro oder eine eigene Firma vertreten. In den
größeren Ländern hat ein hoher Prozentsatz Produktions-
niederlassungen und kann daher wie ein lokaler Wettbewerber handeln. In Brasilien sind fast alle Niederlassungen Pro-
duktionsstätten, dies ist auf die dortigen Importrestriktionen
für Fertigprodukte zurückzuführen. Es ist zu berücksichtigen, daß in den Zahlen in Abbildung 4.3 keine Agenten,
Importeure oder sonstige Fremdformen der Repräsentanz
berücksichtigt sind. Im Durchschnitt entfallen auf einen
›Hidden Champion‹ 9,6 ausländische Niederlassungen – eine
extrem hohe Zahl für Unternehmen dieser Größe.
Eine Betrachtung von Einzelfällen ist sogar noch beeindruckender. *Brähler International Congress Service,* ein Unternehmen mit 60 Mio. DM Umsatz und 390 Beschäftigten
weltweit, ist in 89 Städten in 60 Ländern vertreten. *Hillebrand,* eine Firma mit 600 Mitarbeitern, hat eigene Büros in
30 Ländern.

Firma	Hauptprodukt	Anzahl der Auslandsnieder- lassungen
Fresenius	Dialysegeräte	50
Würth	Schrauben, Befestigungsmaterial	44
AL-KO Kober	Fahrzeugteile	37
SEW Eurodrive	Getriebemotoren	31
Kärcher	Hochdruckreiniger	27
Villeroy & Boch	Porzellan, Keramik	27
Prominent	Dosierpumpen	26
Knauf	Stuck-, Putz-, Spezialgips	26
Dragoco	Riechstoffe	24

Abbildung 4.4: Anzahl der Auslandsniederlassungen ausgewählter ›Hidden Champions‹

Abbildung 4.4 beschreibt die Anzahl der Auslandsniederlassungen ausgewählter größerer ›Hidden Champions‹.

Die ›Hidden Champions‹ bevorzugen eindeutig den direkten Zugang zu ausländischen Märkten und Kunden. Dr. Wolfgang Pinegger, Geschäftsführer von *Brückner,* dem weltweit führenden Hersteller von biaxialen Folien-Reckmaschinen, drückt seine Auffassung sehr offen aus:»Wir kennen alle unsere Kunden auf der Welt. Einige unserer Leute waren 100mal in China. Wir machen alles selbst. Manchmal werde ich gefragt, wie wir alles mit 280 Mitarbeitern bewältigen können und ob wir nicht Handelsvertreter haben sollten. Wir lehnen Handelsvertreter kategorisch ab. Wir haben unsere eigenen Büros, und einige unserer besten Leute sind 80 % ihrer Zeit auf Reisen. So decken wir die Welt ab.«

Die beiden Säulen der ›Hidden Champion‹-Strategie, die Spezialisierung und die globale Vermarktung, sind in Abbildung 4.5 dargestellt.

Diese Kombination hat verschiedene sehr interessante und relevante Konsequenzen. Zuerst und vor allem können kleine und sogar winzige Marktnischen erstaunlich groß werden, wenn sie auf die ganze Welt ausgedehnt werden. Wenn der Markt global erweitert wird, muß daher die enge

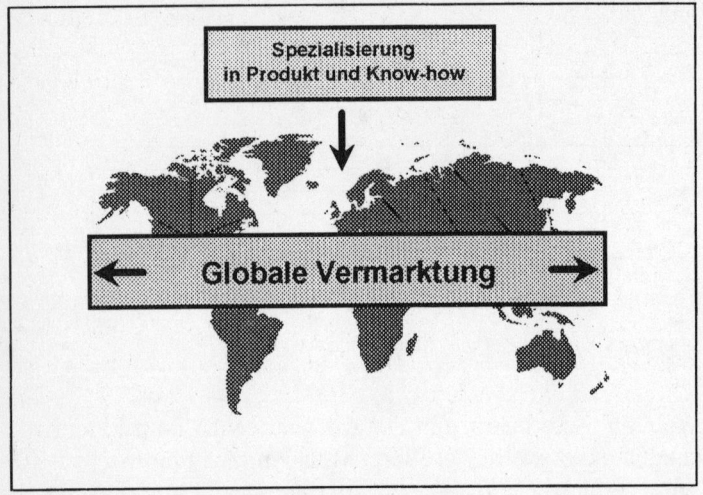

Abbildung 4.5: Die zwei Säulen der ›Hidden Champion‹-Strategie

Spezialisierung nicht unbedingt Größendegression und Erfahrungskurven-Effekte ausschließen.

Die ›Hidden Champions‹ zeigen uns, daß dieser Weg richtig ist. Die Ähnlichkeiten des gleichen Geschäftszweiges über die Grenzen hinweg sind normalerweise ausgeprägter als die Ähnlichkeiten zwischen verschiedenen Geschäftszweigen in derselben Region. Wie Peter Drucker in einem Seminar ausführte[2], haben Krankenhäuser überall auf der Welt im wesentlichen die gleichen Probleme. Das gleiche gilt für Hotels und Restaurants auf der ganzen Welt. Wie wir in Kapitel 3 gesehen haben, ist dies genau die Strategie von *Winterhalter Gastronom,* dem Spezialisten für Geschirrspülautomaten in dieser Branche. Wie der Geschäftsführer Manfred Bobeck erklärt: »Es ist leichter für uns, unsere Systeme an die Bedürfnisse von Hotels in anderen Ländern anzupassen, weil diese Bedürfnisse überall ähnlich sind. Es wäre jedoch schwierig, unsere Systeme an die Bedürfnisse anderer Kundengruppen anzupassen, weil diese Bedürfnisse sehr unterschiedlich sind. Hotels in Asien und Europa sind ähnlicher als Krankenhäuser und Hotels in Deutschland. So einfach ist das!« Solche Aussagen stehen in der besten Tradition von Levitts Globalisierungstheorie[3].

Von diesen Erkenntnissen kann jedes Unternehmen profitieren, selbst wenn es regionaler Anbieter ist. Es erscheint ratsam, sich auf eine enge Kompetenz oder auf ein enges Produktfeld zu spezialisieren und regional zu expandieren, um ein genügend großes Marktpotential zu haben. Viele Unternehmen machen jedoch genau das Gegenteil. Weil sie davor zurückschrecken, zu internationalisieren, bleiben sie in ihrer Region oder ihrem Land und versuchen, durch neue Aktivitäten in unbekannten Geschäftszweigen zu wachsen. In der Folge verlieren sie nicht selten ihre Spezialisierung und schließlich ihre Wettbewerbsfähigkeit.

Der Weg zur Globalisierung

Einige der älteren ›Hidden Champions‹ sind bereits seit langer Zeit globale Unternehmen. *Heidenhain,* der Weltmarktführer für Längen- und Winkelmeßsysteme, wurde 1889 gegründet und hatte bereits vor 1960 einen Exportanteil von über 50 %. Das gleiche gilt für *Koenig & Bauer.* Das Unternehmen wurde 1817 gegründet und hat einen Weltmarktanteil von 90 % bei Geld-Druckmaschinen.

Die jüngeren Unternehmen in unserer Stichprobe durchliefen jedoch erst in den letzten 20–40 Jahren den Prozeß der Internationalisierung. Es gibt zahlreiche Veröffentlichungen über Internationalisierung[4]. Der erste Aspekt, der normalerweise betrachtet wird, sind Export-Motive[5]. In der Literatur werden typische Muster oder Paradigmen der Internationalisierung behandelt[6]. Die ›Hidden Champions‹ folgen diesen idealtypischen Mustern jedoch nicht. Vielmehr begannen sie, sehr früh zu internationalisieren, taten dies sehr schnell und oft chaotisch. Die Frage: »Wie früh – relativ zur Gründung

Ihres Unternehmens – begannen Sie mit dem Export?«
sollte auf einer Skala von ›1 = von Anfang an‹ bis ›7 = sehr
spät‹ beantwortet werden. Abbildung 4.6 zeigt die Verteilung der Antworten.

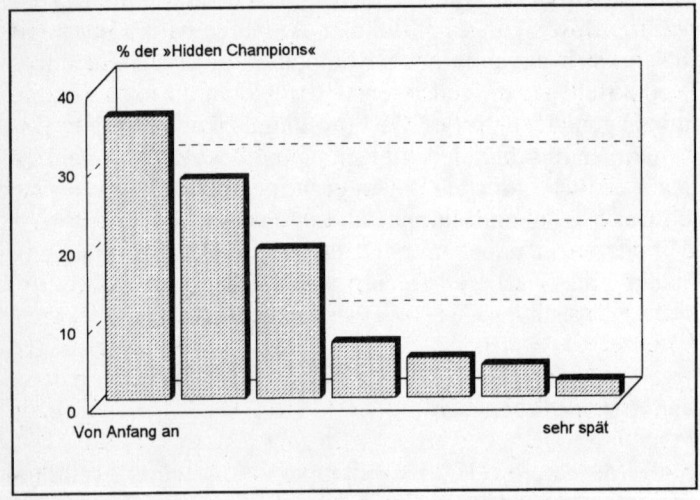

Abbildung 4.6: Beginn der Exporttätigkeit der ›Hidden Champions‹

82,4 % vergaben eine Punktzahl unter 4, was bedeutet, daß
sie bereits früh oder sehr früh mit dem Export begannen.
Viktor Dulger, Gründer und Geschäftsführer von *Prominent,* dem Weltmarktführer für Dosierpumpen, veranschau-
licht diesen Geist: »Ich war immer der Erste auf dem
Markt.« Er führt seinen Erfolg auf drei Faktoren zurück:
»Produktqualität, hohe Forschungs- und Entwicklungs-In-
tensität und frühe Präsenz in den Märkten.« Unsere Befunde zeigen, daß die typischen ›Hidden Champions‹ sehr
früh eine internationale Perspektive für ihr Geschäft an-
strebten. Selbst wenn die Internationalisierung mehr reaktiv
erfolgte, war ein Verständnis für die Chancen der ausländischen Märkte vorhanden. Ohne diese Einstellung wäre die

schnelle Internationalisierung nicht möglich gewesen. Viele ›Hidden Champions‹ können als geborene *globale Unternehmen* bezeichnet werden.

Dies ist zutreffend, obwohl viele von ihnen nicht in Branchen tätig sind, die ›von Natur aus global‹ sind. Moderne Industrien wie z. B. Computer, Mobiltelefone, HiFi-Geräte gehören zu dieser Kategorie. Dies sind typische neue Industrien, in denen es keine Verhaltensunterschiede und nationalen Standards gibt, so daß ein Produkt von Anfang an global ist. Die ›Hidden Champions‹ sind oft auf fragmentierten und gesättigten Märkten tätig, die von Natur aus nicht global sind und auf denen nationale Schranken überwunden werden müssen.

Der für einen ›Hidden Champion‹ typische Prozeß der Globalisierung läßt sich am besten an einem konkreten Beispiel beschreiben. *Kärcher,* Weltmarktführer für Hochdruckreiniger, wurde 1935 gegründet. Die erste Auslandsniederlassung wurde erst 1962 in Frankreich errichtet. Im darauf folgenden Jahrzehnt verlief der Prozeß der Internationalisierung über Niederlassungen relativ langsam. Bis 1974 hatte das Unternehmen nur vier ausländische Niederlassungen (Frankreich, Österreich, Schweiz und Italien). Im nächsten Jahrzehnt wurden 11 neue Niederlassungen gegründet. In der letzten Zehnjahresperiode kamen weitere 12 neue Niederlassungen hinzu. Wahrscheinlich wird die Zahl in der nächsten Dekade noch höher sein.

Der Markteintritt als solcher wird oft eher pragmatisch vorbereitet und durchgeführt als sorgfältig geplant oder systematisch. Hermann Kronseder, der Gründer der *Krones AG,* des Weltmarktführers für Flaschen-Etikettiermaschinen, beschreibt seinen Eintritt in den amerikanischen Markt so: »1966 rief mich ein amerikanischer Geschäftsmann an. Vier Wochen später flog ich in die USA, begleitet von meinem Neffen, der Englisch sprach und als Dolmetscher fungierte. Es war mein erster Besuch in den USA, und ich war überwältigt. Wir besuchten New York, Chicago, Detroit und schließlich Milwaukee. Ich kam zu dem Schluß, daß wir unsere eigene Niederlassung in den USA benötigten. Zwei Tage später gründeten wir Krones Inc. in einem Zimmer des Knickerbocker-Hotels in Milwaukee. Nach weiteren zwei Tagen hatten wir unseren ersten Auftrag von einer Brauerei in Milwaukee.« Es dauerte einige Jahre, bis diese Niederlassung gut lief, und einige Male mußten die Mitarbeiter ausgewechselt werden. Der Markteintritt von *Brita-Wasserfilter* auf dem US-Markt ist ein anderes Beispiel für handfesten Pragmatismus. Der Gründer Heinz Hankammer erzählt: »In Salt Lake City zeigte jemand Interesse an unseren Produkten. Ich flog hinüber, um festzustellen, ob Brita-Wasserfilter in den USA verkauft werden könnten. Ich ging in einen Drugstore und fragte, ob ich einen Tisch aufstellen könnte. Ich begann, Tee mit Brita-gefiltertem Wasser zuzubereiten, und sprach mit den Verbraucherinnen, die vorbeigingen, und verkaufte meine Filter. Nach drei Tagen wußte ich, was in Amerika funktioniert und was nicht. Das war vor 10 Jahren, und heute ist unser Umsatz in den USA 200 Mio. DM.«

Der kritischste Aspekt beim Eintritt in einen ausländischen Markt ist, die richtigen Leute zu finden. Der Multiplikationsprozeß der ›Hidden Champions‹ von Land zu Land hängt mehr von Schlüsselmitarbeitern ab als von Systemfragen. Dies erklärt, warum der Prozeß viele Jahre dauert – wie im Fall Kärcher. In der Anfangsphase ist die internationale Erfahrung eines ›Hidden Champion‹ sehr begrenzt. Das Unternehmen hat wenige Mitarbeiter, die ausschwärmen können, um Auslandsniederlassungen aufzubauen. Allmählich werden mehr Mitarbeiter mit diesen Aktivitäten vertraut, und der Prozeß kann beschleunigt werden. Ist dieses Erfahrungsniveau erreicht, internationalisieren die ›Hidden Champions‹ sehr schnell. Es sollte klar sein, daß solche komplexen Prozesse nicht glatt und ohne Schwierigkeiten ablaufen. Fast immer erlebt man in einzelnen Ländern ernste Probleme und sogar Krisen, insbesondere auf den schwierig zu erobernden Märkten USA und Japan.

Wir haben gesehen, daß es keine Rolle spielt, woher der Anfangsimpuls zur Internationalisierung kam. Der Prozeß ist hauptsächlich ziel- und willensgetrieben. Was wirklich zählt, ist, daß die ›Hidden Champions‹, wenn sie einmal Blut geleckt haben, die Globalisierung mit Entschlossenheit und Energie verfolgen. In der Anfangsphase verläuft der Prozeß langsam, weil Management-Engpässe und das verfügbare Kapital der Geschwindigkeit der Internationalisierung enge Grenzen setzen. Allmählich beschleunigt sich der Prozeß.

Risikoaspekte der Globalisierung

Die Präsenz in vielen Märkten ist vorteilhaft, weil auf diese Weise Konjunktur- und Wechselkursschwankungen ausgeglichen werden können.

Dürr, der Weltmarktführer für Autolackieranlagen, bezeichnet 1993 als »ein erfolgreiches Jahr infolge unserer weltweiten Präsenz«[7]. Dürr hat 19 ausländische Niederlassungen, davon 16 in Volleigentum. Diese globale Verbreitung erlaubte es Dürr, mit der Währungskrise nach 1992 fertig zu werden. Aus Hochlohn- und Hartwährungsländern konnte Arbeit verlagert werden in Länder, deren komparative Kosten infolge der Abwertung ihrer Währungen rückläufig waren. Ungefähr zur gleichen Zeit erlebte die europäische Automobilindustrie einen größeren Abschwung und hörte auf, neue Anlagen zu bestellen. Infolge seiner Stärke auf dem US-Markt konnte Dürr diesen negativen Trend durch höhere Aufträge von amerikanischen Automobilherstellern ausgleichen, die im Aufschwung waren und begannen, in neue Ausrüstung zu investieren. Die globale Präsenz ermöglichte Dürr in den letzten Jahren eine sehr kontinuierliche Entwicklung, was in einer solchen konjunkturabhängigen Industrie ziemlich ungewöhnlich ist.

Der Globalisierungsprozeß selbst birgt jedoch beträchtliche Risiken. Geschäfte in vielen Ländern zu tätigen und Auslandsniederlassungen zu unterhalten, kann ein Unternehmen sehr komplex machen. Risiken in neuen Auslandsmärkten sind schwer zu beurteilen. Märkte in Schwellenländern oder kulturell fremden Ländern beinhalten objektiv größere Risiken. Ein ›Hidden Champion‹, der 1994 ernste Erfahrungen dieser Art machte, ist *Krones,* der Weltmarktführer für Flaschen-Etikettiermaschinen für die Getränkeindustrie. Krones hat 19 Auslandsniederlassungen. 1993 erhielt Krones einen heiß umkämpften Auftrag von 170 Mio. DM zum Bau von 20 Flaschenabfüllanlagen für Baesa, einen argentinischen Lizenzabfüller von Pepsi-Cola. Dies war der größte Auftrag, der je in dieser Branche vergeben wurde. Die brasilianische Tochtergesellschaft von Krones, Krones SA, sollte diesen Auftrag ausführen. Diese Niederlassung war jedoch noch mit einem anderen Auftrag ausgelastet, 42 Etikettiermaschinen für einen brasilianischen Kunden zu bauen. Ein Teil der Baesa-Produktion mußte daher in deutsche Werke verlagert werden, die viel höhere Kosten haben. Dieser Engpaß kostete Krones 20–30 Mio. DM Gewinn vor Steuern[8]. Das *Wall Street Journal* berichtete[8] umfassend über die ›Globalisierungsschmerzen‹ von Krones:

- »Krones entschied in Algerien, daß die politische Situation zu unstabil ist, um Mitarbeiter zur Installation einer Anlage zu entsenden, die von einem multinationalen Unternehmen in Auftrag gegeben war. Krones zog es vor, eher die Vertragsstrafe zu schlucken, als die Geschäftsbeziehungen zu einem größeren Kunden zu gefährden.
- Im Yemen hatte Krones mit der Installation einer Anlage begonnen, als der Bürgerkrieg ausbrach. Das Projekt platzte.
- In Polen zahlte ein Kunde, der jahrelang ein einwandfreies Zahlungsverhalten zeigte, plötzlich seine Oktober-Monatsrate nicht. Krones nahm eine Wertberichtigung um den vollen Restbetrag vor.

- Ein kompliziertes Tauschgeschäft mit einer der früheren Sowjetrepubliken kam nicht zustande, als der Kunde seine Lieferverpflichtungen nicht erfüllen konnte. Das Geschäft kann vielleicht im nächsten Jahr ausgeführt werden.
- Krones gibt zu, sogar in Brasilien nicht in der Lage gewesen zu sein, die Niederlassung ordentlich zu führen. Im Verlauf des Jahres wurde ein neuer Finanzdirektor eingesetzt, um die Berichterstattung an die Hauptverwaltung zu verbessern. Nach nur drei Monaten ließ man ihn jedoch gehen, und das Unternehmen versuchte schließlich, das brasilianische Geschäft von der deutschen Hauptverwaltung aus zu steuern.«

In der Vergangenheit war Krones ein vorbildlicher ›Hidden Champion‹. Dieser Fall illustriert jedoch, wie komplex ein rascher Globalisierungsprozeß werden kann und wie schwierig es ist, einen derartigen Prozeß unter Kontrolle zu halten. Wenn schnelle internationale Expansion, Management-Engpässe und unglückliche Zufälle zusammentreffen, entstehen ernsthafte Risiken. Anfang 1995 gab sich Volker Kronseder, der Sohn des Firmengründers und Vorstandsmitglied, jedoch optimistisch, daß er die Probleme überwinden kann[9]. Natürlich sind Großunternehmen auf internationalen Märkten mit den gleichen Problemen konfrontiert. Die ›Hidden Champions‹ haben jedoch weniger Mitarbeiter und Ressourcen, um mit solchen Schwierigkeiten fertig zu werden.

Um das internationale Wettbewerbsrisiko zu begrenzen, wenden einige ›Hidden Champions‹ eine von zwei spezifischen Strategien an. Die erste Strategie ist, gewisse Regionen mit einem starken lokalen Konkurrenten zu meiden. Daher haben einige Unternehmen den US-Markt nicht erschlossen, weil dort ein starker einheimischer Marktführer operiert. Dieser zeigte sich erkenntlich, indem er seinerseits nicht den europäischen Markt oder andere Märkte attakkierte. Beispielsweise ist der Geschäftsumfang von *JK Ergoline* oder *Claas* in den USA sehr begrenzt, obgleich diese

Firmen auf anderen Märkten sehr aktiv sind. Andere Markteintrittsbarrieren, wie z. B. blockierte Absatzwege oder technologische Unterschiede, können eine ähnliche Selbstbe-
schränkung auslösen. Die alternative Strategie ist, in den
Heimatmarkt eines starken Konkurrenten bewußt und ag-
gressiv einzudringen, um ihn dort zu schwächen oder in
Schach zu halten.

Ohmae[10] schlägt vor, daß globale Unternehmen in jedem der
drei wirtschaftlichen Zentren der industrialisierten Welt ein
Bein haben sollten: in den USA, Europa und Japan/Asien.
Viele ›Hidden Champions‹ teilen diese Auffassung. Einige
unterscheiden zwischen ›Gewinn-Märkten‹ und ›Lern-Märk-
ten‹. In einem ›Gewinn-Markt‹ verkauft ein Unternehmen
genug, um einen Gewinn zu erzielen. Auf einem ›Lern-Markt‹
ist es hauptsächlich präsent, um Erfahrungen über die Wettbewerbssituation, über innovative Entwicklungen usw. zu
sammeln, und es akzeptiert Verluste oder geringe Gewinne.
Es kann eine hervorragende Strategie gegen Wettbewerbsrisiken im internationalen Geschäft sein, ausländische Konkurrenten früh kennenzulernen, sie zu stellen oder sie daran zu
hindern, global tätig zu werden. Christian Brühe von *Uniplan,*
dem führenden internationalen Messebauer, erzählt: »Wir
waren das erste Unternehmen in unserer Branche, das internationalisiert hat. Nachdem wir in Hongkong einige Erfahrungen gesammelt hatten, fühlten wir uns stark genug, andere
asiatische Märkte zu betreten. Unsere Wettbewerber ohne
Erfahrung in dieser Region haben einfach keine vergleichbare Möglichkeit.« Die ›Hidden Champions‹ überlassen internationale Märkte nicht gern ihren Konkurrenten. Globaler
Wettbewerb erfordert aktive globale Präsenz.

Zukünftige Wachstumsmärkte

Wie Abbildung 4.3 zu entnehmen ist, sind viele ›Hidden
Champions‹ bereits auf den größten Zukunftsmärkten ver-

treten, wie z. B. Brasilien oder Indien. Seit Ende der 80er Jahre schloß sich diesen Entwicklungsländern die Expansion in die neuen Staaten in Zentral- und Osteuropa an. Sowohl auf Grund ihrer Nähe als auch ihres Entwicklungsstandes sind diese Länder für viele ›Hidden Champions‹ von großem Interesse. Und die ›Hidden Champions‹ beweisen, daß sie schnell handeln und neue Möglichkeiten ausschöpfen können. Ein derartiger Fall ist *Würth,* der Weltmarktführer für Schrauben und Befestigungstechnik. Bis Anfang 1995 hatte Würth Niederlassungen in folgenden osteuropäischen Ländern errichtet: Polen, Tschechien, Slowakei, Ungarn, Slowenien, Kroatien, Bulgarien, Rumänien, Rußland und Ukraine. Die weitere Expansion in die Länder der ehemaligen Sowjetunion ist geplant.

Es ist wahrscheinlich schwierig, ein Unternehmen ähnlicher Größe mit einer vergleichbaren Marktabdeckung in diesem Teil der Welt zu finden. Die Bedeutung, auf Zukunftsmärkten der Erste zu sein, wird von den ›Hidden Champions‹ gut verstanden. Für viele hat es hohe Priorität, eine Marktstellung aufzubauen, bevor der Wettbewerb in Erscheinung tritt. Einer der schnellsten und entschlossensten ist wahrscheinlich *Baader,* ein Unternehmen, das den Weltmarkt für Fischzerlegemaschinen mit einem überwältigenden Marktanteil von 90 % beherrscht. Erst 1992 wurde Wladiwostok frei zugänglich. Bis dahin war Wladiwostok einer der Haupthäfen der sowjetischen Kriegsmarine und für Ausländer verboten. Unmittelbar nach der Öffnung gründete Baader dort 1993 eine Niederlassung. Zwei Ingenieure renovierten selbst das Gebäude, in das sie einzogen. Jetzt rüsten sie Schiffe mit Baaders Produkten aus und leisten Kundendienst.

Diese Beispiele belegen, daß die ›Hidden Champions‹ beharrlich daran arbeiten, Marktpositionen in Zukunftsmärkten aufzubauen. Dies ist unerläßlich, um Weltmarktführerschaft zu erringen und zu verteidigen.

Mentale Grundlagen für Globalisierung

Obgleich der Aufbau eines weltweiten Geschäfts – oberflächlich betrachtet – leicht erscheinen mag, war dieser Prozeß für die ›Hidden Champions‹ alles andere als leicht. Und die erreichte Marktposition ist kein kurzfristiges Ergebnis, sondern beruht auf Grundlagen, die über die engeren Grenzen des Geschäftes hinausgehen. Unternehmenskultur und gesellschaftliche Faktoren spielen eine große Rolle für die Überwindung der Widerstände gegen Globalisierung.

Die augenfälligste Barriere ist die Sprache. Die ›Hidden Champions‹ akzeptieren nicht, daß die Sprache ein Hindernis gegen Internationalisierung ist. Einige ›Hidden Champions‹ gehen ungewöhnlich mit dem Sprachenproblem um. Peter Barth, Geschäftsführer von *Joh. Barth,* dem Weltmarktführer für Hopfen, sagt:»Wir haben die Philosophie, daß jeder Manager mindestens drei Fremdsprachen sprechen soll. Dies ist wichtig wegen der Mentalitätseffekte. Wenn man eine Fremdsprache lernt, fängt man an, die fremde Kultur zu verstehen. Und dies ist die eigentliche Grundlage für unsere überlegene Beziehung zu unseren Kunden überall auf der Welt – zweifelsohne unser Hauptwettbewerbsvorteil. Zufällig haben wir unseren Standort in Deutschland. Mental sind wir jedoch sehr international.« Dies sind die Saat und der Boden, auf dem wahre Globalisierung wächst.

Reinhard Wirtgen, Geschäftsführer von *Wirtgen,* dem Weltmarktführer für Recycling-Maschinen für Straßenbeläge, kommentiert:»Jederzeit kann ich ein Team zusammenstellen, das kurzfristig in irgendeinen Teil der Welt ausschwärmen kann. Wir haben genügend Leute, die Auslandserfahrung besitzen. Dies ermöglicht es uns, solch ein Team in wenigen Tagen zusammenzustellen, sei es für Alaska, Sibirien oder die Sahara. Diese Fähigkeit ist ein gewaltiger Vorteil.« Im allgemeinen sehen die ›Hidden Champions‹ die Mobilität der Mitarbeiter nicht als größere Schwierigkeit bei der Globalisierung an.

Unter den großen Ländern ist Deutschland am stärksten mental internationalisiert, wenn man im internationalen Vergleich die Sprachkenntnisse, internationale Telefonate und Reisen/Tourismus in andere Länder betrachtet. Die Bedeutung dieses Aspektes für den internationalen Erfolg deutscher Unternehmen läßt sich kaum überschätzen. Die ›Hidden Champions‹ sind in dieser Hinsicht Vorhut und Vorbild für andere deutsche Unternehmen.

Zusammenfassung

Die Diskussion in diesem Kapitel zeigt, daß die ›Hidden Champions‹ wahrhaft globale Firmen sind. Sie betrachten die ganze Welt als ihren Markt und handeln entsprechend. Ihr globaler Erfolg enthält Erfahrungen, die für jedes Unternehmen wichtig sind:

- Eine enge Spezialisierung in Produkt, Technologie oder Kunden ist verbunden mit globaler Vermarktung. Diese Zwei-Säulen-Strategie beruht auf der Erkenntnis, daß Kunden in derselben Branche tendenziell über die Grenzen hinaus ähnlicher sind als Kunden in verschiedenen Branchen in einem Land.
- Durch globale Vermarktung werden sogar Marktnischen groß genug, um Größendegression und Erfahrungskurven-Effekte zu ermöglichen.
- Erfolgreiche Globalisierung kann verschiedenen Motiven entspringen, sie sollte jedoch so früh wie möglich beginnen und schnell vollzogen werden.
- Die Kundenbeziehungen sollten nicht an fremde Firmen delegiert werden. Insbesondere auf größeren Märkten sollten die Kundenkontakte direkt durch eigene Niederlassungen wahrgenommen werden.
- Globalisierung kann das Risiko mindern, das mit einer engen Marktspezialisierung verbunden ist. Gleichzeitig

103

verursacht Globalisierung neue Risiken infolge zunehmender Komplexität.

- Wenn ein Unternehmen globalisiert, sollte es Wettbewerbsaspekte genau beachten. Dies gilt einerseits für die Vermeidung von Frontalzusammenstößen mit starken lokalen Konkurrenten. Es kann aber auch bedeuten, Wettbewerber in ihrer lokalen Festung anzugreifen oder in Schach zu halten.
- Auf Zukunftsmärkten ist es wichtig, der erste Anbieter zu sein. Die Marktpositionen werden früh verteilt.
- Fremdsprachenkenntnisse, Reiseerlebnisse und Erfahrungen in anderen Ländern bilden die geistigen Grundlagen für den globalen Erfolg.

Die ›Hidden Champions‹ beweisen, daß auch kleine und mittlere Unternehmen globale Wettbewerber werden können. Die Welt ist auf eine überschaubare Größe zusammengeschrumpft. Jeder Ort der Welt ist telefonisch oder per Fax in einer Minute und per Flugzeug in einem Tag erreichbar. Die Barrieren gegen Globalisierung sind hauptsächlich durch die Einstellung bedingt. Die ›Hidden Champions‹ haben diese geistigen Hindernisse überwunden. Die ›Hidden Champions‹ sind Vorbild für viele andere Firmen auf dem Weg zur Globalisierung.

Anmerkungen

1 Quelle: Statistisches Bundesamt, FAZ Informationsdienste GmbH (Länderanalysen), Gatt.
2 Düsseldorf, 6.6.1993.
3 Levitt, Theodore: The Globalization of Markets, Harvard Business Review, 61, (May–June) 1983, S. 92–100.
4 Cavusgil, S. T.: On the Internationalization Process of the Firm, European Research, November 1980, S. 273–281.
   Andersen, Otto: On the Internationalization Process of Firms: A Critical Analysis, Journal of International Business Studies, 2, 1993, S. 209–231.

Miesenbock, K. J.: Small Business and Exporting: A Literature Review, International Small Business Journal, 6, 2 1988, S. 42–61.

5 Albaum, G.: International Marketing and Export Management, Boston: Addison-Wesley, 1989.

6 Root, Franklin R.: Entry Strategies for International Markets, Lexington, Mass.: Lexington Books, D. C. Heath and Co., 1987.
Ayal, Igal und Jehiel Zif: Competitive Market Choice Strategies in Multinational Marketing, 43, (Spring) 1979, S. 84–94.
Attiyeh, R. S. und S L. Wenner: Critical mass: Key to export profit, The McKinsey Quarterly, (Winter) 1981, S. 73–87.
Simon, Hermann: International Expansion: Theoretical Concepts and Experiences in a Medium-Sized Company, Berlin: Erich Schmidt, 1982.

7 Geschäftsbericht 1993.

8 The Wall Street Journal Europe, December 16, 1994.

9 Frankfurter Allgemeine Zeitung, 2.1.1995.

10 Ohmae, Kenichi: Triad Power, New York: The Free Press, 1985.

5. KAPITEL

DIE KUNDEN

»Ich kenne jeden einzelnen unserer Kunden auf der Welt
und habe jeden selbst besucht.«

Die Beziehungen der ›Hidden Champions‹ zu ihren Kunden
sind sehr eng. Ein wichtiges Merkmal der Beziehung ist
dabei die gegenseitige Abhängigkeit. Infolge ihrer engen
Spezialisierung sind die ›Hidden Champions‹ von ihren – oft
sehr wenigen – Kunden abhängig. Gleichzeitig können die
Kunden kaum ohne die Produkte der ›Hidden Champions‹
auskommen, weil diese häufig einzigartig und schwer zu ersetzen sind. Diese Situation bedeutet Verpflichtung für
beide Seiten und bildet die Grundlage für eine langfristige
Beziehung, die auf Vertrauen und Respekt – nicht jedoch
Freundschaft – aufgebaut ist. Wenn die ›Hidden Champions‹
auch große Kundennähe besitzen, so sind sie dennoch keine
Marketing-Spezialisten im Lehrbuch-Sinn. Sie legen weniger
Lippenbekenntnisse über Kundenorientierung ab als Großunternehmen, praktizieren diese jedoch in viel höherem
Maße. Aus ihrem tatsächlichen Verhalten – eher als aus
ihren Worten – kann man viel über Kundennähe und deren
Wirkungen lernen. Aber auch hier gilt, daß die Erkenntnisse
mit Vorsicht zu betrachten sind. Die Kundenbeziehungen
der ›Hidden Champions‹ sind oft sehr spezifisch. Die Einsichten sollten daher nicht naiv auf andere Unternehmen
übertragen werden.

Die Natur der Kundenbeziehungen

Viele ›Hidden Champions‹ verkaufen nicht einfach Produkte, sondern komplexe Problemlösungen und Systeme. Dies hat direkten Einfluß auf die Kundenbeziehungen. 69,7 % der Stichprobe bewerteten die Bedeutung des jeweiligen Geschäftes aus der Perspektive ihrer Kunden als hoch oder sehr hoch. Und 68 % lagen über dem Durchschnitt in der Zustimmung zu der Feststellung, daß die Informationsbedürfnisse der Kunden sehr hoch sind. Der überwiegende Teil der ›Hidden Champions‹ glaubt, daß der Kauf ihrer Produkte keine Routineangelegenheit für die Kunden ist. 75 % stimmten zu, daß es für den Kunden schwierig sein würde, dieses Produkt zu ersetzen.

Die Abhängigkeit der Kunden ist jedoch nicht einseitig. 77,7 % der ›Hidden Champions‹ gaben an, stark von ihren Kunden abhängig zu sein. Und ungefähr die Hälfte sagte, daß die Kunden Druck auf sie ausüben können und daß der Verlust wichtiger Kunden ihre Existenz bedrohen würde. Infolge der hohen Spezialisierung erzielen viele ›Hidden Champions‹ mit wenigen Kunden einen hohen Umsatzanteil. 14 % berichteten, daß mehr als 50 % ihres Umsatzes von nur fünf Kunden kommt, und weitere 25 % gaben an, daß auf die fünf größten Kunden ein Umsatzanteil von 20–50 % entfällt.

Alle diese Ergebnisse weisen auf einen engen Zusammenhang bzw. eine gegenseitige Abhängigkeit zwischen den ›Hidden Champions‹ und ihren Kunden hin. Die Produkte und der Kaufprozeß sind oft komplex und sowohl mit hohen Transaktionskosten als auch hoher Unsicherheit verbunden. Für beide Seiten ist es schwierig, zu wechseln.

Diese Situation schafft eine langfristige Beziehung. Unter 19 Faktoren betrachteten die ›Hidden Champions‹ die langfristige Beziehung zu ihren Kunden – mit einer durchschnittlichen Bewertung von 6,1 auf einer 7-Punkte-Skala – als ihre größte Stärke. Zwei Drittel sahen einen erstmaligen Kauf als Beginn einer langfristigen Geschäftsbeziehung an. Und

82,5 % bewerteten ihre Kunden als loyal oder sehr loyal. 85,8 % der Befragten erwarteten, daß sie ihre gegenwärtigen Kunden auch in Zukunft halten werden. Dies sind Zahlen, von denen weniger erfolgreiche Unternehmen nur träumen können. Und diese Ergebnisse unserer quantitativen Erhebung wurden in unseren qualitativen Interviews bestätigt. Immer wieder hoben unsere Gesprächspartner den langfristigen Charakter der Geschäftsbeziehungen hervor, der darauf beruht, daß beide Partner einen Vorteil haben.

Infolge ihrer marktdominanten Stellung haben die ›Hidden Champions‹ manchmal gegenüber ihren Kunden kurzfristig die stärkere Position, z. B. bei Lieferengpässen. Sie achten jedoch sehr darauf, derartige Situationen nicht auszunutzen. In einigen Fällen nahmen sie sogar ausdrücklich davon Abstand, höhere Preise zu verlangen, obwohl das unter den gegebenen Umständen möglich gewesen wäre. Dieses Verhalten wird von den Kunden später honoriert, wenn die Konjunktur sich abschwächt. Ich habe viele Kunden gehört, die diese Einstellung und die Verläßlichkeit der ›Hidden Champions‹ lobten.

Die langfristige Kundenorientierung der ›Hidden Champions‹ steht in voller Übereinstimmung zu neueren Forschungsergebnissen. Die bekannte Erfahrung, daß ›es fünfmal soviel kostet, einen Kunden zu ersetzen als ihn zu halten‹ ist diesen Firmen bestens geläufig. Und sie sind sich auch der Tatsache voll bewußt, daß der Deckungsbeitrag pro Kunde um so höher ist, je länger dieser Kunde bei dem Unternehmen kauft[1]. ›Hidden Champions‹ wie z. B. *Hauni, Barth, Heidenhain* und andere haben viele Kunden jahrzehntelang ohne Unterbrechung, manchmal sogar seit Generationen, betreut. Ein Geschäftsführer erläuterte: »Wenn man die Kunden durch hervorragende Qualität und Service befriedigt, behält man sie für immer – und sie zahlen einen guten Preis.«

Die Kundenbeziehungen der ›Hidden Champions‹ sind auf Wirtschaftlichkeit und Rationalität aufgebaut, nicht auf

Emotionen und Freundschaft. Die ›Hidden Champions‹ sind sich voll bewußt, daß die Beziehung zwischen Lieferant und Kunde ein Machtelement beinhaltet, und sie tun fast alles, das Marktgleichgewicht zu ihren Gunsten zu verändern. Ein Unternehmen schirmt seine Kunden ganz systematisch von seinen eigenen Lieferanten ab, indem alle Teile neue Bezeichnungen und Farben erhalten, damit die Kunden die Herkunft nicht erkennen können und nicht direkt bei dem Teilehersteller einkaufen können. Eine andere Firma versucht, ihren Lieferanteil systematisch zu erhöhen, um die Kunden stärker abhängig zu machen. In einem dritten Fall wurden Kunden weniger Wahlmöglichkeiten gelassen, indem das Sortiment durch vertikale Integration vertieft wurde und die veränderten Teile mit dem Angebot von Teile-Lieferanten nicht mehr kompatibel waren. Wenn diese Maßnahmen auch ursprünglich darauf angelegt waren, die Lieferantenposition zu stärken, so beinhalten sie dennoch Vorteile für den Kunden, weil er mit weniger Lieferanten auskommt. Ein Lieferant übernimmt die Verantwortung für das ganze System. Diese Vorteile für den Kunden müssen mit höherer Abhängigkeit bezahlt werden. So lange der Lieferant diese Abhängigkeit nicht ausnutzt, profitieren beide. Dies sind normale Taktiken, um die Position des Lieferanten gegenüber den Kunden zu stärken. Viele ›Hidden Champions‹ wenden solche Taktiken sehr geschickt an. Tatsächlich wird die Position des Marktführers durch diese Taktiken in vielen Fällen gesichert. Sie ist jedoch selten von Anfang an darauf aufgebaut. Der Grundstein ist eine überlegene Leistung und nichts anderes.

Die ›Hidden Champions‹ schätzen Modebegriffe wie *Kundenbegeisterung* oder *Kundenfreude* nicht besonders. Sie vertreten eine nüchternere Auffassung von der Kundenbeziehung. Danach haben Leistung, Wert und Preis eine zentrale Bedeutung. Und wenn sie über Kundenbeziehungen sprechen, meinen sie eher deren wirtschaftliche Substanz als Modebegriffe. Wenn Freundschaft, Emotionen und Eupho-

rie auch nicht die Grundlagen der Kundenbeziehungen von
>Hidden Champions< sind, Vertrauen und gegenseitiger Re-
spekt sind es bestimmt. Und diese Einstellung bedeutet
geldwerte Vorteile durch Verringerung von Rechtsstreitigkeiten, Zeitgewinn und sparsameren Mitteleinsatz.
Aus diesen Beobachtungen lassen sich einige wichtige Erkenntnisse ableiten. Die >Hidden Champions< und ihre Kunden sind gegenseitig voneinander abhängig. Wenn Sie eine
starke Position gegenüber einem Kunden haben wollen,
müssen Sie sich auf diesen Kunden konzentrieren. Das
macht Sie wiederum mehr von ihm abhängig. Marktstärke
und Abhängigkeit sind in gewisser Weise zwei Seiten einer
Medaille. Die Lieferanten-Kunden-Beziehung stellt an beide
Seiten Anforderungen. Der Kunde verlangt überlegene Leistung, der Lieferant verlangt Kundentreue. Diese Situation
schafft Verpflichtungen und führt zu einer langfristigen Beziehung, die Vertrauen begünstigt und Transaktionskosten
senkt. Diese Lieferanten-Kunden-Beziehung bietet beiden
Seiten Vorteile. In der neueren Literatur spricht man häufig
von >Partnering<. Die >Hidden Champions< praktizieren eine
solche Beziehungspflege bereits seit Jahrzehnten.

Kundennähe

In ihrem Buch >In Search of Excellence< (Auf der Suche
nach Spitzenleistungen) behaupten Peters und Waterman[2],
daß »die Spitzenfirmen wirklich kundennah sind. Andere
Firmen sprechen darüber, die Spitzenfirmen tun es.«
Was verstehen wir unter *Kundennähe*? Offensichtlich hat
jeder eine Vorstellung von diesem Konzept, aber kaum jemand macht sich die Mühe, diesen Begriff exakt zu definieren. Erst kürzlich wurde eine wissenschaftliche Begriffs-
klärung von Christian Homburg vorgestellt[3]. Auf der Grundlage eines gründlichen theoretischen Konzepts und einer
Fragebogen-Erhebung bei 327 Kunden von Industrieunter-

nehmen und unter Verwendung der Kausalanalyse-Technik fand Homburg heraus, daß Kundennähe aus den beiden Dimensionen ›Leistung‹ und ›Interaktion‹ besteht (siehe Abbildung 5.1).

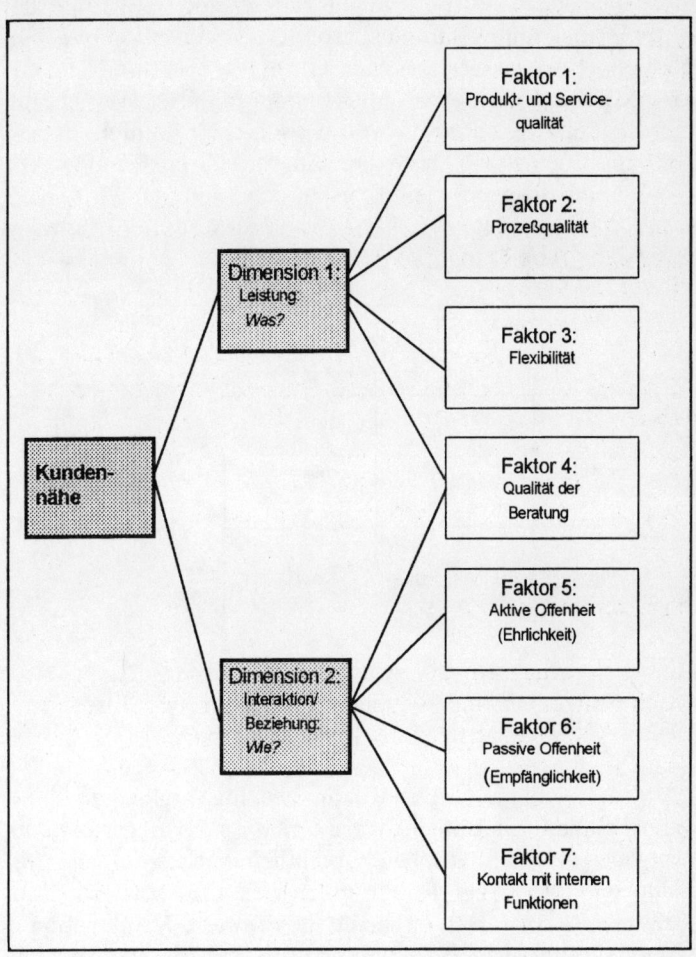

Abbildung 5.1: Das Konzept der Kundennähe (nach Homburg[3])

Die beiden Dimensionen der Kundennähe haben für die Geschäftsbeziehung ungefähr die gleiche Bedeutung. Die ›Hidden Champions‹ zielen darauf ab, in beiden Dimensionen in gleicher Weise Kundennähe zu praktizieren. Sie liefern eine hervorragende Leistung, zeigen jedoch auch Stärke in der Interaktions-Dimension, insbesondere bezüglich aktiver Offenheit (Ehrlichkeit), passiver Offenheit (Empfänglichkeit) und Kontakt mit internen Funktionen. In dieser Hinsicht unterscheiden sie sich positiv von typischen Großunternehmen. Sie sind auch flexibler im Umgang mit ihren Kunden. Wir können das Konzept weiter vereinfachen, indem wir nur die beiden Dimensionen ›Leistung‹ und ›Interaktion‹ betrachten (siehe Abbildung 5.2).

		Leistung	
		niedrig	hoch
Inter-aktion	niedrig		Großunter-nehmen
	hoch	(Durchschnittliche) Kleinbetriebe	»Hidden Champions«

Abbildung 5.2: Position der ›Hidden Champions‹ in bezug auf Leistung und Interaktion

Demnach sind die ›Hidden Champions‹ im Vergleich zu Großunternehmen hinsichtlich der Interaktion überlegen und im Vergleich zu Kleinbetrieben hinsichtlich der Leistung. Ihr Abschneiden in beiden Dimensionen des Konzepts der Kundennähe ist hoch. Dies ist die erstrebenswerte Kombination. Wenn sie auch große Kundennähe praktizieren, so sind die ›Hidden Champions‹ dennoch *keine Marketing-Spezialisten* –

jedenfalls nicht im Lehrbuch-Sinn. Wenn die Marketing-Professionalität eines Unternehmens durch den Prozentsatz der Mitarbeiter gemessen wird, die in einer Marketing-Funktion (Planung, Analyse, Marktforschung usw.) arbeiten, so werden die ›Hidden Champions‹ deutlich schlechter bewertet als Großunternehmen (siehe Abbildung 5.3). Und sie selbst sehen ihre Marketing-Professionalität als den drittschwächsten von 19 Faktoren.

		Marketing-Professionalität[1]	
		niedrig	hoch
Kunden-nähe[2]	niedrig		Großunternehmen
	hoch	»Hidden Champions«	Ideal

1) Prozentsatz von »Marketing-Experten«
2) Prozentsatz von Beschäftigten mit regelmäßigen Kundenkontakten

Abbildung 5.3: Kundennähe gegen Marketing-Professionalität

Viele ›Hidden Champions‹ beschäftigen keinen Mitarbeiter, der einen Marketing-Titel trägt, haben keine Marktforschungs-Abteilung oder gar Mitarbeiter mit einer Marketing-Ausbildung. Aber fast jeder Mitarbeiter eines ›Hidden Champion‹ hat direkte Kundenkontakte. Der Prozentsatz von Mitarbeitern mit regelmäßigen Kundenkontakten ist bei den ›Hidden Champions‹ ungefähr dreimal höher als in Großunternehmen. Meine Schätzung ist, daß bei einem typischen ›Hidden Champion‹ ungefähr 20–25 % der Mitarbeiter mehr oder weniger regelmäßig Kunden besuchen, im Gegensatz zu knapp 10 % in Großunternehmen. Die Unterscheidung zwischen ›Kundennähe‹ und ›Marketing-Professionalität‹ erscheint vielleicht künstlich. Ist wahres Marketing nicht das gleiche wie Kundennähe? Im Idealfall sollte diese Gleichheit tatsächlich zutreffen. Aber wie unsere vergleichende Studie von ›Hidden Champions‹ und Großunternehmen zeigt, ist die Realität anders. Die ›Hidden Champions‹ sind keine Marketing-Spezialisten, sie sind jedoch Spezialisten für Kundennähe. Für Großunternehmen gilt das Gegenteil.

Natürlich ist es ideal, in beiden Dimensionen stark zu sein, d. h. Kundennähe zu haben und den Markt auf der Grundlage solider Analysen und mit einem professionell geplanten Marketing-Mix zu erschließen. Hinsichtlich des letzten Aspekts müssen die ›Hidden Champions‹ besser werden. Mit zunehmender Unternehmensgröße, Komplexität und der Anzahl belieferter Länder ist es immer weniger vertretbar, sich auf das subjektive Gefühl eines Unternehmers zu verlassen. Und bei den größeren ›Hidden Champions‹ ist bereits ein deutlicher Trend zu mehr Marketing-Professionalität festzustellen, wie z. B. bei Kärcher, Würth und *Wella*. Häufig geht dieser Trend zu mehr Marketing-Professionalität einher mit dem Übergang vom Gründer-Unternehmer zu einem professionellen Management. Im Verlauf dieser Professionalisierung sollten die ›Hidden Champions‹ darauf achten, ihre Kundennähe zu bewahren. Zunehmende Betriebsgröße, Management und Professionalität sind häufig natürliche Gegensätze zur Kundennähe, weil sie wichtige Faktoren, wie z. B. Flexibilität, Offenheit, Empfänglichkeit und Kontaktintensität negativ beeinflussen (vgl. Abbildung 5.1). Einige ›Hidden Champions‹ sind sich dessen bewußt und treffen Vorkehrungen gegen diese sich abzeichnenden Gefahren. Ein entsprechender Fall ist *Putzmeister*. Der geschäftsführende Gesellschafter hat eine Dezentralisierung eingeleitet, in deren Verlauf unabhängig operierende Einheiten geschaffen werden. Die Dezentralisierung zielt darauf ab, die alte Stärke der Kundennähe im Wachstumsprozeß zu bewahren.

Aus Abbildung 5.3 lassen sich aber auch wichtige Erkenntnisse für Großunternehmen ableiten. Sie müssen ihre Kundennähe verbessern. Obwohl Großunternehmen normalerweise gut durchdachte Marketing-Pläne und Organisationen haben, bleibt die tatsächliche Kundennähe meist eine Schwachstelle. Diese Schwäche ist eine Folge der Organisationsstruktur und des Verhaltens von Großunternehmen. Sie haben normalerweise eine mehrstufige Hierarchie gegenüber dem Kunden. Infolge der starken Arbeitsteilung sind die meisten Mitarbeiter weit vom Kunden entfernt. Bei den ›Hidden Champions‹ beobachten wir eine geringere Arbeitsteilung und einen multifunktionalen Einsatz der Mitarbeiter, der sie in direkten Kundenkontakt bringt. In Großunternehmen ist meist klar definiert, wer direkte Kundenkontakte hat und wer nicht. Bei den ›Hidden Champions‹ hingegen sind die Grenzen zwischen externen (Kundenkontakt-)Funktionen und internen Funktionen fließend. Die geringere Betriebsgröße erfordert einen multifunktionalen Einsatz der Mitarbeiter. Mitarbeiter aus der Produktion oder F&E müssen zum Beispiel einspringen und den technischen Kundendienst unterstützen. Bei den ›Hidden Champions‹ findet sehr häufig eine gemeinsame Produktentwicklung mit Kunden statt. Top-Manager von ›Hidden Champions‹ haben intensive direkte Kundenkontakte.

Sowohl die kleine Betriebsgröße als auch diese Einstellungen tragen dazu bei, eine flache und schlanke Hierarchie gegenüber den Kunden zu schaffen. Manche dieser Problembereiche werden in *Business Reengineering*[4] angesprochen. Die von Hammer und Champy proklamierte ›Geschäftsrevolution‹ ist für viele ›Hidden Champions‹ nicht erforderlich. Infolge ihrer engen Spezialisierung und Konzentration auf den Kunden haben sie die meisten Forderungen des Reengineering bereits seit Jahren beachtet. Anscheinend neue Konzepte, wie z. B. *Projektbearbeiter* oder *Projektteam,* sind ihnen seit langem vertraut, ohne jedoch immer großspurige Namen zu tragen.

Klaus Grohmann, Gründer und Geschäftsführer von *Grohmann Engineering*, dem Top-Lieferanten für die Elektronik-Industrie, erklärt sein System: »Wir haben bewußt keine Verkäufer. Unsere Manager haben volle Verantwortung für ihre Projekte. Sie verkaufen, erstellen das Angebot, entwickeln die Lösung und führen das Projekt durch. Diese Projektleiter haben für ihre Projekte alle Kompetenzen eines Geschäftsführers. Für jedes Projekt beauftragen wir ein Team, und dieses Team handelt wie ein kleines Unternehmen. Jeder hat eine ganzheitliche Sicht für das Projekt. Dieses Vorgehen garantiert eine unglaubliche Kundennähe.« Ein Weltmarktführer für Spezial-Chemikalien, der nicht genannt werden möchte, verwendet ein ähnliches System, indem seine Verkaufsingenieure volle technische und kaufmännische Verantwortung und Kompetenz, mit dem Kunden zu verhandeln, haben. Obgleich dies nichts grundsätzlich Neues ist, ist der Nachdruck, mit dem diese Konzepte von den ›Hidden Champions‹ umgesetzt werden, vorbildlich.

Direkter Kundenkontakt

Die ›Hidden Champions‹ sind überzeugt, daß sie ihre Märkte gut kennen. *Marktkenntnisse* wurden unter 19 Faktoren als drittwichtigste Stärke bewertet. Dies steht nur scheinbar im Widerspruch zu den Schwächen in Marketing-Professionalität und in formaler Marktforschung, weil die ›Hidden Champions‹ Marktinformationen meistens durch direkten Kundenkontakt erhalten. Die Feststellung, »unsere am häufigsten benutzte Informationsquelle über den Markt ist der Kunde«, erhielt unter 12 Merkmalen mit 5.82 auf einer 7-Punkte-Skala die höchste Bewertung. Dies ist teilweise auf die Vorliebe der ›Hidden Champions‹ für direkte Kundenbeziehungen zurückzuführen, es spiegelt jedoch auch die Realität der bearbeiteten Märkte wider, die oft fragmentiert sind und sich daher nicht immer für strukturierte Marktforschung eignen.

In einer Studie über das Informationsverhalten kleiner und mittlerer Unternehmen bestätigt Staudt[5] diese Beobachtungen. Er fand heraus, daß (direkt kontaktierte) Kunden die wichtigste Informationsquelle sind. Die Ergebnisse dieser Studie sind in Abbildung 5.4 dargestellt.

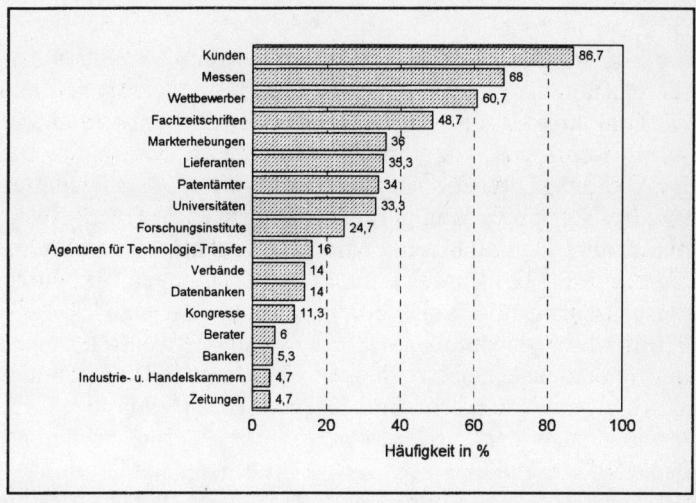

Abbildung 5.4: Bedeutung externer Informationsquellen für kleine und mittlere Unternehmen

Die Vorliebe für direkte Kundenkontakte zieht sich durch die ganze Strategie der ›Hidden Champions‹. In unserer Erhebung sagten 69,4 %, daß sie direkt mit ihren Kunden verhandeln. Und wie wir im 4. Kapitel gesehen haben, vermeiden sie Zwischenhändler, wenn sie ausländische Märkte erschließen, und bevorzugen eigene Niederlassungen. Selbstverständlich müssen ›Hidden Champions‹, die an Endverbraucher verkaufen, wie z. B. *Tetra* (Zierfischfutter), *Haribo* (Gummibärchen) oder *Wella* (Haarpflegeprodukte) Händler einschalten. Aber selbst sie setzen so weit wie möglich auf direkte Kontakte. Daher hat *Wella* in fast allen asiatischen

Ländern seine eigenen Niederlassungen, und in der Friseur-Haarpflege versucht dieses Unternehmen, direkte Kontakte zu Friseuren überall auf der Welt herzustellen. Und *Tetra* gibt Seminare für Aquarienbesitzer und benutzt diese Gelegenheit, um im Gegenzug eine Rückmeldung von seinen Kunden zu bekommen.

Eine weitere auffallende Eigenschaft der ›Hidden Champions‹ ist die starke Einbeziehung des Managements in direkte Kundenkontakte. Viele Top-Manager verstehen Kundenkontakte als eine ihrer wichtigsten Verantwortungen, selbst wenn dies unaufhörlich mit Reisen verbunden ist. Dr. Wolfgang Pinegger, geschäftsführender Gesellschafter von *Brückner,* dem Weltmarktführer für biaxiale Folien-Reckmaschinen, sagt: »Ich kenne und habe jeden unserer Kunden auf der Welt besucht. Die direkten Beziehungen, die durch diese Besuche aufgebaut werden, sind unschätzbar.«

Würth verlangt von allen Managern, daß sie wenigstens einmal im Monat einen Kunden ›in Fleisch und Blut‹ auf dem Betriebsgrundstück des Kunden sehen. Und Reinhold Würth, jetzt Vorsitzender des Beirates, hat dieses Prinzip während der 40 Jahre an der Spitze seines Unternehmens kontinuierlich vorgelebt. Als ein Problem in Holland auftauchte, dessen Ursache nicht klar war, verbrachte Reinhold Würth eine ganze Woche in Holland, während der er seine Verkäufer begleitete und mit den Kunden sprach. Erst kürzlich besuchte er eine Auto-Reparaturwerkstatt in Istanbul einen ganzen Tag, um einen praktischen Eindruck von den dortigen Bedingungen zu bekommen. Ihm kann so leicht nichts vorgemacht werden über die Probleme, die Kunden irgendwo auf der Welt haben. Er entwickelte seine Strategien nicht vom Schreibtisch in Künzelsau aus, sondern wollte stets eine direkte Erfahrung haben, bevor er einen Markt erschloß. Das gleiche gilt für Heinz Hankammer von *Brita-Wasserfilter,* der immer wieder Kunden in neuen und alten Märkten persönlich besucht.

Und wenn Geschäftsführer der ›Hidden Champions‹ Kunden besuchen, sind sie mehr als Gallionsfiguren. Sie sind kompetente technische Repräsentanten (viele Manager von ›Hidden Champions‹ sind Ingenieure), die nicht zögern, die Ärmel aufzukrempeln und an die Maschine des Kunden Hand anzulegen. Als Günter Sieker, ein ausgebildeter Ingenieur und Direktor von *Lenze,* dem Weltmarktführer für Kleingetriebe, einen Kunden in Singapur aufsuchte, hörte er, daß die lokalen Techniker eine der gelieferten Maschinen nicht reparieren konnten. Er zog sein Jackett aus, arbeitete zwei Stunden und löste das Problem. Unnötig zu erwähnen, daß der Kunde von seinen Maschinenkenntnissen beeindruckt war.

Einer der wichtigsten Effekte von Kundenbesuchen ist, daß die direkte eigene Erfahrung das Verhalten viel stärker beeinflußt als irgendeine Art von Marktforschung auf dem Papier. Diese Beobachtung wird durch die Feststellungen von McQuarrie[6] über die Wirkung von Kundenbesuchen bestätigt. Aber im Gegensatz zu Großunternehmen benötigen die ›Hidden Champions‹ kaum systematische Kundenbesuchsprogramme. Die Art, wie sie ihr Geschäft betreiben, schließt ständige Kundenbesuche ein.

Standorte der Kunden

Die regionale Verteilung der anspruchsvollsten Kunden der ›Hidden Champions‹ ist in Abbildung 5.5 dargestellt.

Infolge von Mehrfachantworten kann die Summe der Prozentpunkte 100 übersteigen. 74,8 % der Befragten gaben an, daß ihre anspruchvollsten Kunden in Deutschland sitzen. Dies stimmt voll überein mit dem Ergebnis von Porter[7], nach dem »Unternehmen Wettbewerbsvorteile erlangen ..., weil ihr Heimatmarkt die höchsten Anforderungen stellt«. Die räumliche Nähe zu den anspruchsvollsten Kunden trägt dazu bei, Weltmarktführerschaft zu erreichen.

In Zukunft sollte Marktführerschaft stärker von der räumlichen Nähe zu Kunden getrennt werden. Einige ›Hidden

119

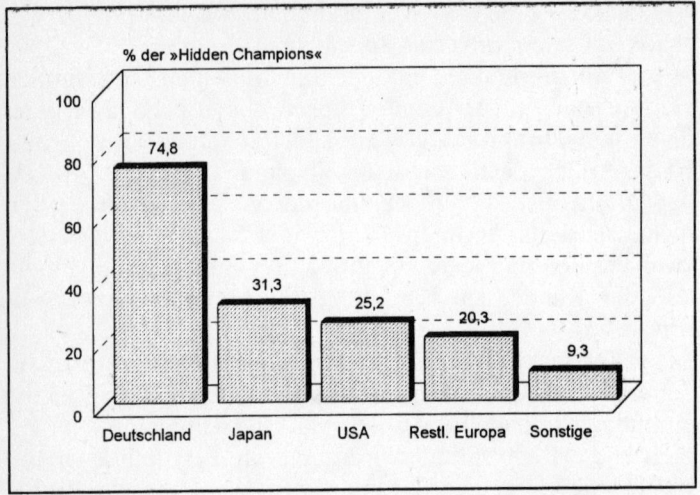

Abbildung 5.5: Standort der wichtigsten Kunden der ›Hidden Champions‹

Champions‹ wenden diese Erkenntnis bereits an. Klaus *Grohmann* will Hauptlieferant für die 30 führenden Elektronik-Hersteller auf der Welt sein, unabhängig von ihrem Standort. Und *Fischer Labor- und Verfahrenstechnik,* dessen Hauptkunde die Ölindustrie ist und der 90 % seines Umsatzes exportiert, versteht sich selbst als kundennah, obwohl die Kunden über die ganze Welt verteilt sind.

Porters Erkenntnis über die räumliche Nähe zu den anspruchsvollsten Kunden gilt noch für viele ›Hidden Champions‹, verliert jedoch für die Besten unter ihnen an Bedeutung. Diese achten besonders darauf, direkte Kontakte zu den führenden Kunden zu haben, unabhängig vom jeweiligen Standort auf der Welt. Kundennähe ist für die ›Hidden Champions‹ nicht länger oder nicht hauptsächlich eine Frage der Entfernung oder der Nationalität.

Preis, Leistung, Service

Wenn die ›Hidden Champions‹ ihre Leistung auch gut auf die Kundenanforderungen abstimmen, ist ihr Hauptverkaufsargument dennoch nicht der Preis, sondern der Wert. Auch der Service spielt eine wichtige Rolle als Teil der gelieferten Leistung. Die Strategie der ›Hidden Champions‹ ist primär leistungs- und nicht preisorientiert (siehe Abbildung 5.6).

- »Wir verkaufen nicht über den Preis.«
- »Nicht der Preis, sondern die Leistung ist bei uns das Thema.«
- »Die Qualität bleibt, der Preis wird vergessen.«
- »Unsere Strategie ist wert-, nicht preisorientiert.«
- »Unsere Produkte sind zwar teuer, sie sind jedoch wirtschaftlich.«
- »Die Kundenbindung ist 100 %, weil die Kunden Leistung bekommen.«
- »Wir nutzen unsere Stellung nicht aus, Kundenbindung ist wichtiger als kurzfristiger Gewinn.«

Abbildung 5.6: Ausgewählte Statements der ›Hidden Champions‹ zu Preis und Leistung

Im Rahmen der von Porter[8] vorgeschlagenen Basisstrategien neigen die ›Hidden Champions‹ zur *Differenzierungsstrategie,* nicht zur Preis-Kosten-Führerschaft. Dies bedeutet nicht, daß sie gegen Konkurrenzpreisdruck immun sind, ihr Hauptargument ist jedoch nicht der Preis. Und innerhalb einer gewissen Bandbreite ist ihre Preissensibilität relativ gering (siehe Abbildung 5.7).

Die Abbildung 5.7 zeigt, wie der Marktanteil der ›Hidden Champions‹ infolge von Preiserhöhungen fällt. Die Preiswirkungskurve ist bei einer Preiserhöhung von 10 % ziemlich flach, d. h., nur ungefähr 8 % des gegenwärtigen Marktanteils würden verloren gehen. Und sogar bei einer Preiserhöhung von 20 % wäre die relative Marktanteilsveränderung nicht viel stärker. Nur wenn die Preiserhöhung 20 % übersteigt, würde ein starker Marktanteilsverlust eintreten. Die Hälfte der gegenwärtigen Kunden wurde abspringen, wenn die Preise um 28 % erhöht wurden.

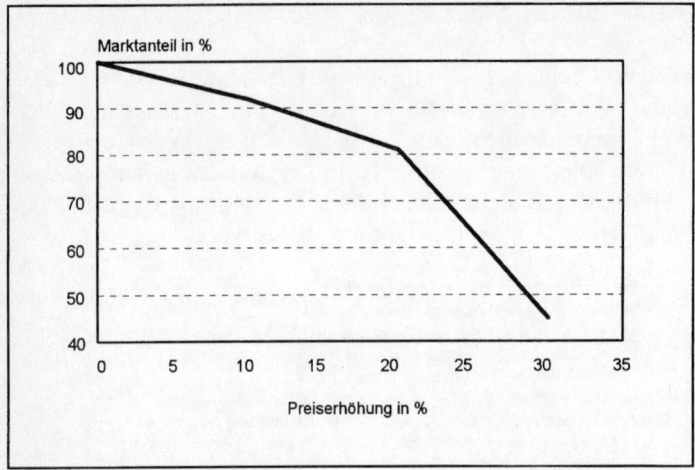

Abbildung 5.7: Preissensibilität der ›Hidden Champion‹-Produkte

Unter dem Aspekt kurzfristiger Gewinnerzielung ermöglichte diese Situation Preiserhöhungen bis zu 20 %. Die ›Hidden Champions‹ nehmen jedoch davon Abstand, diese kurzfristige Möglichkeit auszuschöpfen, weil langfristige Rendite für sie wichtiger ist. In dieser Hinsicht ähneln sie japanischen Unternehmen. Die Verteidigung ihrer Marktstellung hat absoluten Vorrang vor der vollen kurzfristigen Ausnutzung des Preisspielraums.

Es gibt einige wenige Ausnahmen von meiner Feststellung, daß die ›Hidden Champions‹ keine aggressiven Preise machen. *Suspa,* ein weltweit führender Hersteller von Waschmaschinen-Abfederungen, offeriert ›Deutsche Qualität zu Taiwan-Preisen‹. *Paul Binhold,* der Weltmarktführer für anatomische Lehrmittel, bietet eine weltweite Preisgarantie. Wenn ein Kunde ein Produkt vergleichbarer Qualität zu einem geringeren Preis findet, zahlt Binhold die Differenz. Aber sogar jene ›Hidden Champions‹, die preisaktiv sind, haben Spitzenqualitäten. Sie verkaufen nicht allein über den Preis.

Guter und schneller *Service* bildet einen wichtigen Bestandteil der Strategie vieler ›Hidden Champions‹. Die meisten betrachten ihren Service als klaren Wettbewerbsvorteil. Normalerweise ist der Service sehr umfassend und maßgeschneidert für den Kunden. Diese Beobachtung stimmt mit Homburgs[3] Ergebnis überein, daß Unternehmen mit Kundennähe sich eher durch Service als durch die Produktausstattung abheben. Dahinter steht die Vorstellung, daß die Produktausstattung leichter nachgeahmt werden kann als der Service. Die Begründung ist, daß Überlegenheit im Service normalerweise auf überlegener Kompetenz der Mitarbeiter beruht – ein Faktor, der schwer nachgeahmt werden kann.

Brähler International Congress Service bietet seinen Kunden vollständig individuelle Designs an, die häufig gemeinsam mit den Innenarchitekten für das jeweilige Gebäude entwickelt werden. Gerhard M. Bauer, Marketing-Direktor von Brähler, erläutert: »Wir entwickeln jedes Design, das der Kunde wünscht. Wir machen es rund, oval oder quadratisch. Im neuen Bundestag haben wir Edelstahl verwendet, im Euro-Center von McDonald's haben wir ein Abstimmungssystem, ein Diskussionssystem und eine Simultan-Übersetzungsanlage in Viertelkreis-Tische integriert. Dieser auf den Kunden abgestimmte, maßgeschneiderte Service ist unsere Spezialität.«

Training ist ein äußerst wichtiger Service-Aspekt. Die ›Hidden Champions‹ betreiben Hunderte von Trainingszentren überall auf der Welt. Das französische Trainingszentrum von *Stihl,* dem Weltmarktführer für Motorsägen, hat zum Beispiel einen ausgezeichneten Ruf. Es bietet nicht nur technisches Training für Stihls Kunden an, sondern Kurse auf allen Gebieten, die für das Geschäft der Kunden relevant sind. *Wellas* Seminare über neueste Trends in der Haarmode sind bei Friseuren in vielen Ländern beliebt. Die Kunden von *Brita-Wasserfilter,* meistens Einzelhändler, öffnen ihre Geschäfte normalerweise um 9.00 Uhr. Davor, in der Zeit zwi-

123

schen 8 und 9 Uhr, trainieren Britas Außendienstmitarbeiter sie darin, wie man Wasserfilter verkauft und bedient. Und Brita verlangt, daß die Einzelhändler das Produkt selbst verwenden: »Wenn sie überzeugt sind, werden sie ihre Kunden auch überzeugen«, sagt Heinz Hankammer. Einige ›Hidden Champions‹ führen Training in einem eigenständigen Profit-Center durch. Ein besonders erfolgreiches Beispiel ist *Festo Didactic,* ein Geschäftszweig von *Festo,* ein weltweit führender Anbieter und in Europa die Nr. 1 bei Pneumatik für Industrieautomatisierung. Festo Didactic offeriert Festo-Kunden und Nichtkunden Kurse zu vielen verschiedenen Aspekten der Industrieautomation.

Einen weltweit einheitlichen und schnellen Service anzubieten, ist für mittelständische Unternehmen eine große Herausforderung. Im Gegensatz zu Großunternehmen können sie es sich nicht immer leisten, in jedem Land ein komplettes Service-Team zu unterhalten. Statt dessen müssen sie schnell und äußerst flexibel sein. Der Service-Slogan von *Grohmann Engineering* ist ›Verläßlich und weltweit‹, und das Service-Plakat zeigt ein schnelles Auto, ein Flugzeug und einen Fallschirmspringer als Symbole dafür, daß Grohmanns Techniker auf dem Weg zum Kunden die schnellsten Transportmittel benutzen. Die meisten ›Hidden Champions‹ versuchen, eine 24-Stunden-Verfügbarkeit von Kundendienst-Technikern und eine 48-Stunden-Verfügbarkeit von Ersatzteilen zu erreichen. Das ist für kleine und mittlere Unternehmen eine große Leistung. Hermann Kronseder von *Krones,* dem Weltmarktführer für Flaschen-Etikettiermaschinen beschreibt die Probleme: »Zu jeder Zeit haben wir 250 Kundendienst- und Installations-Techniker auf der Welt im Einsatz. Manchmal können sie wochen- oder monatelang nicht heimkommen. Sie alle zu koordinieren, ist eine fast unlösbare Aufgabe für die Kundendienst-Abteilung und ihren Leiter. Ich bin jedoch stolz, sagen zu können, daß ich die ganze Zeit höre, daß unser Kundendienst der beste auf der Welt sei. Das ist eine Säule unseres Erfolges, und wir verdanken ihn unseren 250 Kundendienst-Spezialisten, die oft 10 oder 20 Jahre Erfahrung im Kundendienst haben.« Kronseder fährt fort, sein Ersatzteil-Liefersystem zu beschreiben: »Wir haben die Daten jeder Maschine auf unserem Zentralrechner gespeichert, insgesamt 20 000. An jeder Stelle auf der Welt sind diese Daten in 30 Sekunden verfügbar. Diese Daten werden direkt in die numerisch gesteuerten Maschinen eingegeben und die Ersatzteile werden sofort hergestellt, bei Tag und bei Nacht. Ersatzteile, die vor 7.00 Uhr bestellt werden, gehen normalerweise am Nachmittag per Lastwagen zum Frankfurter Flughafen, von wo sie per Luftfracht am gleichen Abend in ihr Bestimmungsland fliegen. Unsere Niederlassung erhält zur gleichen Zeit die Flug- und Frachtnummer, so daß sofort die Zollabfertigung für die Lieferung vorgenommen werden kann.« Kein Wunder, daß ein derartiges Unternehmen von seinen Kunden die besten Beurteilungen für den Kundendienst erhält! Und ein globales Unternehmen sollte immer im Auge behalten, daß es den Kunden nicht interessiert, wo der Standort des Lieferanten ist. Die Kunden wollen Service, wo immer sie auch sind!

Zusammenfassung

Dieses Kapitel hat gezeigt, daß Kundennähe ein Dreh- und Angelpunkt der Strategie der ›Hidden Champions‹ ist – als tatsächliches Verhalten, nicht nur als Lippenbekenntnis.

• Kundenbeziehungen sind komplex und beinhalten oft eine gegenseitige Abhängigkeit. Infolge ihrer Unverwechselbarkeit können die Produkte der ›Hidden Champions‹ durch den Kunden nicht leicht ersetzt werden. Die enge Spezialisierung schafft umgekehrt eine starke Abhängigkeit der ›Hidden Champions‹ von ihren Kunden. Eine derartige Situation bringt eine starke Verpflichtung für beide Seiten mit sich.

- Eine gute Lieferanten-Kunden-Beziehung sollte nicht allein auf Freundschaft und Emotionen aufgebaut werden, sondern auf wirtschaftlicher Rationalität basieren.

- Wenn Vertrauen und langfristige Orientierung in einer Kundenbeziehung vorherrschen, können die Transaktionskosten auf beiden Seiten beträchtlich reduziert werden.

- Obgleich die ›Hidden Champions‹ große Kundennähe haben, sind sie keine Marketing-Spezialisten im Lehrbuch-Sinn. Im Idealfall sollte ein Unternehmen über beide Eigenschaften verfügen.

- Kundennähe umfaßt Leistung und Interaktion. Ein Unternehmen sollte in beiden Dimensionen gut sein.

- Kundennähe, insbesondere in der Interaktions-Dimension, wird am besten erreicht durch ein direktes Verkaufssystem und eine flache Organisation gegenüber den Kunden sowie eine hohe Kontaktintensität der Nicht-Verkaufsmitarbeiter.

- Kunden sollten und können eine äußerst wertvolle Informationsquelle sein. Marktinformation sollte sich nicht nur auf Marktforschung stützen, sondern direkte persönliche Erfahrungen einschließen. Auf diese Weise wird das Verhalten am effektivsten beeinflußt.

- Direkte und regelmäßige Kundenkontakte des Top-Managements sind äußerst wichtig – sowohl unter dem Aspekt der Information als auch des Vorbildes für die Mitarbeiter.

- Von den ›Hidden Champions‹ kann abgeleitet werden, daß es vorteilhaft ist, Strategien eher auf überlegene Leistung und Service aufzubauen als auf den Preis. Ihre Strategien sind eindeutig wertorientiert. Sie achten besonders auf Kundentreue und nutzen ihre marktbeherrschende Position oder ihren vorübergehenden Preisspielraum kurzfristig nicht aus.

- Hervorragender Service ist ein unverzichtbarer Aspekt der Kundennähe. In der internationalen Dimension muß der Service weltweit angeboten werden und sehr schnell sein.

- Obwohl die räumliche Nähe zu den Kunden immer noch eine wichtige Rolle spielt, haben die ›Hidden Champions‹ begonnen, diese Begrenzung zu überwinden. Ein globaler Wettbewerber sollte Kundennähe erreichen, unabhängig davon, wo die Kunden ihren Standort haben.

Diese Erkenntnisse entsprechen wiederum in hohem Maße dem gesunden Menschenverstand. Sie sind allerdings alles andere als leicht umzusetzen. Kundenbeziehungen bilden einen wesentlichen Teil jeder wirtschaftlichen Transaktion. Gegenseitige Abhängigkeit und Vertrauen können sich nur entwickeln, wenn beide Seiten langfristig ihren fairen Vorteil aus der Geschäftsbeziehung ziehen. Hervorragender Service erfordert Kundennähe von jedem Mitarbeiter eines Unternehmens, von den Verkaufsmitarbeitern bis zum Top-Management. Die ›Hidden Champions‹ haben diese Kundennähe in einem außergewöhnlichen Maß erreicht und sind in dieser Hinsicht Vorbilder.

Anmerkungen

1 Heskett, James L., Hart, Christopher, und Sasser, Jr., W. Earl: The Profitable Art of Service Recovery, Harvard Business Review, 68, (July–August) 1990, S. 148–156.
2 Peters, Thomas J., und Waterman, Robert H.: In Search of Excellence – Lessons from Americas Best-Run Companies, New York: Harper & Row, 1982, S. 156.
3 Homburg, Christian: Kundennähe von Industriegüterunternehmen – Konzeptualisierung, Erfolgsauswirkungen und organisationale Determinanten, Habilitation, Universität Mainz, 1995.
4 Hammer, Michael, und Champy, James: Reengineering the Corporation – A Manifesto for Business Revolution, New York: Harper Collins Publisher, 1993.
Deutsche Übersetzung: Reengineering im Management. Die Radikalkur für die Unternehmensführung, Frankfurt: Campus Verlag, 1995.

Davenport, Thomas H.: Process Innovation – Reengineering Work through Information Technology, Boston: Harvard Business School Press, 1993.

5 Staudt, Erich, Bock, Jürgen, und Mühleneyer, Peter: Informationsverhalten von innovationsaktiven kleinen und mittleren Unternehmen, Zeitschrift für Betriebswirtschaft, 62, 1992, S. 989–1008.

6 McQuarrie, Edward F.: The Customer Visit: A Tool to Build Customer Focus, San Francisco: Sage Publications, 1993.

7 Porter, Michael E.: Competitive Advantage of Nations, New York: The Free Press, 1990, S. 71.

8 Porter, Michael E.: Competitive Strategy, New York: The Free Press, 1985.

6. KAPITEL

DIE INNOVATION

>»Der einzige Weg zu dauerhaftem Erfolg
ist fortgesetzte Innovation.«

Innovation ist ein herausragendes Merkmal der ›Hidden Champions‹. Fast alle haben die Weltmarktführerschaft erreicht, weil sie irgendwann einmal für wesentliche Technologieaspekte oder die Art, auf ihren Märkten Geschäfte zu machen, Pioniere waren. Häufig existierten die Märkte vorher nicht und wurden durch ihre Innovation erst geschaffen. Die Innovationskraft der ›Hidden Champions‹ wurde offensichtlich von einer günstigen Umgebung gefördert. Viele ›Hidden Champions‹ erbringen Spitzenleistungen bei Indikatoren wie der Zahl der Patente pro 100 Beschäftigten oder dem Umsatzanteil neuer Produkte.

In ihren Innovationsaktivitäten unterscheiden sich die ›Hidden Champions‹ deutlich von Großunternehmen. Sie sind weder einseitig technikorientiert noch einseitig marktorientiert. Statt dessen integrieren sie diese beiden Antriebskräfte der Innovation in ausgewogener Weise. Aus den Erfahrungen der ›Hidden Champions‹ kann ein neues Prinzip für die Integration der inneren und äußeren Antriebskräfte der Innovation abgeleitet werden.

Die Natur der Innovation

Die ›Hidden Champions‹ betonen in ihren Unternehmens-Leitsätzen und Broschüren – wie andere Firmen auch – die

129

Notwendigkeit und den Willen zur Innovation. In unseren Interviews war Innovation ein ständig wiederkehrendes Thema, und es wurden viele Lippenbekenntnisse abgegeben. Wir wollen uns hier jedoch auf Fakten beschränken.

Die meisten ›Hidden Champions‹ beschränken Innovation nicht auf das Produkt, sondern unternehmen größte Anstrengungen sowohl in der internen als auch der externen Prozeßinnovation. Diesen Aktivitäten liegt ein tiefes und umfassendes Verständnis des Geschäftes und der Probleme der Kunden zugrunde. Betrachten wir zum Beispiel *Hoppe,* den Europamarktführer für Tür- und Fensterbeschläge. 1993 entwickelte Hoppe ein System, das die Montage von Türen radikal vereinfacht und das die Produktion von Holztüren revolutionieren dürfte. Eine Fachzeitschrift nannte es ›die Erfindung des Jahrhunderts‹. Als der Junior-Chef Wolf Hoppe mir das Produkt zeigte, fragte ich: »Es sieht so einfach aus. Warum sind Sie nicht früher auf diese Lösung gekommen?« Der anwesende Senior Friedrich Hoppe erwiderte: »Ich hatte die Idee vor 30 Jahren. Es dauerte jedoch sehr lange und erforderte viele Kenntnisse, ein solches Teil so einfach wie möglich zu machen. Dieses Produkt ist durch 34 Patente und Patentanwendungen geschützt!« Offensichtlich konnte Hoppe diese Neuerung nur entwickeln, weil er die Funktion des Türschlosses in der Türenherstellung eingehender analysierte als seine Kunden, die Türen-Hersteller.

Für viele ›Hidden Champions‹ erfolgt Innovation nicht in Form großer, sprunghafter Durchbrüche, die nach langen Zeitintervallen und in diskreten Schritten eintritt. Vielmehr gleicht Innovation einem kontinuierlichen Verbesserungsprozeß. Innovation ist in diesen Unternehmen, in denen jede neue Auflage eines Produktes irgendwie verbessert ist und daher den Vorgänger übertrifft, eine kontinuierliche Aktivität. Dieser kontinuierliche Innovationsprozeß herrscht besonders im Maschinenbau und im Systembereich vor, wo eher Problemlösungen als Produkte verkauft werden. Jedes neue System zielt auf die Bedürfnisse eines bestimmten

Kunden ab, unterscheidet sich etwas und bietet daher die Möglichkeit der Innovation. Wolfram Burger von *Böwe-Systec,* Marktführer für Paper-Management-Systeme, erklärt: »Unsere Kunden sagen uns: ›Ich habe dieses Problem, lösen Sie es!‹ Und unsere Ingenieure bemühen sich sehr, die beste Lösung zu finden, indem sie neue Technologien integrieren und Fehler der Vergangenheit vermeiden. Am Ende sind keine zwei Systeme identisch, jedes hat seine eigenen innovativen Merkmale.« Wolfgang Kufferath von *GKD*, dem Weltmarktführer für Metallgewebe und -tücher, ist mit einer ähnlichen Situation konfrontiert: »Heute ist unser Kunde eine Brauerei aus Dortmund, morgen sind es Entwicklungsingenieure aus Seattle. Eine typische Aufgabe für uns sieht wie folgt aus: Wir benötigen ein Metallgewebe, das eine abtropfende Flüssigkeit, die in einem Winkel von 45° auf das Gewebe auftrifft, in ihre Moleküle zerlegt. Wir lösen diese Probleme.« Konrad Burloh von der *Peter Wolters Werkzeugmaschinen GmbH,* dem Weltmarktführer für Maschinen zur Oberflächenfeinstbearbeitung (Läpp- und Poliermaschinen; auf Wolters-Maschinen werden z. B. Seagate-Festplatten hergestellt), sieht ähnliche Kundenanforderungen: »Unsere Lösungen werden nach den Anforderungen der Kunden entwickelt. Wenn wir die Spezifikation des Kunden haben, entwerfen wir den Prozeß und das System. Jedes System ist eine Innovation.«

Vermutlich ist Innovation viel häufiger von dieser graduellen Art, als allgemein angenommen wird. Die in der Literatur bevorzugte Behandlung von Durchbruchsinnovationen beinhaltet ein verzerrtes Abbild der wirtschaftlichen Realitäten. Häufig wird der Innovationsschritt durch neue Anwendungen realisiert, die eine Modifizierung eines bestehenden Produktes erfordern. Die *RUD-Kettenfabrik,* der Weltmarktführer für Spezialketten für alle möglichen industriellen Anwendungen, begann 1875 als Hersteller von Ketten für die Landwirtschaft und wurde später Weltmarktführer für Schneeketten. Heute ist der Umsatzanteil der Landwirtschaft geringer als 5 %, und unzählige Ketten für komplexe Industrie-Anwendungen wurden in das Produktionsprogramm aufgenommen, wie z. B. Hebeketten, Ziehketten, Radketten für Bau- und Bergwerksmaschinen. Ein Beobachter schreibt: »Es gibt kein anderes Unternehmen auf der Welt, das sich mit den Ketten-Spezialisten von RUD vergleichen kann.«[1] Die extreme Innovationskraft von RUD spiegelt sich in der Tatsache wider, daß 75 % des Umsatzes von Produkten stammen, die jünger als 5 Jahre sind. Und es gibt immer noch unzählige Anwendungen, die von RUD entdeckt werden können. Automatische Parksysteme für Autos mit Hebebühnen und Hochregallagersysteme sind Bereiche mit Wachstumspotential.

Häufig zielen Innovationen darauf ab, die Produktionsprozesse der Kunden zu optimieren, Kosten zu senken, die Verarbeitungsgeschwindigkeit zu erhöhen oder die Qualität zu verbessern. Würth, der Weltmarktführer für Befestigungstechnik, hat Ordnung und systematische Bestandshaltung in die Ersatzteil-Läger Tausender von Auto-Reparaturwerkstätten und Tischler-Werkstätten gebracht.

Barth, der ›Hidden Champion‹ für Hopfen, vereinfachte den Brauprozeß (Slogan: »Barth erleichtert die Hopfenanwendung«), indem er entsprechend dem vorgegebenen Gewicht und Geschmack Hopfen in Beuteln abpackte (ähnlich Teebeuteln). Dies erscheint zwar nicht als radikale Innovation, es bietet der Brauerei jedoch einen großen Vorteil, weil es das Wiegen und Konfektionieren des Hopfens überflüssig macht.

Für viele ›Hidden Champions‹ bedeutete Innovation die Schaffung eines neuen Marktes. Diese Strategie beschränkte sich nicht auf die Super-Nischenanbieter und ›Marktbesitzer‹ (vgl. Kapitel 3), sondern ist unter den ›Hidden Champions‹ weit verbreitet. Existierte der Markt für hygienische berührungsfreie Toiletten von *Clean Concept,* oder mußte er erst geschaffen werden? Den Markt für *Brita-Wasserfilter* gab es nicht, bevor dieses Produkt eingeführt wurde. Das

gleiche gilt für die Dübel von *Fischerwerke,* die die Wandbe-
festigung revolutionierten. Und *Kärcher* versucht gerade,
einen Markt für ein neues Fensterputzgerät zu schaffen, das
wie ein ›Wasserstaubsauger‹ für Fenster arbeitet.
In all diesen Fällen existierte sicherlich ein Kundenbedürf-
nis. Häufig ist den Kunden jedoch ihr Bedürfnis nicht bewußt, oder sie sind zurückhaltend, ihre Gewohnheiten zu ändern. Die Einführung derartiger innovativer Produkte erfordert starke Überzeugungskraft, Beharrlichkeit und Hingabe,
unter Umständen sogar eine Art Besessenheit, sofern das
neue Produkt sich gegen verwurzelte Gewohnheiten richtet.
Günter Fielmann hat die Distribution von Brillen revolutio-
niert durch eine Kombination von aggressiver Preispolitik,
intensiver Werbung und den Verkauf von Schönheit anstelle
des Verkaufs einer Sehkorrektur oder Prothese. Jede dritte
verkaufte Brille in Deutschland ist heute von Fielmann. Er
ist mit Abstand der europäische Marktführer und nähert
sich rasch der Umsatzgrenze von 1 Mrd. DM.
Ein sehr innovatives Gebiet ist Recycling und Umwelt-
schutztechnik. *Edelhoff,* eine der führenden Firmen auf diesem Gebiet, verwandelt die Müllabfuhr von einem arbeits-
intensiven in ein kapitalintensives Geschäft. Sein neu ent-
wickeltes ›Multi-Service-Transport-System (MSTS)‹ ist ein
High-Tech-Müllsammelwagen, der von einer Person bedient
wird und die gleiche Arbeit verrichtet wie ein konventionel-
ler Müllsammelwagen mit vier oder fünf Leuten. In einem
Test in Amsterdam hat MSTS alle anderen Systeme geschlagen. Die amerikanische Firma *Waste Management*, das
größte Müllverwertungsunternehmen der Welt, hat bereits
200 MSTS bestellt.
Umweltschutzüberlegungen lösen eine Welle von Innovationen aus, und viele ›Hidden Champions‹ sind auf diesem Gebiet sehr aktiv. *Stihl,* der Weltmarktführer für Motorsägen,
erlebt eine Welle von Innovationen. In der jüngsten Vergangenheit entwickelten die Stihl-Ingenieure ein digitales Zünd-
system (d. h. sicherer Start, treibstoffsparend, geringere

Emission), ein Treibstoff-Nachfüllsystem (kein Verschütten oder Überlaufen, keine Dämpfe), einen Katalysator, ein System zur Reduzierung des Verbrauchs von Kettenöl um 50 %, eine elektrische Vergaserheizung (bessere Leistung bei tiefen Temperaturen) und eine Kettenbremse (erhöhte Sicherheit). Sie werden vielleicht fragen, ob das nicht ein bißchen übertrieben ist. Stihls Kommentar: »In den letzten 5 Jahren haben wir mehr Erfindungen patentiert als irgendein anderer Konkurrent auf der Welt, und wir haben unseren Anspruch als Technologieführer aufrecht erhalten.«

Einige Innovationen der ›Hidden Champions‹ zielen mehr oder weniger ausdrücklich auf besondere Spleens der Verbraucher ab. Eine große Erfolgsstory ist die funkgesteuerte Armbanduhr von *Junghans*. Junghans geriet – wie andere Uhrenhersteller auch – in den 80er Jahren in eine Krise, weil seine Produkte durch billige elektronische Uhren aus Asien ersetzt wurden. Während in der Schweiz die Swatch-Uhr erfunden wurde, um dieser Herausforderung durch Verwandlung der Uhr in einen Modeartikel und ein Kultprodukt zu begegnen, ging Junghans den High-Tech-Weg und entwickelte eine Uhr, die durch ein Funksignal gesteuert wird. Die Antenne ist in das Armband integriert. Die Uhr geht nie oder fast nie falsch; die Abweichung beträgt eine Sekunde in einer Million Jahren. Man mag sich fragen, warum jemand solch eine Uhr benötigt und einen sehr hohen Preis dafür zahlt. Bei Techno-Freaks wurde diese Uhr jedoch ein großer Erfolg. Es gibt nur einen Konkurrenten auf der Welt, das große japanische Unternehmen *Citizen* (Weltmarktanteil für Armbanduhren 19 %), das sein Produkt drei Jahre nach Junghans einführte. In den vier Jahren seit der Einführung erhöhte sich der Umsatz von Junghans von weniger als 200 Mio. DM auf 395 Mio. DM, während die Branche im gleichen Zeitraum rückläufig war. Das Produkt ist auch in Japan sehr erfolgreich – »in der Höhle des Löwen für Armbanduhren«, wie Junghans-Geschäftsführer Wolfgang Fritz kommentiert. Junghans erhielt 1993 für die Funkarmbanduhr und deren Vermarktung den Deutschen Marketingpreis. Interessanterweise lautete die Empfehlung der Marktforscher, das Produkt nicht einzuführen. Eine jüngere Innovation von Junghans mit großem Marktpotential sind funkgesteuerte Solar-Armbanduhren. Das erste Modell wurde 1993 eingeführt. Citizen präsentierte sein Konkurrenzprodukt erst im Mai 1995.

Diese wenigen Beispiele der ›Hidden Champions‹ illustrieren den breiten Raum für Innovationen. Die ›Hidden Champions‹ nutzen auch zunächst entfernt erscheinende Chancen für Innovationen. Ihre Kreativität und die Vielfalt ihrer Innovationen entsprechen der Breite der von ihnen angebotenen Produkte und Dienstleistungen. Die ›Hidden Champions‹ folgen selten einem ausgetretenen Pfad, sondern bevorzugen, ihre eigenen Wege zu gehen und auf diese Weise ihre eigenen Märkte zu schaffen. Und sie sind den anderen Konkurrenten normalerweise weit voraus.

Technologie

Eine herausragende, einzeln betrachtet wahrscheinlich die wichtigste Ursache für Wettbewerbsvorteile und die globale Marktführerschaft der ›Hidden Champions‹ ist die Technologie. Nahezu drei Viertel unserer Befragten sagten, daß ihre Marktführerschaft auf Technologie und Innovation gegründet ist. Auf einer Skala zur Beurteilung des High-Tech-Charakters bewerteten 70,6 % ihre Produkte als überdurchschnittlich. Auf einer 7-Punkte-Skala zur Messung der Stärken der ›Hidden Champions‹ wurden technologisches Knowhow und Innovationskraft mit 5,9 bzw. 5,6 ebenfalls sehr hoch bewertet.

Technologische Innovationen sind stark abhängig von einer Umgebung, die F&E und die Realisierung des Wandels begünstigt. Die Innovationsaktivitäten der ›Hidden Champions‹ müssen vor diesem Hintergrund gesehen werden. Der

interessierte Leser sei auf die Studie von Horst Albach[2] ver-
wiesen, der einen eingehenden Vergleich der Innovationsbe-
dingungen in den USA, Japan und Deutschland anstellt.
Die bekanntesten Indikatoren für Innovationsaktivitäten sind
F&E-Aufwendungen und Patente (siehe Abbildung 6.1). Eine
Betrachtung der Innovationskraft der ›Hidden Champions‹
vor diesem Länder-Hintergrund trägt dazu bei, die außergewöhnliche Leistung besser zu verstehen.
Abbildung 6.1 ist zu entnehmen, daß die F&E-Aufwendun-
gen als Prozentsatz des Bruttoinlandsprodukts in Japan, den
USA und den nordeuropäischen Ländern ziemlich vergleichbar sind. Bedingt durch die Unterschiede im Brutto-
inlandsprodukt, zeigen die absoluten F&E-Aufwendungen
pro Kopf jedoch beachtliche Unterschiede – mit Japan als
deutlich führendem Land. Diese Abbildung verdeutlicht
auch, daß ein großer Teil der gesamten Weltaufwendungen
für F&E auf sehr wenige Länder konzentriert ist.
Aus der Abbildung ist auch die bekannte Tatsache zu entnehmen, daß Japan mehr inländische Patentanmeldungen
pro Kopf hat als andere Länder. Unter den westlichen Ländern nimmt Deutschland in der Zahl der inländischen Patentanmeldungen pro Kopf eine führende Stellung ein. In
unserem Zusammenhang von globalem Wettbewerb sind
jedoch internationale Patente relevanter als inländische. Mit
264 Anmeldungen für internationale Patente auf 100 000 Ein-
wohner führt Deutschland vor Japan mit 162 und den USA
sowie Frankreich mit je 117. Von den Patentanmeldungen
der Mitgliedsländer der Europäischen Union in den USA
entfallen 48,7 % auf Deutschland.
Abbildung 6.2 listet die 20 Großunternehmen mit den meisten internationalen Patenten im Sieben-Jahres-Zeitraum
1985–1991 auf.
Diese Langfristbetrachtung liefert einen verläßlichen Indikator für die internationale technologische Kompetenz einzelner Großunternehmen, weil kurzfristige Schwankungen
neutralisiert werden.

Land	F&E-Aufwendungen 1991			Patent-Anträge 1990				
	Gesamt (Mrd. ECU)	% Brutto-inlands-produkt	Pro Kopf (ECU)	Von Inländern		Von Ausländern (Internationale Patente)		Prozentsatz der Euro-12- Patent-Anträge in den USA
				Gesamt-zahl	Pro Kopf 100.000 Einwohner	Gesamt-zahl	Pro Kopf 100.000 Einwohner	
	1	2	3	4	5	6	7	8
Deutschland	35.5	2,58 %	445	30.928*	49*	161.006*	264*	48,7 %
Frankreich	23.5	2,42 %	412	12.742	22	66.632	117	17,4 %
Italien	12.8	1,38 %	224	-	-	29.969	52	6,9 %
Japan	77.7	2,86 %	627	332.952	270	129.835	162	
England	18.4	2,26 %	320	19.474	34	80.320	140	17,5 %
USA	124.6	2,78 %	493	90.643	36	295.202	117	
Restliche EURO 12 (B, DK, GR, E, IRL, L, NL, P)	14.0	<1 %	150	8.371	9	52.124	56	9,5 %

* Nur Westdeutschland

Abbildung 6.1: F&E-Aufwendungen und Patent-Anträge in ausgewählten Ländern (Quelle: World Science Report 1994)

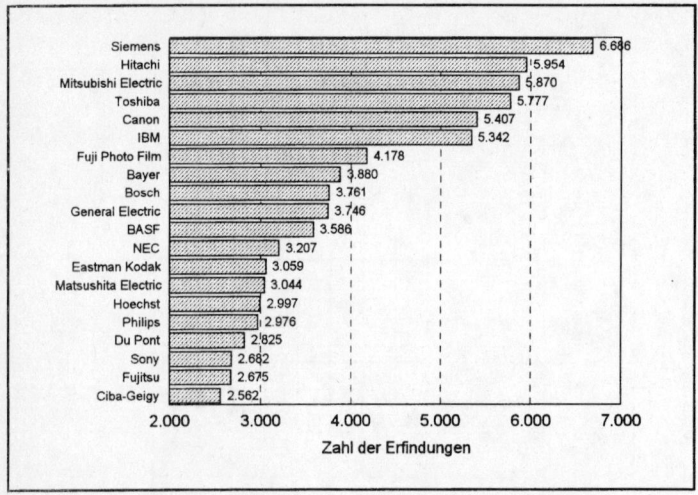

Abbildung 6.2: Firmen mit den meisten internationalen Erfindungen 1985–1991 (Erfindungen, die in zwei oder mehr Ländern patentiert sind; Quelle: Ifo-Patentstatistik 1994)

Wir sehen, daß neun von den 20 innovativsten Unternehmen aus Japan kommen. Auf Deutschland entfallen fünf Unternehmen. Die USA liegen mit vier Unternehmen auf Rang drei. Nur zwei weitere Länder – Schweiz und Niederlande – sind mit jeweils einem Unternehmen aufgeführt.
Wenn wir diese Beobachtungen mit unseren Ergebnissen zur internationalen Orientierung (siehe Kapitel 4) verbinden, können wir die Schlußfolgerung ziehen, daß der Standort Deutschland den ›Hidden Champions‹ eine wirtschaftliche Umgebung bietet, die sowohl technologische Innovationen als auch Globalisierung begünstigt. Die Fähigkeit eines Unternehmens zur Innovation wird durch den Standort mehr oder minder beeinflußt. Der Standort bestimmt die verfügbaren Ressourcen, den Zugang zu qualifizierten Mitarbeitern und Lieferanten sowie zu einer unterstützenden Infrastruktur[3]. Die Umgebung schließt auch die örtlichen Wett-

bewerbskräfte ein, die für viele ›Hidden Champions‹ eine Rolle spielen. Der deutsche Standort scheint Innovationen und weltweite Vermarktung zu begünstigen.

Wenn diese Rahmenbedingungen berücksichtigt werden, überrascht es nicht, daß die ›Hidden Champions‹ zu den innovativsten Unternehmen überhaupt zählen. Betrachten wir die Anzahl von Patenten, zeigen die ›Hidden Champions‹ ihre enorme *Innovationskraft* (siehe Abbildung 6.3).

Firma	Hauptprodukt	Be-schäf-tigte	Anzahl Patente	Anzahl Patente pro 100 Beschäftigte
Fischerwerke	Befestigungstechnik, Konstruktionsbaukasten-System	2.350	5.500	234
Held	Modulare Doppelbandpressen zur Herstellung von Laminaten	90	50	56
Tracto-Technik	Erdrakete	211	100	47
Herion	Regel-/Steuergeräte für Pneumatik	1.500	600	40
RUD-Kettenfabrik	Industrieketten	904	350	35
Sachtler	Kamera-Stative	130	40	31
Heidenhain	Elektron. Längenmeßsysteme	3.190	800	25
Reflecta	Dia-Technik	500	100	20
Rittal	Schaltschränke	4.800	949	20
Kiekert	Schließsysteme für Autos	1.670	300	18
Netzsch	Maschinen für Keramikindustrie	2.800	350	12,5
Prominent	Dosierpumpen	770	90	12
Krones	Etikettiermaschinen	7.600	811	11

Abbildung 6.3: Patent-Situation ausgewählter ›Hidden Champions‹

Wir verwenden die Anzahl der *Patente pro 100 Mitarbeiter* als Indikator für die Innovationskraft. Es sollte berücksichtigt werden, daß diese Zahlen einige Unsicherheit beinhalten. Sie stammen aus Berichten und Broschüren der Unternehmen, und es ist nicht immer ersichtlich, wie exakt die Zahlen ermittelt wurden. Die Auflistung enthält nicht unbedingt die Unternehmen mit der höchsten Patent-Intensität, da wir in dieser Hinsicht nicht über vollständige Informationen zu allen ›Hidden Champions‹ verfügen.

Um die Patent-Leistung der ›Hidden Champions‹ zu würdigen, sollte berücksichtigt werden, daß Siemens – die innovativste Firma der Welt gemäß Abbildung 6.2 – ca. 10 Patente pro 100 Mitarbeiter hat. Die ›Hidden Champions‹ in Abbildung 6.3 liegen alle über diesem Wert. *Fischerwerke* hat die unglaubliche Zahl von 234 Patenten pro 100 Mitarbeiter. Und viele andere ›Hidden Champions‹ übertreffen die Siemens-Marke um ein Vielfaches. Es ist wahrscheinlich nicht übertrieben, anzunehmen, daß in einer Gesamtauflistung der Patentintensität über Unternehmensgrößen hinweg viele ›Hidden Champions‹ auf den führenden Rangplätzen wären.

Patent-Statistiken vermitteln nur einen Teilaspekt der technologischen Leistungsfähigkeit der ›Hidden Champions‹. Darüber hinaus ist zu berücksichtigen, daß Patente – wie jeder weiß – nicht gleichbedeutend sind mit Marktinnovation oder Markterfolgen. Eine Patentstatistik hat jedoch den großen Vorteil, daß sie erlaubt, etwas so Komplexes wie technologische Innovationsfähigkeit quantitativ zu messen. Diese Statistiken machen deutlich, daß die ›Hidden Champions‹ in einem Umgebungsrahmen arbeiten, der – trotz aller gegenteiligen Kritik – für international orientierte technologische Innovationen förderlich zu sein scheint. Diese günstigen Rahmenbedingungen werden ergänzt durch die eigene innovative ›Superleistung‹ der ›Hidden Champions‹.

Es gibt auch zahlreiche ›Hidden Champions‹, besonders kleinere Unternehmen, die extrem innovativ sind, jedoch nur wenige oder gar keine Patente besitzen. Dies ist nicht auf technische Inkompetenz zurückzuführen, sondern eine Frage der Unternehmenspolitik und der Kosten. Nach einer Studie, die vom Europäischen Patentamt durchgeführt wurde, schützen zwei Drittel der kleinen und mittleren Unternehmen, die aktiv F&E betreiben, ihre Erfindungen nicht durch Patente[4]. Die Gründe dafür liegen in den Kosten und der Dauer eines Patentverfahrens, einer Vorliebe für Geheimhaltung, fehlendem Vertrauen in die Schutzkraft von Patenten oder der Unfähigkeit, ein Patent durchzusetzen. Klaus Grohmann von *Grohmann Engineering,* einem extrem innovativen Unternehmen, erklärt dies: »Wir melden keine

Patente an. Dafür haben wir keine Leute, und wir hassen die Bürokratie. Ohnehin ist die Innovationsgeschwindigkeit in unserer Branche im Vergleich zur Dauer eines Patentverfahrens viel zu hoch. Und Patente würden uns nicht helfen. Wir könnten sie nicht durchsetzen. Und bevor wir das Patent erhalten würden, sind wir in unserer Entwicklung ohnehin schon weiter. Patente sind wie Pferde, und wir fliegen mit Überschallgeschwindigkeit.« Viele ›Hidden Champions‹ teilen diese Einstellung.

Und es gibt viele Unternehmen, die nicht in der Patent-Statistik erscheinen, obwohl sie hoch innovativ sind. 78 % der Kärcher-Umsätze von 1,04 Mrd. DM entfallen auf Produkte, die weniger als vier Jahre alt sind (Kärcher hat 182 Patente bzw. 4,7 Patente pro 100 Mitarbeiter). *EOS*, auf Weltebene ein führender Pionier für Rapid Prototyping, operiert in einem Markt, der vor fünf Jahren buchstäblich noch nicht existierte. Natürlich ist EOS hoch innovativ. Das gleiche gilt für *Fast Electronic,* den Europamarktführer für Computer-Datenverdichtungskarten. In diesem Geschäft müssen Innovationen äußerst schnell entwickelt werden, da das Computer-Geschäft sehr kurze Innovations-Zyklen hat.

Es sollte auch berücksichtigt werden, daß Patente in vielen Geschäftszweigen irrelevant sind, wie z. B. im Dienstleistungssektor. Ein Beispiel dafür ist die Firma *Wige Data Group,* die bei großen Sportveranstaltungen Zeitmessungen vornimmt und den Datenfluß weltweit verwaltet. Wige hat spezifische Kenntnisse, wie man diese Sportveranstaltungen vermarktet, z. B. wie man die Kameras am besten postiert und wie man den Datenfluß an die Journalisten sichert. Aber keine dieser Fähigkeiten ist durch Patente abgesichert, und sie sind wahrscheinlich auch nicht schützbar.

Zusammenfassend komme ich zu dem Schluß, daß der globale Erfolg der ›Hidden Champions‹ zu einem entscheidenden Teil auf der überlegenen technologischen Kompetenz und Innovationsfähigkeit beruht und nicht eine Folge glücklicher Zufälle oder günstiger Umstände ist. Die Erkenntnisse lauten

eindeutig: Wer Marktführer werden will, muß seine Hausaufgaben bezüglich Innovation machen. »Der einzige Weg zu
dauerhaftem Erfolg ist kontinuierliche Innovation«, so formulierte es ein ungenannter ›Hidden Champion‹-Gründer.

Die Antriebskräfte

Nach diesen technischen Betrachtungen und den beeindruk-
kenden Patent-Statistiken mag man zu der Schlußfolgerung
neigen, daß die Technologie die Hauptantriebskraft der
›Hidden Champions‹ ist. Ein Vergleich mit Großunternehmen zeigt jedoch, daß diese Schlußfolgerung falsch ist (siehe
Abbildung 6.4)!

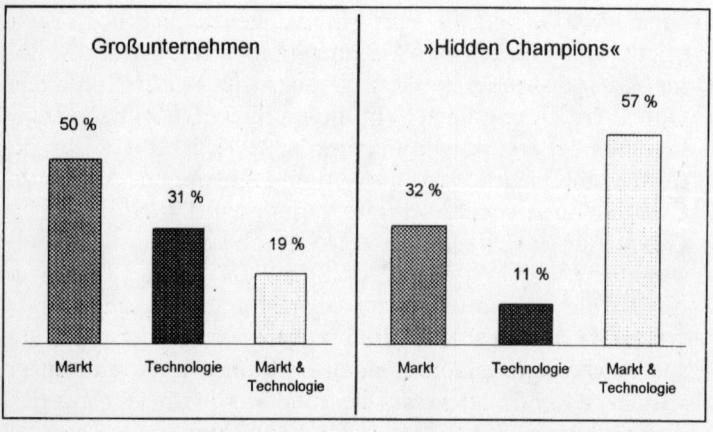

Abbildung 6.4: Markt und/oder Technologie als Antriebskräfte bei
›Hidden Champions‹ und in Großunternehmen

Auf die Frage nach den Antriebskräften antworteten 50 %
der Großunternehmen, daß sie marktorientiert seien. 31 %
bezeichneten die Technologie als ihre Hauptantriebskraft,
und 19 % sagten, daß beide Antriebskräfte gleich stark

seien. Für die ›Hidden Champions‹ ergibt sich ein völlig anderes Bild. Eine überwiegende Mehrheit von 57 % erklärte, daß Markt und Technologie gleich starke, ausgewogene Antriebskräfte seien. 32 % bezeichneten den Markt und nur 11 % die Technologie als Hauptantriebskraft. Der Prozentsatz der Unternehmen, die als gleichgewichtige Antriebskräfte Technologie und Markt integrieren, ist für die ›Hidden Champions‹ dreimal so hoch wie für Großunternehmen. Diese Erkenntnisse bestätigen fast genau die Ergebnisse einer früheren Studie von 1990.

Barry Johnson[5] schlug vor, daß die Extremwerte solcher Polaritäten wie Technologie- oder Marktorientierung vermieden werden sollten und daß ein Mittelweg normalerweise überlegen ist. Anstatt entweder ›marktorientiert‹ oder ›technologieorientiert‹ zu sein, ist es besser, sowohl markt- als auch technologieorientiert zu sein. Der Grund liegt darin, daß jede der beiden Orientierungen Vor- und Nachteile hat. Geht man jedoch zu sehr in die Extreme, so dominieren die Nachteile. Wenn die Orientierung zu einseitig ist, werden beispielsweise die positiven und beabsichtigten Effekte der ›Marktorientierung‹ (wie z. B. Berücksichtigung von Kundenwünschen) von den Nachteilen (wie z. B. fehlende Spezialisierung auf Technologie, Verlust der technologischen Führerschaft, geringe F&E-Aufwendungen) übertroffen. In gleicher Weise wird bei einseitiger ›Technologieorientierung‹, die darauf abzielt, die Innovation zu fördern, das Unternehmen sich seinen Kunden entfremden, die Kosten erhöhen, zu hochgezüchtete Produkte liefern usw.

Großunternehmen haben offensichtlich Probleme, diese Polarisierung auszubalancieren. Betriebsgröße, übertriebene Arbeitsteilung, funktionale Trennung, Arbeit, die ›über die Wand‹ in die nächste Abteilung weitergereicht wird, und starre Abteilungsbildung sind die wohlbekannten Ursachen dieses Syndroms. Die ›Hidden Champions‹ balancieren die beiden Polaritäten Markt und Technik besser aus, was auf ihre kleinere Betriebsgröße, das umfassendere Verständnis des Wertschöpfungsprozesses bei allen Mitarbeitern und die Kundennähe zurückzuführen ist.

Meine Erfahrungen mit den ›Hidden Champions‹ veranlassen mich, einen Schritt weiter zu gehen. Ich betrachte Technik- und Marktorientierung nicht als zwei sich ausschließende Gegensätze, sondern eher als zwei *komplementäre Dimensionen*[6]. Norbert Gebhardt von Netzsch, dem Marktführer für Maschinen für die Keramik-Industrie und eines der sehr innovativen Unternehmen (vgl. Abbildung 6.3), erklärt seine Position: »Wir benötigen sowohl Markt- als auch Technikorientierung, wenn wir mit dem Kunden Geschäfte machen. Der Verkäufer allein ist verloren, was die technischen Einzelheiten anbelangt. Der Techniker ist umgekehrt kein Spezialist für Kommunikation. Wir zielen auf die goldene Kombination zwischen beiden ab.«

Hinter dem potentiellen Konflikt zwischen einseitiger Markt- oder Technologieorientierung stehen teilweise kulturelle Ursachen. Die *funktionale* oder *professionale Unternehmenskultur* leitet ihre Werte von der Funktion bzw. dem Beruf ab, z. B. strebt ein Ingenieur danach, ein guter Ingenieur zu sein und von anderen Ingenieuren respektiert zu werden. Eine *unternehmerische* oder *Kundennutzen-Unternehmenskultur* leitet ihre Werte hingegen hauptsächlich vom Nutzen ab, den sie ihren Kunden vermittelt. In Großunternehmen dominiert tendenziell eine professionale bzw. funktionale Orientierung. In kleineren Unternehmen arbeitet jedoch jeder ständig mit anderen Funktionen und Berufen zusammen, ist dem Ergebnis der Arbeit näher und erhält mehr Feedback von den Kunden. Daraus ergibt sich eine bessere Integration von Technologie und Markt und damit eher eine auf den Kundennutzen ausgerichtete Unternehmenskultur.

Ich möchte hinzufügen, daß die relative Bedeutung von Markt und Technologie nicht ein für allemal festgelegt werden kann. Manchmal ist die Stimme des Kunden irrelevant, weil die Kunden nicht wissen oder nicht ausdrücken können, was sie wirklich benötigen (vgl. das Beispiel von Junghans in

diesem Kapitel). Infolge ihrer Innovationskraft sind die
›Hidden Champions‹ nicht selten in einer Situation, in der
sie ihre Kunden eher umdrehen und verändern müssen, als
ihnen zuzuhören.

Ein Manager von *Hauni,* dem ›Hidden Champion‹ für Ta-
bakverarbeitungsmaschinen, erzählt: »Jahrelang waren wir
technologieorientiert, nicht kundenorientiert. Leistung war
das einzige Kriterium. Wir bestimmten die Regeln. Die
Kunden kamen wie Pilger nach Hamburg, um unsere Maschinen zu erhalten.« Die erste USA-Erfahrung von Hermann Kronseder von *Krones,* dem Weltmarktführer für
Flaschen-Etikettiermaschinen, war auch technologiebe-
stimmt: »Obwohl der Preis, den ich verlangte, extrem hoch
war, war dies nicht das Hauptproblem. Die größte Hürde
war die Technologie, d. h., die Kunden von der hohen Leistung zu überzeugen. Sie glaubten einfach nicht, daß diese
Leistung möglich war.« In ähnlicher Weise ist das Hauptproblem für *Hoppe,* den Erfinder des neuen Türbeschlag-
systems, das wir in diesem Kapitel beschrieben haben, die
Türen-Hersteller auf diese revolutionäre Lösung umzustel-
len. Wolf Hoppe erklärt: »Heute als Marktführer werden
wir vermutlich den Einfluß haben, dies zu tun. Wenn wir
nur ein kleiner Anbieter in diesem Markt wären, könnten
wir ›gegen‹ die Kunden nicht erfolgreich sein.«

Die ›Hidden Champions‹ zeigen uns, daß man mitunter
einen starken Kundenwiderstand gegen Innovationen überwinden muß. Manchmal sind die Kunden träge, konservativ
oder unfähig, entsprechend ihrem eigenen langfristigen Vorteil zu handeln. Dann sollte ein Innovator nicht (kurzfristig)
kundenorientiert sein. Dies schließt natürlich ein, daß das
neue Produkt letztendlich einen höheren Wert vermitteln
muß, um langfristig ein Erfolg zu werden.

Wir beobachten jedoch auch gegenteilige Probleme. Mit-
unter muß die Technologie ›zurückgefahren‹ werden, um
›Über-Innovation‹ zu vermeiden. Der für Marketing und
Vertrieb zuständige Geschäftsführer von *Stihl*, Robert Mayr,

bringt dieses Problem zum Ausdruck: »Wir haben so viele Innovationen, daß ich wirklich nicht weiß, ob die Kunden sie benötigen, wünschen oder akzeptieren. All die ökologischen Neuerungen sind großartig. Aber verstehen und schätzen die Kunden den Vorteil? Und sind sie bereit, dafür zu bezahlen? Meine Hauptaufgabe ist nicht, diese Innovationen in den Markt zu drücken, sondern zuerst zu lernen, was der Kunde akzeptiert. Diese Erfahrungen müssen wir berücksichtigen, um eine angemessene Innovationsintensität im Markt zu erreichen. Gerade weil wir technisch so extrem innovativ sind, müssen wir noch kundenorientierter werden. Dies zu erreichen, ist in einem High-Tech-Unternehmen keine leichte Aufgabe.«

Das Dilemma zwischen Technologie und Markt gehört in einen größeren strategischen Rahmen. Im wesentlichen gibt es zwei Denkschulen zur Unternehmensstrategie. Die *Lehre von den Wettbewerbskräften,* hauptsächlich vertreten durch Michael Porter[7], stellt externe Markt- und Wettbewerbschancen in den Vordergrund. Die Wettbewerbskräfte des Marktes sind die Hauptbestimmungsfaktoren der Rendite. Ein Unternehmen sollte sich bemühen, Märkte mit günstigen Wettbewerbsbedingungen auszuwählen, in denen es sich geschickt positionieren muß, um Wettbewerbsvorteile zu schaffen und aufrechtzuerhalten. Die erforderlichen internen Fähigkeiten müssen in der Folge entwickelt werden. Diese Denkschule schlägt ein Vorgehen *von außen nach innen* vor und wird manchmal in die Abfolge übersetzt *Branchenstruktur – Durchführung – Leistung.*

Seit Anfang der 90er Jahre findet eine alternative Auffassung verstärkte Beachtung, die sogenannte *Ressourcen-basierte Strategie.*[8] Nach dieser Lehre sollten die internen Ressourcen, Kompetenzen oder Fähigkeiten der Ausgangspunkt des strategischen Managements sein. Die Strategie sollte sich hauptsächlich an den internen Ressourcen orientieren. Diese Auffassung schlägt ein Vorgehen *von innen nach außen* vor und den Ablauf *Interne Ressourcen – Durch-*

führung – Leistung[9]. Dieser insbesondere von Hamel und Prahalad als neu propagierte Ansatz ist in Wirklichkeit der ältere. Er dominierte das Denken an der Harvard Business School in den 50er und 60er Jahren und ist insbesondere mit den Namen der bekannten Professoren Andrews, Christensen und Learned verbunden.

Meine Erfahrungen mit den ›Hidden Champions‹ legen nahe, daß eine Entweder-Oder-Auffassung dieser Lehren vermieden werden sollte. Interne Ressourcen sind nur eine notwendige, jedoch keine hinreichende Bedingung für externe Wettbewerbsvorteile. Eine starke interne Ressource, die vom Markt nicht geschätzt wird, kann nicht in einen externen Vorteil verwandelt werden. Wenn ein Unternehmen ein Auto mit einer Höchstgeschwindigkeit von 260 km/h bauen kann, jedoch keiner ein Auto haben will, das schneller ist als 220 km/h, dann zählt diese technologische Kompetenz nicht. Daher sollte eine Strategie nicht allein auf internen Ressourcen oder Kompetenzen aufgebaut werden.

Andererseits ist eine Strategie, die sich einseitig auf externe Chancen ausrichtet, genauso unzureichend. Falls sehr gute Marktaussichten bestehen, das Unternehmen jedoch keine überlegenen internen Kompetenzen entwickeln kann, diese zu nutzen, wird es scheitern. Dies ist die typische Falle, in die Diversifikationsprojekte laufen. Großunternehmen neigen dazu, sich selbst zu täuschen, indem sie glauben, sie könnten jede Kompetenz entwickeln, die in einem neuen Geschäftsfeld verlangt wird. Die Wirklichkeit zeigt hundertfach, daß dies eine Illusion ist.

Gute Erfolgsaussichten bestehen nur, wenn sich interne Kompetenzen und externe Möglichkeiten entsprechen. Diese integrative Auffassung wird in Abbildung 6.5 dargestellt.

Die ›Hidden Champions‹ realisieren diese Integration relativ gut und oft weit besser als Großunternehmen. Im Grunde genommen ergänzt dies unsere Beobachtung, daß sie im Hinblick auf die Gesamtstrategie sowohl technologie- als auch marktorientiert sind. Die klare Spezialisierung, die ge-

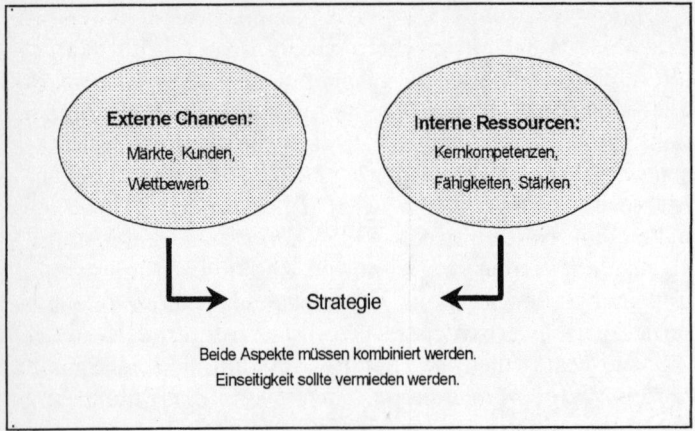

Abbildung 6.5: Zwei Aspekte der Strategie – Externe Chancen und interne Ressourcen

ringe organisatorische Distanz zwischen den Trägern interner Kompetenzen und den Kunden, eine ›unternehmerische/kundenorientierte‹ statt einer ›professionalen/funktionalen‹ Unternehmenskultur sind die Grundlagen für eine erfolgversprechende Integration interner Ressourcen und externer Möglichkeiten.

Der Kunde als Innovationsquelle

Der Kunde ist eine äußerst wertvolle Ideenquelle für Innovationen. Das ist die einfache Botschaft von Eric von Hippel[10], die er durch Dutzende von Beispielen belegt. Er versteht den Innovationsprozeß als ›verteilt über Anwenden Nutzer, Hersteller, Lieferanten und andere‹[11]. Dies ist vielen ›Hidden Champions‹ vertraut, und sie wenden diese einfachen Einsichten bereits lange an. Einige entstanden sogar auf diese Weise: Unzufriedene Kunden wurden ihre eigenen Lieferanten.

Eine Brücke zu schlagen zwischen den Kunden und den Unternehmensfunktionen, die innovieren, ist eng mit dem allgemeinen Thema Kundennähe verbunden, das wir in Kapitel 5 behandelt haben. Es ist insbesondere erforderlich, daß entweder direkte Kontakte zwischen den Innovationsfunktionen und den Kunden hergestellt werden oder daß Funktionen, wie z. B. Verkauf und Technischer Kundendienst, die regelmäßig Kundenkontakt haben, ihre Erfahrungen auf die technischen Innovatoren übertragen können.

Die Herstellung direkter Kontakte zwischen Kunden und internen Innovatoren ist eine ausgeprägte Stärke der ›Hidden Champions‹. *Claas,* der Weltmarktführer für Mähdrescher, vertreibt seine Maschinen normalerweise über Händler, die sie dann an die Landwirte weiterverkaufen. Aber in jedem wichtigen Land betreibt Claas wenigstens einen Handelsstützpunkt, nicht weil man am Handel als solchem interessiert wäre, sondern weil man auf diese Weise die Anforderungen der Bauern direkt kennenlernen will. Diese Stützpunkte werden ›Turnhallen‹ genannt, weil Claas-Beschäftigte aus verschiedenen internen Funktionsbereichen diese Niederlassungen benutzen können, um mit den Bauern zu ›trainieren‹ und so praktische Erfahrungen über deren Probleme und Nöte zu sammeln.

Die Auswirkungen einer derartigen engen Zusammenarbeit sind sehr interessant. Nach einer neuen Studie von J. D. Power verbessern *direkte Kontakte zwischen Lieferanten und Kunden* in der Automobilindustrie die Qualität und beschleunigen die Durchlaufzeit[12]. Die enge F&E-Zusammenarbeit ist nicht nur für den Lieferanten vorteilhaft, um Input für den Innovationsprozeß zu bekommen, sondern auch für den Kunden, um die Qualität seiner Endprodukte zu verbessern und seine eigene Entwicklungszeit zu verkürzen.

Die vom Kunden geäußerte Meinung muß häufig einen langen und gefährlichen Weg zurücklegen, um an ihr Ziel zu gelangen. Hermann Kronseder, Gründer von *Krones,* dem Weltmarktführer für Flaschen-Etikettiermaschinen, kümmert sich persönlich darum, daß die Mitteilungen der Außendienstler und Monteure von den richtigen Leuten in seinem Unternehmen gehört werden. Er erklärt: »Die Monteure können oft sehr unangenehm sein, wenn sie dem Konstrukteur in aller Schärfe sagen, was er für einen Mist gebaut hat. Bei uns ist es seit Jahren eingeführt, daß bei der Rückkehr der Monteure die aufgetretenen Schwierigkeiten an den Maschinen in meiner Anwesenheit dem Konstrukteur und mir erzählt werden müssen, und zwar, welche Mängel auftraten, was geändert werden müßte, wie die Maschine verbessert werden kann. Der Monteur hat in der Regel eine klare Vorstellung, er kann sie nur schwer in die Tat umsetzen, d. h., er kann kaum die Zeichnungen erstellen, aber er weiß in der Regel, wo der Hase im Pfeffer liegt. Dieser Punkt ist in vielen Betrieben ein Manko. Die Monteure haben kaum Gelegenheit, den Konstrukteuren einmal über ihre Erfahrungen zu berichten. In vielen Betrieben kommen sie in der Regel gar nicht zum Konstrukteur. Bei uns bin ich grundsätzlich bei solchen Besprechungen mit dabei, denn sonst würde der Monteur rücksichtslos an die Wand gedrückt. Der Konstrukteur hat eine wesentlich stärkere Stellung als der Monteur, ist in der Regel auch viel redegewandter. Nicht selten zieht dann der Monteur ab, ohne das zu sagen, was er eigentlich sagen wollte, und denkt sich: ›Macht doch, was ihr wollt.‹ Nicht bei der Krones AG! Die Monteure schreiben auch ungern lange Montageberichte. Warum? Weil sie oft Schwierigkeiten mit der Rechtschreibung haben. Liefern sie dann ihre Berichte bei der Montageleitung ab, werden sie zuerst von den Damen gelesen und auf Rechtschreibfehler korrigiert, genau wie vom Lehrer in der Schule, meistens noch mit Rotstift. Das ist Gift für die Monteure und bringt sie in Wut und gleichzeitig in Verlegenheit. Die Folge ist, daß sie keine Montageberichte mehr schreiben wollen.« Der Teufel steckt im Detail. Die Erfahrung von Kronseder beweist, daß der Kommunikationsprozeß zwischen den an der Kundenfront Tätigen und den F&E-Leuten

voller Tücken ist. Der Weg, den Krones gewählt hat, macht letztendlich den Unterschied zwischen erfolgreichen und nicht erfolgreichen Innovatoren aus.

Häufig kommt die innovative Idee, wenn man beobachtet, wie der Kunde arbeitet. Reinhold *Würth,* der Guru für Schrauben, Verbindungs- und Befestigungstechnik, stieß auf eine solche Idee, als er einen Besuch auf einer Baustelle machte. Dort hörte er einen Arbeiter murren, wie schwierig es sei, die Größennummern der Werkzeuge und zugehöriger Schrauben zu lesen. Diese Nummern waren traditionell schlecht lesbar in das Metall gestanzt. Würth ersetzte anschließend die Nummern durch passende Farbmarkierungen, so daß die Arbeiter einfach Schrauben und Werkzeuge nach der Farbe aussuchen können. Dieses System ist als Gebrauchsmuster geschützt und wurde ein großer Erfolg. Würth beobachtete auch bei Betriebsbesuchen, daß die Arbeiter sich über die Belastung bestimmter Muskeln und Sehnen beschwerten. Niemand hatte darüber nachgedacht, ob Standardwerkzeuge, wie Zangen oder Schraubenzieher, ergonomisch optimiert waren. Würth fand heraus, daß einige dieser Werkzeuge seit mehr als 100 Jahren die gleiche Form hatten. Es war daher sehr unwahrscheinlich, daß sie ergonomisch optimal waren. Er initiierte ein Forschungsprojekt mit der Universität Stuttgart und entwickelte einen kompletten Satz neuer Werkzeug-Designs. Einige der neuen Werkzeuge reduzieren die kritische Belastung um mehr als 30 %. Sie wurden ein großer Erfolg.

Bei den ›Hidden Champions‹ ist es weit verbreitet, *Entwicklungen gemeinsam mit Kunden* zu betreiben. Häufig läuft diese Zusammenarbeit als ein kontinuierlicher Prozeß, der über Jahre fortgesetzt wird. *Schott* ist mit dem Produkt Ceran Weltmarktführer für keramische Kochplatten. Ceran ist 300–1000 DM teurer als konventionelle Kochplatten. Heute führt jedoch jeder europäische Hersteller von elektrischen Haushaltsgeräten das Produkt in seinem Sortiment, und jeder zweite in Europa verkaufte Elektroherd hat

Ceran-Kochplatten. In den USA wurde das Produkt mehrere Jahre später eingeführt als in Europa und erreicht jetzt eine Marktdurchdringung von 15–20 %, die schnell zunimmt. Es gibt nur einen Wettbewerber, die französische Firma Eurokera, mit einem Marktanteil von ca. 5 %. Ceran gibt es in 2000 Varianten, und ein Team von 40 Leuten arbeitet mit den Herstellern von Elektro-Haushaltsgeräten, von Kochtöpfen und von Reinigungsmitteln sowie mit Designern kontinuierlich zusammen, um das Produkt weiter zu verbessern. Die 20jährige Geschichte von Ceran ist eine ununterbrochene Kette von Innovationen, zu der jeder Mitstreiter in der Wertschöpfungskette beigetragen hat.

Einige der Gründer von ›Hidden Champions‹ waren ihre eigenen Kunden. *Tetra,* der Weltmarktführer für Zierfischfutter, wurde von Dr. Ulrich Baensch gegründet. In den 50er Jahren züchtete Baensch als junger Wissenschaftler für seine Forschung im Zusammenhang mit seiner Dissertation tropische Fische. Er mußte feststellen, daß es äußerst schwierig war, die Fische zu füttern, weil auf dem Markt kein geeignetes Futter verfügbar war. Er entwickelte sein eigenes gebrauchsfertiges Fischfutter. Die Firma Tetra-Werke gründete er 1955. Jetzt ist das Unternehmen Marktführer für Futter und Pflege von tropischen Zierfischen mit einem Weltmarktanteil von über 50 %.

Wendelin Sachtler, der Gründer der *Sachtler AG,* Weltmarktführer für professionelle Kamerastative, war Kameramann. In dieser Funktion machte er seine Erfahrungen mit allen Schwächen und Begrenzungen der vorhandenen Stative. Er hatte bessere Ideen und realisierte diese. In weniger als 20 Jahren wurde Sachtler Weltmarktführer. In diesem Prozeß verdrängte er einen Konkurrenten, der eine marktbeherrschende Stellung hatte, jedoch zu träge war und gravierende Marktänderungen (wie z. B. den Übergang von Film zu Video) verpaßte.

Ein weiteres Beispiel ist *Stabilus,* der Weltmarktführer für Gasfedern zur Schwingungsdämpfung. Der Gründer Carl

Spaeter importierte Anfang der 30er Jahre amerikanische Autos nach Deutschland. Zu jener Zeit waren die Straßen in Deutschland nicht für solche schweren Autos gebaut, sondern kurvenreich und holprig, so daß eine Autofahrt kein Vergnügen war. Spaeter entwickelte einen hydraulischen Stoßdämpfer. Und bald rüstete jeder Besitzer eines Luxusautos sein Modell mit Stabilus-Stoßdämpfern aus. Heute werden Gasfedern auf tausendfache Weise zur Dämpfung und Kontrolle von Schwingungen verwendet (z. B. in Waschmaschinen, Bürostühlen, Flugzeugen). Stabilus ist auf vielen dieser Gebiete nach wie vor Marktführer. Ein starker Konkurrent in verschiedenen Marktsegmenten ist *Suspa,* ebenfalls ein ›Hidden Champion‹.

Organisatorische Aspekte der Innovation

Die gegenseitige Abhängigkeit von Organisation und Innovation ist äußerst komplex und kann hier nicht im Detail behandelt werden. Es gibt jedoch einige auffallende Aspekte bei den ›Hidden Champions‹, die wir kurz diskutieren. Trotz ihrer Innovationskraft erscheinen die F&E-Aufwendungen nicht besonders hoch. Im Durchschnitt beträgt der Anteil von F&E 6,3 % vom Umsatz. Obwohl Vergleiche wegen der Branchenunterschiede nur eingeschränkt möglich sind, ist dieser Prozentsatz angesichts der ausgezeichneten Innovationsleistungen eher niedrig. Dieses quantitative Bild wird durch unsere subjektive Wahrnehmung bestätigt, daß bei den meisten ›Hidden Champions‹ erstaunlich wenige Leute in F&E tätig sind. In den Interviews wurde immer wieder betont, daß F&E und Innovation eher als Frage der Qualität denn der Quantität angesehen werden. In Großunternehmen begegnet mir hingegen häufig die Einstellung, daß Innovation eine Sache des quantitativen Inputs sei. Große Firmen ›werfen‹ oft Geld und Leute auf ein Problem, in der Hoffnung, eine Lösung zu entwickeln. Die ›Hidden Champions‹ teilen diese Auffassung nicht. Sie verstehen F&E hauptsächlich als qualitative Herausforderung.

Im allgemeinen sind die F&E-Abteilungen überraschend klein, und es ist beeindruckend, was die Entwickler leisten. In verschiedenen Firmen fand ich eine einzelne, herausragende Person, die für F&E verantwortlich ist, eine Art von F&E-Guru, der sich jahrelang wie ein Besessener auf die Probleme dieses speziellen Unternehmens konzentriert und die meisten Erfindungen selbst gemacht hat. Obgleich sich diese Ergebnisse nicht verallgemeinern lassen, legen sie nahe, daß die primär quantitative Betrachtung der Innovation, die auch in der Wissenschaft dominiert, in Frage gestellt werden sollte. Andererseits ist zu berücksichtigen, daß es Innovationen gibt, die nur von Großunternehmen und durch eine große Zahl von Mitarbeitern erzielt werden können (z. B. Software, Pharma, Telekommunikation).

Ich war auch überrascht, einige Male zu beobachten, wie ›Hidden Champions‹ technologische Veränderungen meisterten. Dr. Werner Pankoke, Geschäftsführer von *Hymmen,* dem Weltmarktführer für Doppelbandpressen zur Herstellung von Spanplatten, erklärt: »Wir müssen uns mit vielen neuen Technologien auseinandersetzen, um Holz, Kunststoff, Gummi, Kork und Zusammensetzungen zu handhaben. Es ist ein sehr hohes Niveau der Innovation verlangt. Die technische Kompetenz zu entwickeln und die richtigen Leute zu finden war für uns jedoch bisher kein Engpaß.«

Die allgemeine Flexibilität und einfache Struktur der ›Hidden Champions‹ begünstigen ihre Fähigkeit zur Innovation. Dies gilt auch für die Organisationsstrukturen. Wir fanden zahlreiche Fälle, in denen Marketing und F&E unter derselben Leitung stehen. Manchmal leitet der Geschäftsführer beide Bereiche selbst. In anderen Fällen berichtet Marketing an F&E (z. B. bei *Jungheinrich,* dem Marktführer für Flurförderzeuge) oder F&E berichtet an Marketing (wie z. B. bei *Kärcher* oder *Sachtler*).

Die Einfachheit der Organisation[13] in Kombination mit dem unternehmerischen Geist induziert kurze Entwicklungszeiten. Innovationsaktivitäten laufen viel schneller ab als in Großunternehmen. Reinhard *Wirtgen,* Gründer und Geschäftsführer des Weltmarktführers für Maschinen zum Recycling von Straßenbelägen, bringt dies auf den Punkt: »Wenn freitags ein dringendes Problem auftrat, haben wir es oft über das Wochenende gelöst. Während wir diese Sache über das Wochenende erledigten, benötigten unsere Konkurrenten manchmal Wochen für Diskussionen, um zu der Entscheidung zu gelangen, ob das Problem überhaupt lösbar war und angegangen werden sollte.« Zweifellos sind die ›Hidden Champions‹ in ihren Innovationsaktivitäten risikofreudiger als Großunternehmen. Während letztere neue Produkte oft lange Zeit testen, um sicherzustellen, daß sie wirklich funktionieren, führen ›Hidden Champions‹ Innovationen schneller ein. Sie wenden bei Innovationen häufig die Methode von ›Versuch und Irrtum‹ an. Das ist natürlich nicht ohne Risiko. In einer Zeit eines immer intensiveren Zeitwettbewerbs kann diese Strategie jedoch überlegen sein. Daher überrascht es nicht, daß Geschwindigkeit und Flexibilität der Innovation signifikant positiv mit dem Gesamterfolg dieser Firmen korrelieren.

Kulturelle Faktoren spielen für den Innovationserfolg eine große Rolle. Albach[14] betrachtet *Commitment* als einen der wichtigsten Bestimmungsfaktoren der Innovationsleistung. Er sagt: »Commitment ist ein Persönlichkeitsmerkmal. Daneben ist es eine Eigenschaft von Unternehmen und ein kulturelles Phänomen. Es gibt Individuen, die sich einer Aufgabe total widmen. Sie sind davon besessen, ein Problem zu lösen. Die Erzählungen über die großen Erfinder auf der ganzen Welt sind Geschichten von Hingabe und Besessenheit. Es gibt Firmen, die davon besessen sind, eine Innovation zu machen. Dieses hohe Maß an Commitment ist ein entscheidender Erfolgsfaktor. Ein Unternehmen, das mehr Nachdruck auf den Erfolgswillen legt als auf die Entwicklung von Regeln für ein F&E-Projekt, ist langfristig erfolgreicher in seinen Innovationen. Verhaltenskontrolle (Commitment) ist für den Innovationserfolg wichtiger als die Kontrolle der Ergebnisse (z. B. Erreichen von Meilensteinen, Einhaltung des Kosten-Budgets, Schreiben von guten Zwischenberichten).«[15] Diese Aussage Albachs klingt wie ein Bericht aus dem Entwicklungs-Labor eines ›Hidden Champion‹ und würde sicherlich Zustimmung finden. Commitment ist ein besonderes Merkmal der Innovationsfähigkeit der ›Hidden Champions‹. Und Commitment ist wiederum großenteils eine Konsequenz des klaren Ziels und der engen Spezialisierung (siehe Kapitel 3). *Schaudt,* Marktführer für Rund- und Nockenformschleifmaschinen, sagt: »Die Konzentration auf ein Spezialgebiet hat uns ermöglicht, wiederholt mit neuen, bedeutenden Innovationen Schlagzeilen zu machen. Wir bestimmen die Gangart nun bereits seit 85 Jahren.«

Wenn die Innovation entwickelt ist, wird sie direkt in ein Produkt umgesetzt. *Tracto-Technik,* ein Hersteller von Rohrvortriebsmaschinen und Erdraketen, drückt diese umsetzungsorientierte Einstellung so aus: »Unsere Stärke liegt in der Fähigkeit, eine Idee in ein möglichst einfaches Produkt umzusetzen, das für die Baustelle geeignet ist, und dieses Produkt herzustellen.«

Das macht den Erfolg aus. Wenn jemand sich wirklich der Innovation auf einem gut definierten Markt verschrieben hat und über die Beharrlichkeit verfügt, dieses Ziel zu verfolgen, dann kann ihn kaum etwas aufhalten.

Zusammenfassung

Innovation ist eines der Fundamente, auf denen die Weltmarktführerschaft der ›Hidden Champions‹ begründet ist. Häufig haben sie als Pioniere ein völlig neues Produkt eingeführt oder einen neuen Markt geschaffen. Viele von ihnen verwandelten ihre Pionier-Stellung in eine lang andauernde Überlegenheit. Aus ihrer Innovationsleistung lassen sich wichtige Erkenntnisse ableiten:

- Die Notwendigkeit zur Innovation ist in Unternehmens- grundsätzen und -kultur klar niedergelegt. Das Bewußt- sein, ständig innovieren zu müssen, durchdringt die ›Hid- den Champions‹.
- Innovation sollte nicht auf Produkte beschränkt werden. Vielmehr bietet jeder Teilaspekt eines Geschäftes Mög- lichkeiten zur Innovation, insbesondere die Kundenpro- zesse.
- Nicht nur spektakuläre Durchbrüche sind Innovationen. Die ›Hidden Champions‹ betreiben ständig und stufen- weise Innovation. Jedes Geschäft, das beständige Verbes- serungen zuläßt, bietet solche Möglichkeiten zu kleinen Fortschritten.
- Die Schaffung neuer Märkte ist eine der wirkungsvollsten Innovationsstrategien. Sie beinhaltet jedoch eine große Herausforderung und ist schwierig, weil oft das Kunden- verhalten geändert werden muß.
- Technologie ist der wichtigste Innovationsweg. Es ist gün- stig, in einem Umfeld zu arbeiten, das technologische In- novationen fördert. Unternehmen, die keine solche Um- gebung antreffen, sollten jedoch nicht entmutigt sein. Sie müssen allerdings besondere Anstrengungen unterneh- men, um diesen Standortnachteil auszugleichen (z. B. durch Ausbildung, Zusammenarbeit mit Lieferanten und Kunden). Das Umfeld sollte eher als beeinflußbarer Para- meter verstanden werden denn als strikt vorgegeben.
- Technologische Innovation sollte international orientiert sein, um ihr volles Potential ausschöpfen zu können. Die ›Hidden Champions‹ sind in dieser Hinsicht vorbildlich.
- Die ›Hidden Champions‹ zeigen uns, daß ein Unterneh- men weder einseitig technologieorientiert noch einseitig marktorientiert sein sollte. Technologie und Markt sind

keine Gegensätze, sondern Ergänzungen, die als gleichbe-
rechtigte Antriebskräfte integriert werden sollten.

- Allgemeiner formuliert heißt dies: Ein Unternehmen
  sollte die Lehre von der ›Ressourcen-basierten („von
  innen nach außen') Strategie‹ in Einklang bringen mit der
  ›Marktchancen-Strategie („von außen nach innen')‹. Nur
  wenn interne Kompetenzen und externe Möglichkeiten
  zueinander passen, kann ein Unternehmen sein volles Potential ausschöpfen.

- Kunden sind eine äußerst wertvolle Informationsquelle
  für Innovationsideen. Direkte Kundenkontakte der F&E-
  Mitarbeiter, eine systematische Schließung der Informa-
  tionslücken zwischen den Funktionen und gemeinsame
  Entwicklung mit Kunden sind wirkungsvolle Ansätze,
  diese Innovationquelle zu aktivieren.

- Innovationserfolg ist weniger eine Angelegenheit der Organisationsstruktur oder des finanziellen Mitteleinsatzes
  als des Commitments und der Qualifikation der Mitarbeiter, der Unternehmenskultur und des Willens zur Umsetzung.

Die ›Hidden Champions‹ beweisen, daß kleine und mittlere
Unternehmen große Innovatoren sein können. Es gibt keine
Zauberformeln für Innovation. Innovation ist eine ständige
Suche, eine Abfolge von Versuch und Irrtum. Die ›Hidden
Champions‹ wenden innovative Praktiken an, die von jedem
Unternehmen eingesetzt werden können und von Nutzen
sind.

Anmerkungen

1 Biallo, Horst: Die geheimen deutschen Weltmeister: Mittelständische Erfolgsunternehmen und ihre Strategien, Wien: Wirtschaftsverlag Ueberreuter, 1993, S. 64
2 Albach, Horst: Culture and Technical Innovation, Berlin/New
  York: de Gruyter, 1994.

3 Porter, Michael E.: Competitive Strategy Revisited: A View from the 1990s, Boston: Harvard Business School Press, 1994.

4 Frankfurter Allgemeine Zeitung, 2. 12. 1994.

5 Johnson, Barry: Polarity Management, Identifying and Managing Unsolvable Problems, Amherst (Mass.): HRD Press, 1992.

6 Cooper, R. G.: The Dimensions of Industrial New Product Success and Failure, Journal of Marketing, 43, (July) 1979, S. 93–103.

7 Porter, Michael E.: Competitive Advantage, New York: The Free Press, 1985.

8 Prahalad, C. K., und Hamel, G.: The Core Competence of the Corporation, Harvard Business Review, (May–June) 1990, S. 79–91.
Peteraf, Margaret A.: The Cornerstone of Competitive Advantage: A Resource-Based View, Strategic Management Journal, 14, 1993, S. 179–191.
Hamel, Gary, und Prahalad, C. K.: Competing for the Future, Boston: Harvard Business School Press, 1994.

9 Selznick, P.: Leadership in Administration, New York/Tokyo, 1957.
Penrose, Edith T.: The Theory of the Growth of the Firm, Oxford: Basil Blackwell, 1959.
Learned Edmund P., C. Roland Christensen, Kenneth R. Andrews und William D. Guth: Business Policy: Text and Cases, Homewood (Ill.): Irwin, 1965.

10 von Hippel, Eric: The Sources of Innovation, New York/Oxford: Oxford University Press, 1988.

11 Ebenda, S. 3.

12 Harvard Business Review, November–Dezember 1994, S. 177.

13 Rommel, Günter, Brück, Felix, Diederichs, Raimund, und Kempis, Rolf-Dieter: Simplicity Wins – How Germany's Mid-Sized Industrial Companies Succeed, Boston: Harvard Business School Press, 1995.

14 Albach, Horst: Culture and Technical Innovation, Berlin/New York: de Gruyter, 1994.

15 Ebenda, S. 19.

7. KAPITEL

DER WETTBEWERB

»Wir vergleichen uns nicht mit dem Wettbewerb.
Der Wettbewerb schaut auf uns.«

Die ›Hidden Champions‹ sind harte Wettbewerber. Ihre Wettbewerbsstrategie zielt eher auf Differenzierung als auf Kostenvorteile. Trotz dieser Priorität verlieren sie die Kosten nicht aus den Augen. Sie bemühen sich, eine gute Leistung zu einem vertretbaren Preis anzubieten. Ihre Leistung passen sie hervorragend an die Bedürfnisse der Kunden an. Auf diese Weise verschaffen sie sich Wettbewerbsvorteile bei Produktqualität und Service. Die Wettbewerbsvorteile können dauerhaft aufrechterhalten werden, weil sie auf überlegenen internen Kompetenzen aufgebaut sind, die nur schwer nachgeahmt werden können. Wenn sie angegriffen werden, verteidigen die ›Hidden Champions‹ ihre Marktstellung verbissen und mit Entschlossenheit. Für einige von ihnen zeichnen sich am Horizont jedoch wettbewerbliche Gefahren ab, weil es zunehmend schwieriger wird, ihre Marktnischen gegen den Massenmarkt abzuschotten und dem zunehmenden Kostendruck zu entgehen.

Struktur

Die ›Hidden Champions‹ operieren meistens auf Märkten mit relativ wenigen Konkurrenten. Die durchschnittliche *Zahl der Wettbewerber* auf dem Weltmarkt ist zehn[1], der arithmetische Mittelwert ist mit 55 allerdings viel höher. Die letzte Zahl ist jedoch irreführend, weil sie auf nur wenige Märkte mit mehreren hundert Wettbewerbern zurückzuführen ist. In Europa haben die ›Hidden Champions‹ im Durchschnitt fünf Konkurrenten[7] und in Deutschland drei. Nur ungefähr 20 % der ›Hidden Champions‹ haben mehr als 20 Konkurrenten auf dem Weltmarkt. Wenn diese Zahlen auch klein erscheinen mögen, so sollte doch nicht vergessen werden, daß auf vielen großen Märkten die entsprechende Zahl nicht größer ist. So gibt es beispielsweise auf dem Weltautomobilmarkt höchstens 20 global agierende Anbieter, obwohl die Gesamtzahl der Autohersteller auf der Welt fast 200 beträgt.

Auf dem Hintergrund von Porters fünf Antriebskräften[2] wird der Wettbewerb auf den Märkten der ›Hidden Champions‹ hauptsächlich zwischen bereits existierenden Firmen ausgetragen. *Neue Konkurrenten* treten relativ selten auf (die Bewertung lautet 2,7 auf einer 7-Punkte-Skala mit 1 = sehr selten). Sowohl die Wahrscheinlichkeit, daß in Zukunft neue Wettbewerber auftreten werden, als auch die Bedrohung, die von solchen neuen Konkurrenten ausgeht, wurden mit 3,6 bzw. 3,3 auf einer 7-Punkte-Skala unterdurchschnittlich bewertet. Offensichtlich sind die Märkte der ›Hidden Champions‹ für potentielle Konkurrenten wenig attraktiv, weil einerseits die Marktgröße relativ gering ist und andererseits die ›Hidden Champions‹ über ausgeprägte Wettbewerbsstärken verfügen. In einigen Märkten drängen jedoch Massenprodukte in die Marktnischen, die von den ›Hidden Champions‹ besetzt sind.

Oberflächlich betrachtet, könnte man einen schwachen Wettbewerb auf diesen Nischenmärkten erwarten. Das trifft jedoch nicht zu. Der *Wettbewerb ist vielmehr sehr intensiv.* So sagt die Firma *Windmöller & Hölscher,* die bei Anlagen zur Herstellung von Industriesäcken einen Weltmarktanteil von 90 % hält: »Die Zahl der Wettbewerber ist überschaubar klein, der Kampf um Marktanteile deswegen aber nicht weniger hart.« Mehr oder weniger treten die gleichen Konkurrenten überall und zu jeder Zeit auf (Zustimmung von 5,5 auf einer 7-Punkte-Skala) und kämpfen um ihren Anteil auf dem kleinen Markt. Die Wettbewerber werden als ziemlich ähnlich angesehen. Immer wieder hörten wir in unseren Interviews, daß die ›Hidden Champions‹ den Wettbewerb sehr ernst nehmen. Fast immer betonten die Interviewpartner, daß die Konkurrenten ebenfalls stark sind, häufig sogar hervorragend, und daß es sehr gefährlich wäre, die eigene Marktführerschaft für die Zukunft als gesichert anzusehen. Die Intensität des Wettbewerbs wird als sehr hoch betrachtet. Die Bewertung mit 5,8 auf einer 7-Punkte-Skala war die höchste unter allen Wettbewerbskriterien. Das Bewußtsein, daß Marktführerschaft jeden Tag verdient und verteidigt werden muß, ist bei den ›Hidden Champions‹ sehr ausgeprägt.

Substitutionsprodukte (vgl. Porters Konzept der fünf Antriebskräfte) spielen für die meisten ›Hidden Champions‹ keine entscheidende Rolle. Auch Lieferanten und Kunden werden nicht als ernsthafte Bedrohung im Porterschen Wettbewerbssinn verstanden. ›Hidden Champions‹ neigen dazu, ihren Anteil an der Wertschöpfungskette zu maximieren. Sie setzen nicht auf Outsourcing, sondern vermeiden die Fremdvergabe von Arbeiten. Das macht sie weniger von Lieferanten abhängig – könnte jedoch ihre Wettbewerbsfähigkeit bei den Kosten negativ beeinflussen. Wie wir später sehen werden, sind die Kosten einer ihrer Schwachpunkte.

Auf die Frage »Aus welchem *Land* stammt Ihr wichtigster Konkurrent?« wurden in der Abbildung 7.1 dargestellten Antworten gegeben. Obwohl wir nach einem Konkurrenten gefragt hatten, gaben viele Befragte mehrfache Antworten. Daher addieren sich die Prozentsätze auf über 100 %.

Der Wettbewerb auf den Märkten der ›Hidden Champions‹ ist tatsächlich weltweit. 72,6 % der Befragten geben an, daß ihr wichtigster (oder einer ihrer wichtigsten) Konkurrent ein ausländisches Unternehmen sei. Für 55,4 % ist der wichtigste Wettbewerber ein deutsches Unternehmen. Dieser Pro-

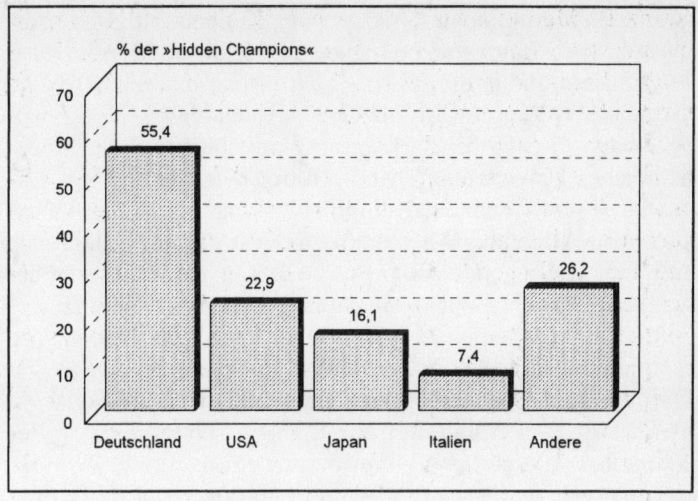

Abbildung 7.1: Standort der wichtigsten Wettbewerber der ›Hidden Champions‹

zentsatz bestätigt nahezu exakt das Ergebnis einer Studie von 1988, in der Maschinenbau-Unternehmen eine ähnliche Frage gestellt wurde und 52,8 % ihren Hauptkonkurrenten in Deutschland sahen[3]. *Inländische Rivalität* ist ein wichtiges Element in Porters ›Diamant‹ der internationalen Wettbewerbsfähigkeit. Porter stellt fest[4]: »Zu den wichtigsten empirischen Ergebnissen meiner Forschung zählt der Zusammenhang zwischen starker inländischer Rivalität und der Schaffung dauerhafter Wettbewerbsvorteile in einer Branche. Nationen mit führenden Weltmarktpositionen haben häufig starke lokale Konkurrenten.«

Diese Aussagen werden durch unsere Beobachtungen nachdrücklich bestätigt. Harter inländischer Wettbewerb ist ein wesentlicher Faktor, der die ›Hidden Champions‹ für den Weltmarkt fit macht. Die lokale Rivalität darf jedoch nicht als monokausale Bestimmungsgröße verstanden werden. Sie ist vielmehr eine von verschiedenen nationalen Gegebenheiten

163

(wie z. B. internationale Orientierung, Kunden mit hohen Anforderungen, Innovationsfähigkeit usw.), die sich gegenseitig
beeinflussen und in die gleiche Richtung wirken. Ich betrachte
inländischen Wettbewerb als eine Art stillschweigende ›Part-
nerschaft für weltweite Fitneß‹. Damit meine ich nicht ein
heimliches Einverständnis und Absprachen, sondern das Gegenteil, einen ständigen Kampf gegeneinander wie zwischen
zwei Top-Athleten. Die beiden sind oft keine Freunde, sie
konkurrieren gegeneinander und treiben sich ständig zu höheren Leistungen an. Wir beobachten das gleiche Phänomen bei
den ›Hidden Champions‹. Manchmal haben die beiden führenden Unternehmen ihren Standort in derselben Stadt.
Die Wettbewerbsperspektive der ›Hidden Champions‹ ist
nicht primär *regional* bestimmt. 39 % sehen ihren (oder
einen ihrer) wichtigsten Wettbewerber in den USA oder
Japan. Auch Italien ist ein Standort starker Konkurrenten –
ein Ergebnis, das durch unsere qualitativen Interviews bestätigt wird. Offensichtlich haben italienische Unternehmen
in den letzten 20 Jahren im internationalen Wettbewerb auf-
geholt. Als Standorte starker Konkurrenten wurden ver-
schiedentlich die Schweiz, England, Schweden und die Niederlande genannt. Die ›Hidden Champions‹ haben sowohl
ihre Kunden als auch ihre Konkurrenten weltweit im Auge.
Die Schlußfolgerungen lauten: Jedes Unternehmen, das eine
führende Position auf dem Weltmarkt erringen oder behaupten will, sollte den Wettbewerb mit den besten Unternehmen auf der Welt suchen – nicht meiden. Weltklasse ist nur
zu erreichen, wenn man gegen die Besten kämpft, nicht
indem man in der zweiten Liga spielt.

Prinzipien der Wettbewerbsvorteile

Als gedanklichen Rahmen für die nachfolgende vertiefende
Diskussion über Wettbewerbsvorteile schlage ich das ›strategische Dreieck‹ in Abbildung 7.2 vor.

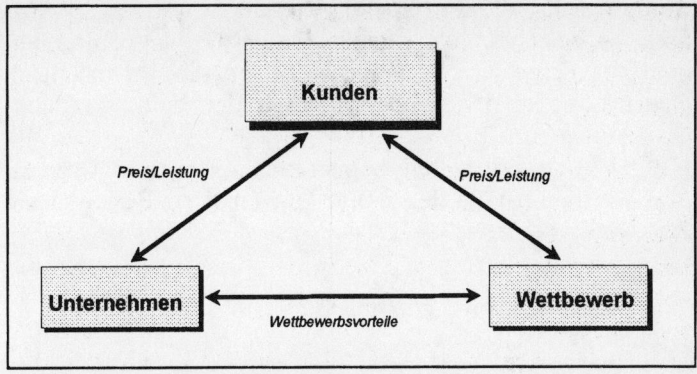

Abbildung 7.2: Das strategische Dreieck

Die Eckpunkte dieses Dreiecks bezeichnen die Spieler im Wettbewerb. Die Beziehungen zwischen diesen Spielern entscheiden über Erfolg oder Mißerfolg.

Marketing hat sich traditionell auf die Beziehung ›Kunden – Unternehmen‹ konzentriert. Das Unternehmen versucht, die Kundenbedürfnisse zu verstehen, und bietet eine bestimmte Leistung an. Der Kunde zahlt einen Preis, um diese Leistung zu erhalten. Eine ähnliche Beziehung besteht zwischen Kunden und Konkurrenten.

Auf modernen Märkten – und das gilt durchgängig für die Märkte der ›Hidden Champions‹ – gibt es fast immer mehrere Wettbewerber, die gute Leistungen zu wettbewerbsfähigen Preisen liefern. Daher bekommt die dritte Beziehung im strategischen Dreieck erfolgsentscheidende Bedeutung. Diese Beziehung ›Unternehmen – Konkurrent‹ betrifft den *Wettbewerbsvorteil.* Es reicht nicht mehr aus, dem Kunden eine gute Leistung zu einem guten Preis anzubieten, sondern es ist entscheidend, in wenigstens einer Leistungskomponente und/oder dem Preis besser als der Wettbewerber zu sein, d. h. einen Wettbewerbsvorteil zu haben. Die Frage »Wie gut bedienen wir unsere Kunden?« muß ergänzt werden durch die Frage »Was ist unser Wettbewerbsvorteil?« Es ist erstaunlich, wie schwierig es für viele Unternehmen ist, diese einfache Frage zu beantworten, wenngleich dies für die überwiegende Mehrheit der ›Hidden Champions‹ nicht zutrifft.

Einen *Wettbewerbsvorteil* definiere ich als eine im Vergleich zum Wettbewerb überlegene Leistung, die drei Bedingungen erfüllen muß:

1. für den Kunden wichtig sein,
2. vom Kunden wahrgenommen werden,
3. dauerhaft sein.

Wenn beispielsweise die Verpackung eines Produktes für den Kunden unwichtig ist, ist sie kaum geeignet, einen Wettbewerbsvorteil zu begründen. Wenn ein Produkt eine längere Lebensdauer hat, der Kunde diesen Vorteil jedoch nicht kennt oder wahrnimmt, dann zahlt dieser Vorteil offensichtlich nicht. Wenn ein Unternehmen den Preis senkt, ohne über einen Kostenvorteil zu verfügen, dann kann der Wettbewerb sofort folgen und der Preisvorteil kann nicht länger aufrechterhalten werden. Die gleichzeitige Erfüllung der drei Kriterien *wichtig – wahrgenommen – dauerhaft* ist eine große Herausforderung. In einer früheren Studie gaben nur 60,4 % einer Stichprobe deutscher Industrieunternehmen an, daß sie einen Wettbewerbsvorteil hätten, der wirklich alle drei Bedingungen erfüllt[5].

Bei der Schaffung von Wettbewerbsvorteilen sind einige einfache Prinzipien zu berücksichtigen. Die ›Hidden Champions‹ kennen diese Prinzipien und halten sich daran.

Überlebensprinzip: Zum Überleben benötigt ein Unternehmen zumindest einen Wettbewerbsvorteil. Warum sollte ein Kunde bei einem Unternehmen kaufen und Kundentreue zeigen, wenn dieses Unternehmen nicht eine Produktausstattung anbietet, die dem Wettbewerb in wenigstens einem Merkmal überlegen ist? Ein Prinzip der Evolutionstheorie, ›Gauses Gesetz des gegenseitigen Ausschlusses‹, drückt einen ähnlichen Zusammenhang aus: »Eine Spezies wird nur überleben, wenn sie wenigstens eine Aktivität besser beherrscht als ihre Feinde.« Sie muß fähig sein, schneller zu laufen, tiefer zu graben oder höher zu klettern[6]. Das gleiche trifft auf den Wettbewerb zu, weil Wettbewerb – wie Evolution – nichts anderes ist als ein fortwährender Kampf um das Überleben. Die ›Hidden Champions‹ beachten das Überlebensprinzip. Im Durchschnitt haben sie 1, 2 Wettbewerbsvorteile, die die drei Bedingungen erfüllen.

Kenne-Deinen-Gegner-Prinzip: Um Wettbewerbsvorteile schaffen und verteidigen zu können, muß man seine Konkurrenten sehr gut kennen. Das strategische Dreieck in Abbildung 6.2 drückt aus, daß man alle drei Spieler und die Beziehungen zwischen ihnen gut kennen sollte. Nur wenn ein Unternehmen die Stärken und Schwächen seiner Konkurrenten durchschaut, kann es seine eigene Strategie anpassen, um gezielt Wettbewerbsvorteile zu schaffen. Die Wettbewerbsbeobachtung muß sowohl die externen Vorteile umfassen, die man auf dem Markt betrachten kann, als auch die internen Kompetenzen, über die Informationen nur schwer zu beschaffen sind. Obwohl sich die Situation in den letzten zehn Jahren infolge zunehmender Anwendung und besserer Methoden der *Wettbewerbsbeobachtung* verbessert hat, ist die Wettbewerbsanalyse immer noch die gravierende Schwachstelle im strategischen Dreieck.

Das ist bei den ›Hidden Champions‹ nicht grundsätzlich anders. In Kapitel 5 haben wir gesehen, daß die ›Hidden Champions‹ ihre Kunden sehr gut kennen. Diese Kenntnisse ergeben sich stärker aus ihrer Kundennähe und praktischen Erfahrung als aus systematischer Marktforschung. Das gleiche gilt für die Wettbewerbsbeobachtung. Obwohl sie ihre Konkurrenten im allgemeinen gut kennen, haben nur wenige ›Hidden Champions‹ formalisierte Systeme zur Wettbewerbsanalyse. Die ›Hidden Champions‹ praktizieren nicht nur Kundennähe, sondern auch Wettbewerbsnähe. Fast immer sind sie mit den wichtigen Führungskräften der Konkurrenten persönlich bekannt, was wahrscheinlich der wichtigste Aspekt der Wettbewerbsbeobachtung ist. Da sie in nahezu jedem Projekt auf die gleichen Konkurrenten treffen, vollzieht sich quasi automatisch ein Lernprozeß über das Konkurrenzverhalten. Aus der engen Kundenbeziehung erhalten sie zudem viele Informationen über das Verhalten ihrer Wettbewerber. Andererseits gibt es auch Faktoren, die die Sammlung von Wettbewerbsinformationen verhindern bzw. erschweren, wie z. B. die Verschwiegenheit und Geheimhaltung der ›Hidden Champions‹. Sie achten darauf, daß nur ein Minimum an Informationen schriftlich vorliegt und öffentlich zugänglich ist.

Doch die ›Hidden Champions‹ sind keine Imitatoren ihrer Wettbewerber. Einige unserer Interviewpartner erklärten ausdrücklich, daß sie davon absehen, Wettbewerbsinformationen zu sammeln, weil sie sich nicht mit Konkurrenten vergleichen. Einer sagte: »Wir vergleichen uns nicht mit dem Wettbewerb. Der Wettbewerb schaut auf uns.« Und ein anderer schließt sich an: »Der Wettbewerb ist nicht unser Standard. Wir setzen unsere eigenen Standards.« Solche Unternehmen halten nichts von Benchmarking, sie setzen ihre eigenen Benchmarks. Diese Einstellung sollte ernst genommen werden. Marktführerschaft wird schließlich nicht durch Nachahmung der Wettbewerber erreicht. Hans-Jürgen Warnecke, Präsident der Fraunhofer-Gesellschaft, warnt: »Wenn Sie einmal in den Teufelskreis geraten sind, bei Ihren Konkurrenten nach Problemlösungen zu suchen und nicht in Ihrem Unternehmen, beginnen Sie, sich auf die Nachahmung bereits vorhandener Lösungen zu konzentrieren, und Sie werden für immer der Zweite bleiben.«[7] Jemand, der in die Fußstapfen eines anderen tritt, wird ihn sicher nicht überholen. Ich möchte hinzufügen, daß Wettbewerbsbeobachtung und Nachahmung nicht das gleiche sind, obwohl die Grenze fließend ist. Für die ›Hidden Champions‹ ist die Wettbewerbsbeobachtung hauptsächlich wichtig, um zu prüfen, ob sie noch einen Vorsprung haben, und nicht als Hauptquelle für Innovationsideen und neue Problemlösungen.

Chancen-Prinzip: Jeder wichtige Wettbewerbsparameter bietet eine Chance, einen *Wettbewerbsvorteil* zu erringen. Die Liste potentieller Wettbewerbsvorteile ist deshalb im allgemeinen sehr lang. Eine überlegene Leistung kann nicht nur im Kernprodukt oder in Service-Parametern (wie z. B. Qualität, Technologie usw.) erzielt werden, sondern zahlreiche ›Software-Parameter‹ bieten weitere Chancen für Wettbewerbsvorteile (wie z. B. Kundendienst, Verkauf, Distribution/Lieferung, Information, Werbung, Kundenbeziehungen und Ausbildung). Abbildung 7.3 stellt diesen ›Software-Kreis‹ dar.

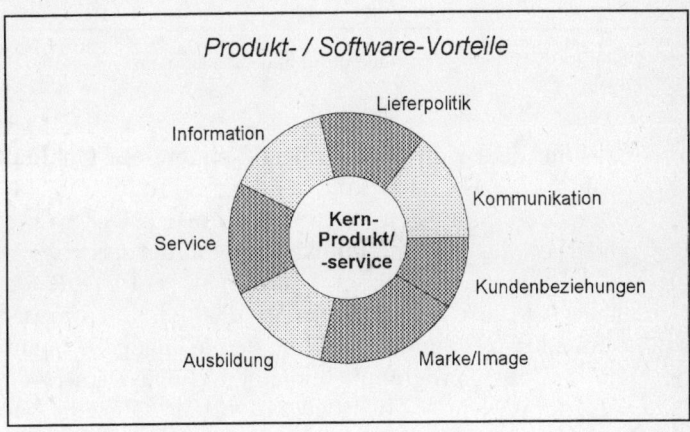

Abbildung 7.3: Möglichkeiten für Wettbewerbsvorteile – Kernprodukt und Service-/Software-Kreis

Eine Betrachtung der Wettbewerbsvorteile der ›Hidden Champions‹ (erhoben durch eine offene Frage) in Abbildung 7.4 zeigt, daß sowohl das Kernprodukt als auch der Software-Kreis gut vertreten sind. Der Schwerpunkt liegt

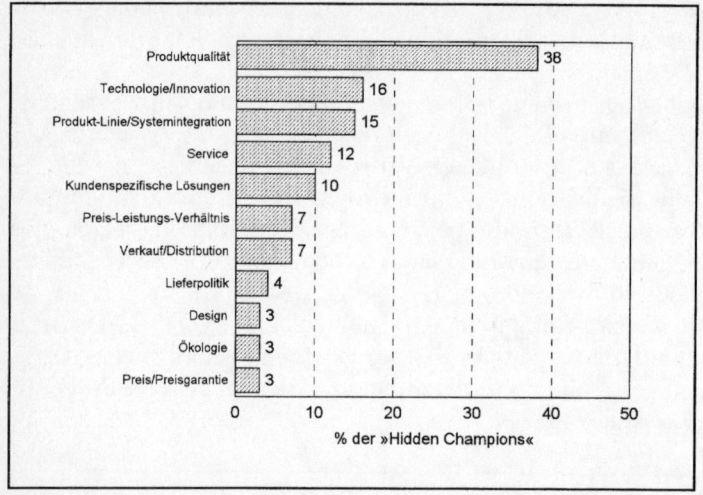

Abbildung 7.4: Wettbewerbsvorteile der ›Hidden Champions‹
(Häufigkeiten)

allerdings auf dem Kernprodukt, insbesondere auf Qualität
und Technologie. Mit 38 % konstituiert die Produktqualität
bei weitem den häufigsten Wettbewerbsvorteil. Der zweite
Rangplatz von Technologie/Innovation bestätigt das Ergebnis aus Kapitel 6, daß dieser Faktor eine entscheidende
Grundlage für die Überlegenheit der ›Hidden Champions‹
ist. Sortiment und Systemintegration, die im allgemeinen auf
ein tiefes Leistungsprogramm hindeuten (siehe Kapitel 4),
bilden weitere wichtige Wettbewerbsvorteile. Einzeln betrachtet werden Software-Parameter (wie z. B. maßgeschnei-
derter Kunden-Service, Verkauf, Distribution/Lieferung)
nicht so häufig als Wettbewerbsvorteile genannt, in ihrer Gesamtheit sind sie jedoch ebenfalls sehr wichtig. Nur für eine
kleine Minderheit der ›Hidden Champions‹ spielt der Preis
eine Rolle als Wettbewerbsvorteil.
Wenn wir die ›Hidden Champions‹ als vorbildliche Wettbewerber betrachten, von denen man bezüglich der Wettbe-

werbsvorteile etwas lernen kann, dann kommt man zu einer nüchternen Schlußfolgerung. Entgegen modernen anderslautenden Empfehlungen sollten *Wettbewerbsvorteile hauptsächlich beim Kernprodukt und -service* geschaffen werden. Der Kern bestimmt größtenteils den Wert für den Kunden, und daher sollte die überlegene Leistung dort liegen. Der beste Wettbewerbsvorteil liegt in überlegener Produktqualität und nirgends sonst. Im übrigen ist es ein Mißverständnis anzunehmen, daß die meisten Produkte gleich sind. Die ›Hidden Champions‹ beweisen, daß Produkte in fast allen Märkten unterschiedlich sein können!

Diese Bemerkungen sind ausdrücklich nicht dazu gedacht, die Bedeutung von Wettbewerbsvorteilen im Software-Kreis zu schmälern. Auf vielen Märkten wird es zunehmend schwieriger, die Wettbewerbsüberlegenheit im Kernprodukt aufrechtzuerhalten. Oder derartige Vorteile werden schnell von den Konkurrenten imitiert. Im Hinblick auf die Dauerhaftigkeit gewinnen die Software-Vorteile eindeutig an Bedeutung. Abbildung 7.5 beschreibt die Beziehung zwischen der Art der Wettbewerbsvorteile und der Möglichkeit, sie dauerhaft aufrechterhalten zu können.

Wettbewerbsvorteile, die in das Produkt eingebaut sind (z. B. eine bestimmte Technologie), können im allgemeinen am leichtesten nachgeahmt werden (falls sie nicht patentgeschützt sind). Auf vielen modernen Märkten braucht ein Wettbewerber nur wenige Wochen oder Monate, um ein neues Produkt nachzuahmen. Der Grund ist hauptsächlich, daß der Konkurrent das Produkt kaufen und ›nacherfinden‹ kann. Hingegen ist es viel schwieriger, Herstellungs- und auch andere organisatorische Prozesse zu kopieren. Daher können Wettbewerbsvorteile auf diesen Gebieten länger aufrechterhalten werden. Für einen Wettbewerber, wie z. B. Komatsu, würde es viel mehr Zeit und Geld erfordern, Caterpillar's weltweites Ersatzteil-Liefersystem zu kopieren, als das neueste Modell einer Caterpillar-Planierraupe nachzubauen.

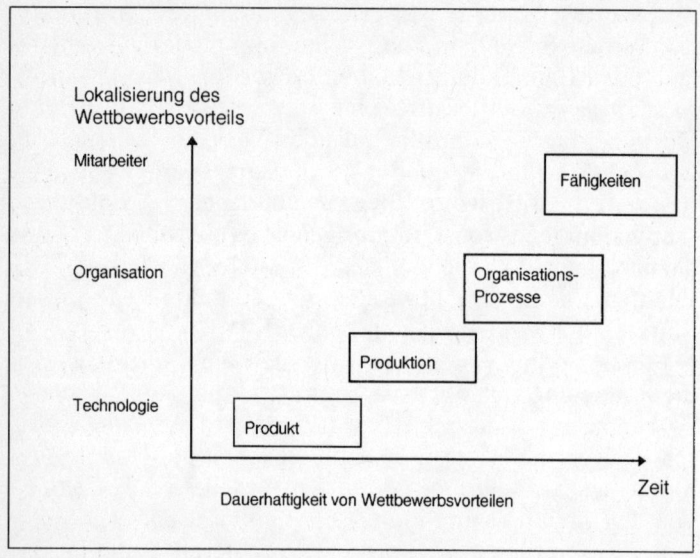

Abbildung 7.5: Dauerhaftigkeit und Lokalisierung der Wettbewerbsvorteile

Die Wettbewerbsvorteile, die am schwierigsten nachgeahmt werden können und daher am längsten aufrechterhalten werden können, sind jene, die auf Mitarbeiterfähigkeiten und Mitarbeiterprozessen beruhen. Zu dieser Kategorie gehören überlegener Service, der aus besserer Qualifikation der Techniker resultiert, Reaktionsfähigkeit und Freundlichkeit als Folge einer ausgeprägten Bereitschaft zum Dienen. Für die Schaffung derartiger Faktoren ist Zeit ein wichtiger Aspekt. Es dauert sehr lange, zwischen Lieferant und Kunden Vertrauen aufzubauen, weil der Lieferant mehrfach und wiederholt beweisen muß, daß er vertrauenswürdig ist. Das gleiche gilt für Ausbildung, auch sie braucht Zeit. Solche Kompetenzen können oft nicht einfach auf dem Markt erworben werden. Natürlich ist auf diesen Gebieten der Unterschied zwischen externem Vorteil und interner Kompetenz fließend. Da die Dauerhaftigkeit der Wettbewerbsvorteile auf Faktoren begründet ist, die in den Mitarbeitern und der Unternehmenskultur liegen, kann es für einen zurückliegenden Konkurrenten äußerst schwierig und zeitraubend sein, aufzuholen.

Obwohl Wettbewerbsvorteile dieser höchsten Kategorie kaum als Antwort auf die offene Frage erscheinen, deren Ergebnisse wir in Abbildung 7.4 dargestellt haben, spielten sie in unseren Interviews stets eine wichtige Rolle. Überlegene Kundenbeziehungen waren ein ständig wiederkehrendes Thema. »Unser Wettbewerbsvorteil liegt eindeutig in unseren Kundenkontakten«, war ein typischer Kommentar. Die Bedeutung der Zeit für die Bildung von Vertrauen wurde oft ähnlich wie in dem folgenden Statement betont: »Wir sind seit mehr als 100 Jahren in diesem Geschäft, und unsere Kunden kennen und vertrauen uns. Der Wettbewerb hat eine harte Zeit vor sich, wenn er sich in dieser Hinsicht mit uns messen will.« Ich betrachte derartige ›weiche‹ Wettbewerbsvorteile als Ergänzung zu einer Kernprodukt-Position, die mit den Wettbewerbern wenigstens vergleichbar sein muß. Ein schlechteres Kernprodukt oder schlechterer Kernservice kann kaum durch Software-Vorteile ausgeglichen werden.

Konsistenz-Prinzip: Die Leistung eines Wettbewerbsparameters sollte mit der Bedeutung übereinstimmen, die Kunden diesem Parameter zumessen. Für Parameter von großer Bedeutung ist eine Spitzenleistung ideal, während eine geringe Leistung akzeptabel ist, wenn ein Parameter für Kunden nicht wichtig ist. Infolge ihrer Kundennähe gelingt es den ›Hidden Champions‹ im allgemeinen sehr gut, ihre Leistungen an die Bedürfnisse der Kunden anzupassen. Wir werden diesen Aspekt eingehender im Zusammenhang mit der nachfolgenden formalen Wettbewerbsanalyse behandeln.

Wahrnehmungs-Prinzip: Nur Wettbewerbsvorteile, die von den Kunden wahrgenommen werden, zählen. Es reicht nicht aus, einen objektiven Wettbewerbsvorteil zu haben, er muß dem Kunden auch vermittelt werden. Obgleich die meisten ›Hidden Champions‹ glauben, daß sie diese Kommunikationsherausforderung gut meistern, drückten einige Besorgnis aus, ob sie ihre Wettbewerbsvorteile tatsächlich vermitteln können. Dies trifft insbesondere zu, wenn Produkte oder Systeme sehr komplex sind (wie z. B. die berührungsfreie Toilette von Clean Concept) und/oder wenn Kunden für eine persönliche Kommunikation zu zahlreich sind. Kommunikation auf Märkten mit vielen Kunden (Massenkommunikation) ist keine Stärke der ›Hidden Champions‹. Einige können aus diesen Gründen ihr volles internes Potential nicht in wahrgenommene Wettbewerbsvorteile umsetzen. Dies ist ein besonderes Problem, wenn Unternehmen wachsen und ihre Kommunikation in diesem Prozeß von einem mehr persönlichen Stil auf ›Massenkommunikation‹ umstellen müssen.

Die Diskussion dieses Abschnitts fassen wir in Abbildung 7.6 zusammen. Wieder haben wir keine Zauberformel für den Wettbewerb gefunden, jedoch viel gesunden Menschenverstand. Die ›Hidden Champions‹ beachten die Prinzipien der Wettbewerbsvorteile ziemlich gut. Sie achten darauf, wenigstens einen klaren Wettbewerbsvorteil zu haben. Sie kennen ihre Wettbewerber, ohne sich zu sehr auf formale Wettbewerbsbeobachtung zu verlassen. Sie vermeiden die Nachahmungsfalle. Die ›Hidden Champions‹ nutzen gezielt Chancen, Wettbewerbsvorteile zu schaffen. Sie konzentrieren sich dabei eindeutig auf Kernprodukt und -service. Sie versuchen, Software-Parameter zu nutzen, insbesondere in den Kundenbeziehungen, um Wettbewerbsvorteile zu schaffen, die dauerhaft aufrechterhalten werden können. In der Anpassung der Leistung an die Kundenanforderungen beachten sie das Konsistenz-Prinzip besser als ihre Konkurrenten. Einige ›Hidden Champions‹ haben jedoch Probleme, den Kunden ihre Wettbewerbsvorteile kommunikativ zu vermitteln.

Prinzip	Aussage	Situation der »Hidden Champions«
Überleben	Überleben nur mit Wettbewerbsvorteil.	Sind sich dieses Prinzips wohl bewußt - haben ein bis zwei Wettbewerbsvorteile.
Kenntnis der Gegner	Wettbewerbsbeobachtung ist genauso wichtig wie Kunden-beobachtung.	Gute Wettbewerbskenntnisse (»Nähe zum Konkurrenten«), wenig formale Wettbewerbsbeobachtung. Gehen nicht in die »Nachahmungsfalle.«
Chancen (Opportunität)	Jeder Wettbewerbsparameter eröffnet die Chance für einen Wettbewerbsvorteil.	Hauptschwerpunkt auf Kernprodukt oder -service. Sonstige Vorteile unter dem Aspekt der Dauerhaftigkeit der Wettbewerbsvorteile.
Konsistenz	Leistung sollte mit Bedeutung übereinstimmen.	Gut abgestimmt; einige Ausnahmen in technikorientierten Firmen.
Wahrnehmung	Nur wahrgenommene Vorteile zählen.	Generell gut. Aber Probleme mit neuen, komplexen Produkten. Kommunikation ist manchmal eine Schwachstelle.

Abbildung 7.6: Prinzipien der Wettbewerbsvorteile und Situation der ›Hidden Champions‹

Formale Analyse der Wettbewerbsvorteile

Nachfolgend analysieren wir die Wettbewerbsvorteile ausgewählter ›Hidden Champions‹ auf formale und quantitative Weise. Dafür verwenden wir das sogenannte *COMSTRAT-System*[8] (für COMpetitive STRATegy; siehe Abbildung 7.7), das sich in vielen Beratungsprojekten als äußerst nützlich erwiesen hat.

Ein Modul betrachtet (externe) Wettbewerbsvorteile, und das andere Modul analysiert (interne) Wettbewerbskompetenzen. Jedes Modul hat die gleiche Struktur. Zuerst werden die relevanten Merkmale bestimmt, dann werden Bedeutungsgewichte für diese Merkmale geschätzt. Im dritten Schritt wird die Leistung beurteilt. Die Bedeutungsgewichte und die Leistungsbewertungen können auf verschiedenen Skalen kalibriert werden (z. B. normalerweise eine 5-Punkte-Skala, manchmal eine Rang-Skala). Für die Kalibrierung können verschiedene Methoden verwendet werden (z. B. Conjoint Measurement, Analytical Hierarchy Process).

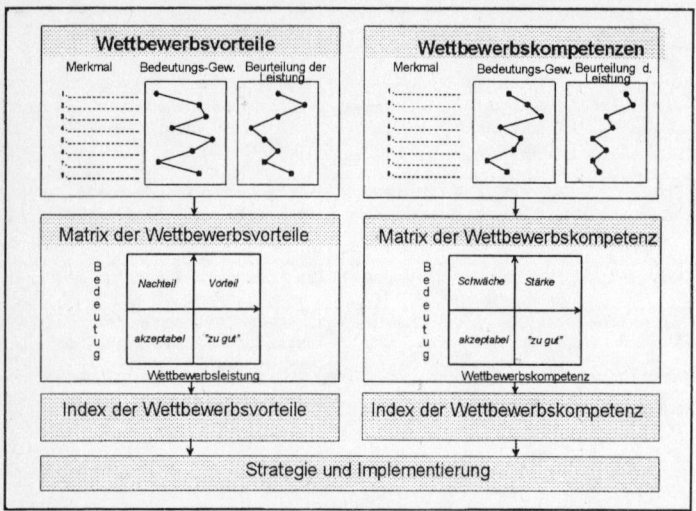

Abbildung 7.7: Wettbewerbsvorteile und -kompetenzen im COMSTRAT-System (Quelle: SIMON KUCHER & PARTNER – Strategy & Marketing Consultants)

Da die Bewertung der Leistung und Kompetenz für alle Wettbewerber vorgenommen wird, besteht die Dateneingabe des Systems aus vielen Daten (z. B. für 10 Wettbewerber und 15 Attribute erhalten wir 300 Datenpunkte). Dieses Datenvolumen erschwert die Interpretation. Daher werden die Daten in zwei Matrizen verdichtet: die Wettbewerbsvorteilsmatrix und die Kompetenzmatrix. Beide haben die gleiche Struktur. Die senkrechte Achse zeigt die Bedeutungsgewichte, während die Wettbewerbsleistung und die Kompetenz auf der waagerechten Achse ausgewiesen werden.

Die Wettbewerbsleistung bezüglich des jeweiligen Merkmals wird entweder als Rang gemessen oder relativ zum stärksten Wettbewerber. Die Idee ist, daß man sich im Vergleich zum stärksten und nicht zum durchschnittlichen Konkurrenten mißt (wie in der Portfolio-Analyse der Boston Consulting Group, wo der relative Marktanteil gegen den Marktanteil des stärksten Wettbewerbers kalibriert wird). Wenn die Bewertung der Produktqualität 4,8 auf einer 5-Punkte-Skala ist und der stärkste Konkurrent eine Bewertung von 4,0 hat, dann ist die Wettbewerbsleistung 4,8 / 4,0 x 100 = 120. Das betrachtete Produkt ist 20 % besser als der stärkste Wettbewerber. Wenn die Qualitätsbewertung nur 3,2 ist und der stärkste Konkurrent 4,0 hat, ist die Wettbewerbsleistung 3,2 / 4,0 x 100 = 80, d. h. 20 % schlechter als der stärkste Wettbewerber. Die Wettbewerbskompetenz wird auf die gleiche Weise berechnet.

Beide Aspekte können weiter in einen *Index der Wettbewerbsstärke* und einen *Index der Wettbewerbskompetenz* verdichtet werden. Man addiert die Produkte aus Bedeutungsgewicht und Wettbewerbsleistung über alle Merkmale und erhält eine Zahl, die die gesamte Wettbewerbssituation mißt. Ein Index der Wettbewerbsvorteile von 95 bedeutet, daß im gewichteten Durchschnitt das Produkt für jedes individuelle Merkmal 5 Punkte unter dem stärksten Wettbewerber liegt.

Ein Blick auf die Wettbewerbsvorteilsmatrix in Abbildung 7.7 hilft uns, das Konsistenz-Prinzip aus dem vorhergehenden Abschnitt zu erläutern. Nur Merkmale in dem oberen rechten Quadranten der Matrix (›Vorteile‹ genannt) stellen Wettbewerbsvorteile dar, weil ihre Bedeutung überdurchschnittlich ist und ihre Leistung besser ist als die des stärksten Wettbewerbers. Dementsprechend sind Parameter in dem oberen linken Quadranten Wettbewerbsnachteile (hohe Bedeutung, schlechtere Wettbewerbsleistung). Parameter-Positionen in dem unteren rechten Quadranten der Matrix der Wettbewerbsvorteile sind ›zu gut‹. Diese Parameter sind in der Bedeutung unterdurchschnittlich, die Wettbewerbsleistung ist überlegen. Diese Kombination kann keinen relevanten Wettbewerbsvorteil schaffen. Es wäre besser, die Ressourcen von diesem Parameter auf jene mit überdurchschnittlicher Bedeutung zu verlagern, um die Leistung dort zu verbessern. In gleicher Weise sind Positionen in dem unteren linken Quadranten ›akzeptabel‹. Eine entsprechende

Interpretation kann auf die Kompetenzmatrix angewendet werden. Das Konsistenz-Prinzip besagt, daß ein Profil entlang der Diagonale von der oberen rechten Ecke zu der unteren linken Ecke optimal ist, weil es die Übereinstimmung von Bedeutung und Leistung beachtet.

Wir betrachten jetzt die Wettbewerbsvorteilsmatrix in Abbildung 7.8, die die Situation der ›Hidden Champions‹ in un-

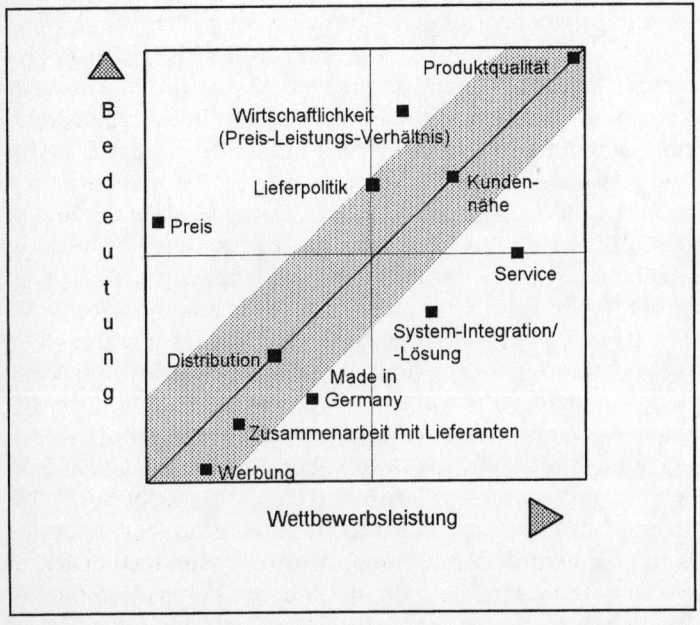

Abbildung 7.8: Matrix der Wettbewerbsvorteile für die ›Hidden Champions‹

serer Stichprobe beschreibt. Bedeutung und Wettbewerbsleistung sind auf einer Rang-Skala gemessen. Es sollte berücksichtigt werden, daß die Zahlen Durchschnittswerte aller ›Hidden Champions‹ der Stichprobe sind.

Die schattierte Diagonale beschreibt das Konsistenz-Prinzip. Es fällt auf, wie gut dieses Prinzip beachtet wird. Verglichen mit Hunderten solcher Matrizen, die ich analysiert habe, ist die Übereinstimmung zwischen Bedeutung und Leistung hervorragend. Produktqualität ist der wichtigste Parameter und hat die beste Wettbewerbsleistung. Dies ist eine ausgezeichnete Übereinstimmung! Es bekräftigt unser früheres Ergebnis über die Wettbewerbsbedeutung der Produktqualität. Kundennähe (die Offenheit, Empfänglichkeit, Kontakte usw. einschließt; siehe Abbildung 5.1), der drittwichtigste Parameter, ist auch perfekt positioniert – wie auch einige der weniger wichtigen Merkmale in dem unteren linken Quadranten. Wirtschaftlichkeit (Leistung für Geld), als zweitwichtigster Parameter, könnte eine höhere Leistung haben. Sie reflektiert teilweise den Preis, der die einzige größere Verletzung des Konsistenz-Prinzips darstellt. Service ist Nr. 2 in der Leistung, wird jedoch als mittelwichtig betrachtet. In Hinblick auf die Zukunft mag die ausgezeichnete Leistung tatsächlich wünschenswert sein, da die Bedeutung des Service in bestimmten Branchen (z. B. Maschinenbau) von größerer Bedeutung (häufig wird er dort nach Qualität auf Rang 2 eingeordnet). Und in diesen Fällen liefern die ›Hidden Champions‹ tatsächlich ausgezeichneten Service. Wolfgang Wilmsen, Vorstandsvorsitzender von *Weinig,* Weltmarktführer für Hochleistungskehlmaschinen (Profilfräsautomaten), ist sehr selbstbewußt: »Im Service sind wir in unserer Branche bei weitem das beste Unternehmen auf der Welt.« Er betont, daß der ausgezeichnete Kundendienst den Preisdruck mildert, der von den Wechselkursschwankungen in den letzten Jahren ausging, die Wettbewerber aus anderen Ländern (hauptsächlich aus Italien) begünstigten. Hermann Kronseder von *Krones* und Berthold Leibinger von *Trumpf* sehen ähnliche Wettbewerbsvorteile für ihre Unternehmen auf der Service-Seite.

Der Preis ist der einzige Wettbewerbsparameter von überdurchschnittlicher Bedeutung, der einen Wettbewerbsnachteil darstellt. So lange, wie einige andere wichtige Parameter überlegen sind, ist diese Position akzeptabel. Trotzdem ist den meisten ›Hidden Champions‹ die erhöhte Preis-Sensitivität bewußt geworden, und sie achten stärker auf den Preis. Einige setzen den Preis sogar aktiv als Wettbewerbsinstrument ein. *Fielmann,* der Europa-Marktführer für Brillen, bietet eine Geld-zurück-Garantie an. Wenn ein Kunde das gleiche Produkt zu einem niedrigeren Preis findet, erhält er sein Geld zurück. Paul *Binhold,* Weltmarktführer für anatomische Lehrmittel, wendet das gleiche Prinzip weltweit an. Zusätzlich zur Abwehr von Preis-Aggressoren sieht Binhold diese Aktion als einen ausgezeichneten Weg an, weltweit Wettbewerbsinformationen über Preise zu bekommen.

Wir können zusammenfassend feststellen, daß die Wettbewerbsleistung der ›Hidden Champions‹ gut auf die Bedeutung der Parameter abgestimmt ist. Die ›Hidden Champions‹ besitzen Wettbewerbsvorteile in Produktqualität, Kundennähe und Service – ein Dreiklang, der kaum zu schlagen ist.

Die Gesamtdarstellung der ›Hidden Champions‹ liefert uns Informationen über die durchschnittliche Wettbewerbsposition der ›Hidden Champions‹. Darüber hinaus ist es interessant, den konkreten Fall eines ›Hidden Champion‹ eingehender zu betrachten. Dieser Fall illustriert auch einige der typischen Probleme, mit denen die ›Hidden Champions‹ im Hinblick auf die Wettbewerbsdynamik konfrontiert sind. Der Fall betrifft einen ›Hidden Champion‹ für Antriebstechnik, den wir hier *PROCON* nennen. Die Daten wurden im Rahmen von Kundeninterviews in allen Teilen der Welt gesammelt (Nordamerika, Europa, Asien, Australien). PROCON ist Weltmarktführer in einem Teilmarkt, hier als *Spezialmarkt* bezeichnet. Neben dem Spezialmarkt existiert ein größerer *Massenmarkt,* auf dem PROCON einen viel kleineren Marktanteil hat. Die Kundenanforderungen sind auf den beiden Märkten sehr unterschiedlich.

Im Spezialmarkt ist ›Elastizität‹ des Antriebs der wichtigste Parameter, d. h. Stärke, Beschleunigung usw. Im Massenmarkt hat der Preis dagegen die größte Bedeutung. Es ist notwendig, die beiden Märkte und die Wettbewerbsposition

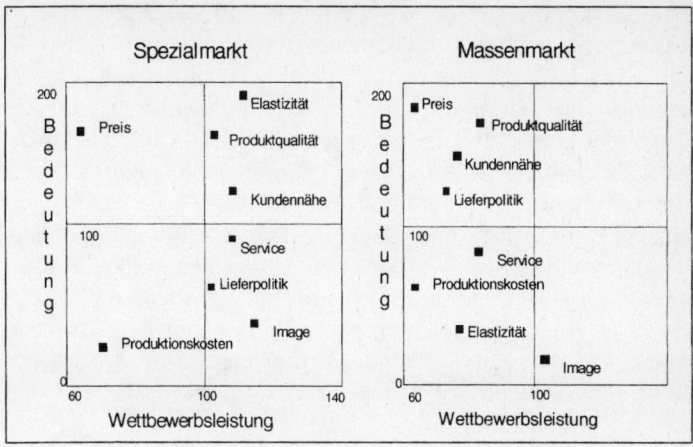

Abbildung 7.9: Matrix der Wettbewerbsvorteile des ›Hidden Champion‹ PROCON

in ihnen getrennt zu analysieren. Abbildung 7.9 zeigt die Wettbewerbsvorteilsmatrix für die beiden Märkte.

Die Wettbewerbsposition von PROCON ist in den beiden Märkten grundlegend verschieden. Im Spezialmarkt hat PROCON drei Wettbewerbsvorteile. Diese sind: Elastizität, Produktqualität und Kundennähe. Der Preisnachteil im Spezialmarkt wird durch die überlegene Leistung in verschiedenen anderen Parametern ausgeglichen. Im Massenmarkt hat PROCON keine Wettbewerbsvorteile. Deshalb ist der Preisnachteil hier völlig unakzeptabel. Der Gesamtindex der Wettbewerbsstärke im Spezialmarkt ist 118, d. h., im gewogenen Durchschnitt übertrifft PROCON die Leistung des besten Konkurrenten um 18 %. Im Massenmarkt ist der Index der Wettbewerbsvorteile 89, d. h., im Durchschnitt liegt PROCONs Leistung 11 % unter der Leistung des stärksten Wettbewerbers. Es ist angesichts dieser sehr verschiedenen Wettbewerbspositionen kein Wunder, daß PROCON Weltmarktführer auf dem Spezialmarkt und im Massen-Spezialmarkt nur ein Anbieter unter vielen ist.

Die Stärke, die mit der Fokussierung auf den Spezialmarkt einhergeht, stellt auf dem Massenmarkt eine Schwäche dar. Die Geschäftsleitung von PROCON suchte nach Expansionsmöglichkeiten, und der Massenmarkt wurde als natürliches Ziel betrachtet. Er war sehr attraktiv bezüglich Größe und Wachstum, während der Spezialmarkt stagnierte. Als der unbestrittene technische Führer war PROCON zuversichtlich, im Massenmarkt erfolgreich zu sein. Die vorstehende Analyse der Wettbewerbsleistung bestätigte die starke Position im Spezialmarkt, enthüllte jedoch, daß PROCON in einer sehr nachteiligen Situation auf dem Massenmarkt ist. Die gegenwärtige Wettbewerbsposition dort verletzt praktisch alle Wettbewerbsvorteilsprinzipien, die wir oben diskutiert haben.

Daraus ergab sich die Frage, ob PROCON die internen Kompetenzen hat, seine Wettbewerbsposition im Massenmarkt zu verbessern. Die internen Kompetenzen sind zu verstehen als Voraussetzung für externe Wettbewerbsvorteile. Interne Kompetenzen müssen also immer in bezug auf einen bestimmten Markt gesehen werden.

In Abbildung 7.10 sind die Wettbewerbskompetenzen für den Spezialmarkt und den Massenmarkt dargestellt, die mit dem COMSTRAT-System (siehe Abb. 7.7) erarbeitet wurden.

Im Spezialmarkt besitzt PROCON fünf Kompetenzen mit überdurchschnittlicher Bedeutung und überlegener Leistung: F&E, Vertrieb, Produktions-Flexibilität, Marketing und Umsetzung. Es ist offensichtlich, warum diese Parameter auf dem Spezialmarkt zählen und die bisherige Erfahrung belegt, daß PROCON dort überlegen ist. Genau diese Parameter brachten PROCON in die Position des Weltmarktführers. Für den Massenmarkt ist das Kompetenzbild jedoch katastrophal. Das Konsistenz-Prinzip ist nahezu auf den Kopf gestellt, d. h., PROCON hat unterdurchschnittliche Kompetenzen in allen Parametern, die auf dem Massenmarkt sehr wichtig sind; Und die Parameter, in denen die Firma relativ gut ist, zählen in diesem Markt nicht viel.

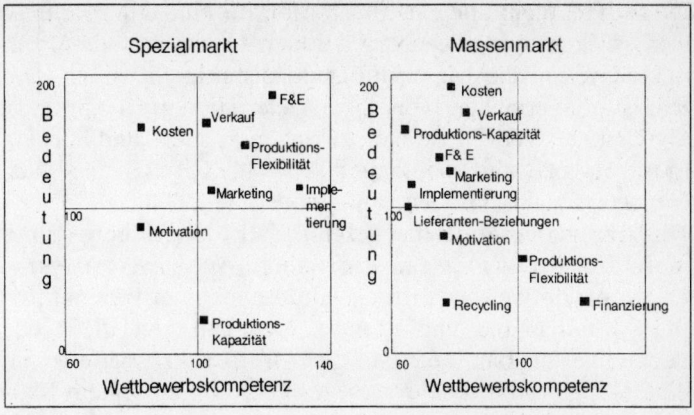

Abbildung 7.10: Matrix der Wettbewerbskompetenz von PROCON

Für PROCON gibt es drei strategische Optionen:

1. *Weiterführen der ›Hidden Champion‹-Strategie:* Verbleiben im Spezialmarkt und Verteidigung/Verstärkung der Position dort. Das Risiko dieser Option ist, daß der Markt zu klein bleibt oder gar schrumpft, in der Folge die Kostennachteile zu groß werden und die Kunden beginnen, Standardprodukte zu kaufen, die ursprünglich für den Massenmarkt gedacht waren.
2. Entwicklung der Wettbewerbskompetenzen, die erforderlich sind, um im *Massenmarkt* erfolgreich zu sein, und Umsetzung dieser internen Kompetenzen in externe Wettbewerbsvorteile. Diese Option wurde als zu zeitraubend angesehen. Es hätte Jahre gedauert, sie erfolgreich umzusetzen und die notwendigen Kompetenzen aufzubauen.
3. Finden eines Partners, der im Massenmarkt stark, jedoch im Spezialmarkt schwach ist. Diese Option wurde angegangen. Eine *strategische Allianz* mit einem japanischen Partner wurde gebildet, die Anfang 1995 weltweit in Kraft trat.

Dieser Fall dient auch als Illustration für einige der Wettbewerbsrisiken, mit denen die ›Hidden Champions‹ konfrontiert sind und die wir nachfolgend diskutieren wollen. Der
Fall ist einigermaßen typisch für viele ›Hidden Champions‹.
Dynamische Verschiebungen zwischen Massen- und Spezial-
(Nischen-)märkten beinhalten sowohl Risiken als auch
Chancen für die ›Hidden Champions‹.
Die formale Analyse hat gezeigt, daß die ›Hidden Champions‹ im allgemeinen eine konsistente Wettbewerbsposition
besitzen. Die Wettbewerbsvorteile liegen in der Produktqualität, Kundennähe und Service. Der Fall von PROCON
deckte beispielhaft auf, daß sich Wettbewerbsvorteile auf
einem engen Markt sehr wohl in Nachteile auf einem Massenmarkt verwandeln können. Das gleiche gilt für die internen Kompetenzen. Diese Beobachtungen werfen ein
Licht auf die Wettbewerbsrisiken eng spezialisierter ›Hidden
Champions‹.

Risiken des Wettbewerbs

In Kapitel 3 haben wir das Marktrisiko diskutiert. Die enge
Spezialisierung der ›Hidden Champions‹ bedeutet, daß ›alle
Eier in einem Korb liegen‹. Wenn dieser Markt schrumpft
oder verschwindet, sind die Folgen katastrophal. Wenn weniger Zigaretten geraucht werden, wird die Nachfrage nach
Zigarettenmaschinen von Hauni massiv negativ beeinflußt.
Das Marktrisiko wird zwar in gewisser Weise durch die
große geographische Spannweite gemildert, da die Konjunk-
turentwicklung in den verschiedenen Ländern unterschiedlich ist. Neben diesem Marktrisiko gibt es jedoch auch Wettbewerbsrisiken. Oft sind diese vorherrschend und stellen
eine größere Bedrohung dar. Die Wettbewerbsrisiken können viele verschiedenen Formen annehmen.
Das bedrohlichste Risiko ergibt sich wahrscheinlich aus der
Nischenpolitik der ›Hidden Champions‹ und resultiert aus

einer komplexen Interaktion von Leistung, Kosten- und Preisdynamik.

Wie wir gesehen haben, ist die Wettbewerbsposition der ›Hidden Champions‹ in der Terminologie von Porter[2] fast immer eine *fokussierte Differenzierung,* d. h. eine Kombination von engem Zielmarkt und überlegenen Leistungen in einem oder mehreren Parametern. Diese Position kann in verschiedener Hinsicht bedroht werden. Eine ist, daß die *Massenprodukte* allmählich ihre Leistung verbessern und den traditionellen Differenzierungsvorteil der ›Hidden Champion‹-Produkte neutralisieren. Dies geschah und geschieht auf unzähligen Märkten, wie die Beispiele von Kameras, Motorrädern, Autos, Arzneimitteln nach Ablauf des Patentschutzes, Werkzeugmaschinen, HiFi-Geräten usw. beweisen. Die Standardprodukte oder Generika erreichten dort eine Qualität oder ein Leistungsniveau, das früher den Premium-Nischenprodukten vorbehalten war.

Häufig ist die Erosion des Vorteils der Premium-Produkte auf erhöhte Flexibilität der Standardprodukte zurückzuführen. Infolge der Elektronik können Standardmaschinen in zunehmendem Maße das leisten, was früher nur durch Spezialmaschinen erledigt werden konnte.

Fast immer wird die Aufwertung der Standardprodukte unterstützt durch größere *Kosten- und Preisvorteile* infolge Größendegression oder Erfahrungskurven-Effekten, die sich aus dem größeren Produktionsvolumen für diese Standardartikel ergeben. Einer unserer Interview-Partner, ein führender Hersteller von Bearbeitungszentren, gab den Kommentar eines holländischen Kunden wieder: »Ihr Preis ist 2,5 Mio. DM, der Preis einer italienischen Firma ist 1,5 Mio. DM. Ich erkenne zwar an, daß Ihr Produkt besser ist, es ist jedoch nicht 60 % besser. Also zahle ich keinen 60 % höheren Preis.« Der holländische Kunde kaufte das italienische Produkt.

Diese Situation ist ziemlich typisch. Sie beschränkt sich nicht auf die ›Hidden Champions‹. Jedes Unternehmen, das im

185

Premium-Segment (d. h. im oberen Preissegment) anbietet, muß sich dieses Risikos bewußt sein.

Welches sind die möglichen Antworten auf diese Bedrohung? Die erste Schlußfolgerung besteht darin, daß kein Unternehmen je sicher sein kann, seinen gegenwärtigen Wettbewerbsvorteil für die Zukunft fest zu haben – egal wie stark es im Moment auch zu sein scheint. Wettbewerbsvorteile müssen beständig verteidigt und erkämpft werden. Letztlich gibt es nur zwei Möglichkeiten, einen Wettbewerbsvorteil auf Dauer zu verteidigen. Nach der ersten lernt das Unternehmen immer schneller (entwickelt schneller Innovationen, reduziert die Kosten schneller, verbessert die Qualität schneller) als seine Konkurrenten. Wenn es einem Unternehmen gelingt, diese *höhere Lerngeschwindigkeit* zu realisieren, kann es seine führende Position im Wettbewerb aufrechterhalten. Man darf jedoch nicht vergessen, daß die meisten Parameter irgendwann einen Sättigungsgrad erreichen und daß Kosten überproportional steigen, wenn man sich diesem Niveau nähert.

Die zweite Alternative ist, den Parameter des Wettbewerbsvorteils zu ändern, d. h., einen *neuen Wettbewerbsvorteil zu* schaffen. Wenn beispielsweise keine weitere Verbesserung der Produktqualität möglich oder wirtschaftlich ist, kann ein Unternehmen dazu übergehen, einen Wettbewerbsvorteil bei einem Software-Parameter zu entwickeln. Oder es könnte einen starken Markennamen aufbauen, sofern das für den Kunden wichtig ist.

›Hidden Champions‹ verfolgen alle diese Richtungen. *Tetra Pak* und *Kärcher* sind dabei, Markennamen aufzubauen. Viele Firmen strengen sich im Service stärker an. Sogar kleine Dinge können zusammen einen Service-Wettbewerbsvorteil ergeben. *Smithers Oasis,* die deutsche Niederlassung der amerikanischen Firma Solaris, Weltmarktführer für Blumenschaum, führte ein gebührenfreies Service-Fax ein, organisiert regelmäßig Seminare für Floristen und veröffentlicht Bücher, um seine Kunden zu beraten. Bei Reklamationen ruft ein Mitarbeiter von Smithers Oasis innerhalb von 30 Minuten zurück, um die Probleme zu lösen. Das klingt nicht außergewöhnlich. Viele Unternehmen haben die Zielsetzung, Reklamationen schnell zu bearbeiten. Um es jedoch nicht nur bei einem Lippenbekenntnis bewenden zu lassen, muß man täglich bewußt an der Verbesserung dieser kleinen Dinge arbeiten. Es gibt unzählige Wege, um ein Produkt durch Service zu ergänzen. Das Potential für Wettbewerbsvorteile ist natürlich um so größer, je schwieriger es ist, diese Wege zu realisieren.

Eine Verbesserung oder Veränderung in der Differenzierungsstrategie darf nicht von der Notwendigkeit ablenken, die *Kosten* massiv zu senken. Viele Unternehmen, die die Differenzierungsrichtung verfolgt haben, waren fehlgeleitet durch eine Überbetonung der auf Differenzierung basierenden Wettbewerbsvorteile und haben die Kostenseite vernachlässigt. Wie wir im Fall des ›Hidden Champion‹ PROCON gesehen haben, sind manche Unternehmen nicht gut gerüstet, in Massenmärkten zu konkurrieren. Trotzdem müssen sie den Kosten höchste Aufmerksamkeit schenken. Selbst wenn die wesentliche Grundlage einer Wettbewerbsstrategie überlegene Leistung ist, sind Kosten von höchster Bedeutung. Langfristig kann es sich kein Unternehmen leisten, bei den Kosten nicht wettbewerbsfähig zu sein. Die Selbsttäuschung, daß Kunden jeden Preis für ein überlegenes Produkt zahlen und Kosten daher vernachlässigt werden können, ist wahrscheinlich der größte Irrtum der Hersteller von Premium-Produkten. Wettbewerb heißt immer Leistung *und* Kosten. Differenzierung und Kostenführerschaft unterscheiden sich als Strategien nur darin, daß einer dieser beiden Parameter etwas stärker betont wird. Auf keinen Fall darf der andere Parameter vernachlässigt werden.

Die meisten ›Hidden Champions‹ mußten Anfang der 90er Jahre schmerzliche Erfahrungen machen. Während einige Firmen nicht als selbständige Unternehmen überlebten (wie z. B. die Werkzeugmaschinen-Hersteller MAHO und Deckel), haben die meisten ›Hidden Champions‹ ihre Produkte überarbeitet und die Kosten so drastisch gesenkt, wie es vorher nicht für möglich gehalten wurde. In unserer Untersuchung berichtet die Mehrheit der ›Hidden Champions‹, daß sie besser mit der Rezession fertig wurden als ihre Wettbewerber. Dies sind die Früchte größerer Anstrengungen in der *Produkt-* und *Prozeß-Neugestaltung* (siehe auch Kapitel 1). Die meisten ›Hidden Champions‹ führten *Target Pricing* und *Target Costing* in ihrem Entwicklungsprozeß ein. Anstatt ein ›perfektes‹ Produkt zu entwickeln, dessen Kosten erst nachträglich bestimmt werden können, werden in zunehmendem Maße klare und eindeutige Preis- und Kostenziele gesetzt, bevor die Entwicklung beginnt. Die Produkte, die aus diesem Prozeß herauskommen, sind in der Regel stark vereinfacht. *Trumpf,* Weltmarktführer für automatisierte Blechbearbeitung, war einer der ersten, der Target Costing einsetzte, und hat seitdem über Kostensenkungen von 30 % für Produkte mit überlegener Leistung berichtet.

Natürlich benutzen die ›Hidden Champions‹ alle die bekannten Techniken, wie z. B. Simultaneous Engeneering, Re-engeneering, Lean Management usw., um Entwicklungs- und Herstellzeiten zu verkürzen. Man sollte jedoch nicht außer acht lassen, daß die ›Hidden Champions‹ im Vergleich zu Großunternehmen bereits sehr schlank waren.

In der Entwicklung hin zu intensiverem Wettbewerb haben viele Unternehmen gelernt, daß man *Massenmärkte* nicht den Massenherstellern überlassen muß. Wenn Erfahrungskurven-Effekte und Größendegression wichtig sind und gleichzeitig die Leistung der Standardprodukte nahe an die Premium-Produkte herankommt, dann muß der Massenmarkt verteidigt oder sogar angegriffen werden. Nicholas Hayek, der Schöpfer der Swatch-Uhr, war einer der Ersten, der auf diese Notwendigkeit hingewiesen hat. Er empfahl, den Massenmarkt nicht den Japanern zu überlassen, falls man einen Nischen-Markt verteidigen will. *Junghans,* der Hersteller von funkgesteuerten und Solar-Armbanduhren, beachtete diese Erfahrung ebenfalls, indem man billigere Modelle dieser Uhren einführte. In Deutschland hat das Unternehmen durch die aggressive Strategie die Marktführerschaft bei Armbanduhren erreicht. 1991 überholte Junghans Citizen, und 1993 hatte Junghans einen relativen Marktanteil (auf Wertbasis) von 1,5 im Vergleich zu Citizen.

›Hidden Champions‹ verteidigen ihre Märkte verbissen, wenn sie angegriffen werden. Der Hauptkonkurrent eines ›Hidden Champion‹ in einem Gebrauchsgütermarkt ist ein italienisches Unternehmen. 1992/93 wurde die italienische Lira um mehr als 20 % *abgewertet.* Das gab der italienischen Firma eine Gelegenheit, mit aggressiver Preispolitik anzugreifen. Sie erhöhte ihren Weltmarktanteil im Verlauf des Jahres 1993 um 7 Prozentpunkte. Der ›Hidden Champion‹ gab eine detaillierte Wettbewerbsanalyse in Auftrag und fand heraus, daß der italienische Konkurrent insgesamt einen Kostenvorteil von 27 % hatte.

Als Antwort wurde ein Kostensenkungsziel von 30 % vorgegeben. Zur Erreichung dieses Ziels wurde ein Bündel von Maßnahmen eingeleitet, Neugestaltung der Produkte, ein neues niedrigpreisiges ›Angreifer-Produkt‹, eine Verlagerung von Teilen der Produktion in zentral-/osteuropäische Niedriglohnländer. Die Kostensenkung wurde konzeptionell in sehr kurzer Zeit erreicht. In dem Augenblick, als die Kostensenkung als realistisch angesehen wurde, und bevor die Kosten schon tatsächlich gesenkt waren, wurden die Preise drastisch reduziert. Seither konnten die verlorenen Marktanteilspunkte zurückgewonnen werden, und das Unternehmen ist in stärkerer Verfassung denn je.

Die vielen und weit gestreuten *internationalen Standorte* geben den ›Hidden Champions‹ ein gewisses Maß an Flexibilität und bilden einen Puffer gegen Wechselkursschwankungen und Kostensteigerungen. Ein ›Hidden Champion‹

189

reduzierte seine Belegschaft in Deutschland um 300 Mitarbeiter und erhöhte begleitend die Belegschaft in seiner amerikanischen Niederlassung um die gleiche Zahl. Da die Brut-
tostundenlöhne in den USA ungefähr 33 % niedriger sind
als in Deutschland[10], wurde durch diese Verlagerung eine
beachtliche Kostensenkung erzielt. In der gleichen Zeit ver-
legte das Unternehmen Lohnfertigung in seine in Polen neu
gegründete Niederlassung, wo die Lohnkosten ungefähr
30 % der deutschen betragen. Es sollte jedoch nicht außer
acht gelassen werden, daß die Flexibilität, die durch solche
Verlagerungen erreicht werden kann, begrenzt ist. Die Qualifikation der Mitarbeiter von ›Hidden Champions‹ ist häufig
sehr hoch und kann an ausländischen Standorten nicht
immer sichergestellt werden.

Bei der Beurteilung von Bedrohungen muß man wissen,
welches die kritischen Erfolgsfaktoren sind. Obgleich ich die
Bedeutung der Kosten in den vorhergehenden Abschnitten
hervorgehoben habe, sollte nicht außer acht gelassen werden, daß Kosten häufig nicht der ausschlaggebende Faktor
sind. Auf vielen Märkten spielen Erfahrungskurven-Effekte
und Größendegression keine Rolle. Es war einer der größeren Irrtümer der Wettbewerbsstrategie in den 70er und 80er
Jahren, eine universelle Gültigkeit und Bedeutung der Er-
fahrungskurve anzunehmen. Diese Universalität existiert
einfach nicht. In der gleichen Weise erheben neuere Trends
in der Wettbewerbsstrategie, wie z. B. zeitbasierter Wettbewerb, TQM oder Reengineering, einen Allgemeinheitsan-
spruch, den sie nicht erfüllen. Ihre Gefahr liegt in der einsei-
tigen Betonung eines Faktors[9]. In jedem Einzelfall muß sehr
sorgfältig geprüft werden, welche Wettbewerbsparameter
entscheidend sind. Und häufig sind es weder die Kosten
noch die Zeit noch irgendein anderer einzelner Faktor. Häufig liegt die Kunst der Wettbewerbsstrategie darin, *mehrere
Dinge ein bißchen besser zu machen, nicht eine einzige Sache
viel besser zu machen.*

Zusammenfassung

Die ›Hidden Champions‹ sind gegen Wettbewerb nicht immun, sondern einem ähnlichen Druck ausgesetzt wie andere Unternehmen auch. Sie operieren meistens in oligopolistischen Märkten mit intensivem Wettbewerb. Im allgemeinen sind sie sehr harte Wettbewerber, die eine bewußte und spezialisierte Wettbewerbsstrategie verfolgen. Ihre Wettbewerbsvorteile beruhen eher auf Differenzierung als auf Kostenvorteilen. Die Leistung der ›Hidden Champions‹ läßt folgende Schlußfolgerungen für die Wettbewerbsstrategie zu:

- Ein Unternehmen sollte entschieden nach wenigstens einem Wettbewerbsvorteil streben, der für den Kunden wichtig ist, vom Kunden wahrgenommen wird und dauerhaft aufrechterhalten werden kann.
- Die Grundlage für Wettbewerbsvorteile ist eine überlegene Kenntnis der Kundenanforderungen.
- Wettbewerbskenntnisse sind genauso wichtig wie Kundenkenntnisse. Wettbewerbskenntnisse erhält man aus einer Nähe zum Wettbewerber sowie aus formaler Wettbewerbsbeobachtung.
- Wettbewerbsvorteile sollten in erster Linie für das Kernprodukt geschaffen werden, trotzdem darf der Software-Kreis nicht vernachlässigt werden, da Software-Vorteile häufig besonders dauerhaft sind.
- Die Wettbewerbsleistung wichtiger Parameter sollte hervorragend sein, schwächere Leistungen bei weniger wichtigen Parametern sind akzeptabel. Die ›Hidden Champions‹ sind vorbildlich darin, Wettbewerbsvorteile bei Produktqualität, Kundennähe und Service zu schaffen.
- Wettbewerbsvorteile und Wettbewerbskompetenzen sollten im Rahmen eines formalen Systems quantitativ analysiert werden, eine rein qualitative Betrachtung von Wettbewerbsvorteilen ist als Basis für eine gezielte Strategie unzureichend.

- Um Weltklassestandard zu erreichen oder aufrechtzuerhalten, sollte ein Unternehmen den Wettbewerb mit den Weltbesten aktiv suchen und nicht vermeiden. Allerdings sollte man sich bei dieser Konfrontation vor ruinösen Preiskämpfen hüten.
- Selbst wenn der Wettbewerbsvorteil auf Differenzierung begründet ist, dürfen Kosten nicht vernachlässigt werden. Sie erhalten eine nur leicht geringere Priorität.
- Unternehmen sollten sich bewußt sein, daß ein Wettbewerbsvorteil oder eine überlegene interne Kompetenz auf einem Markt sich als Schwäche auf einem anderen Markt erweisen kann.
- Ein Nischen- oder Premium-Anbieter sollte wachsam sein in bezug auf Bedrohungen aus dem Massenmarkt. Standardprodukte können Premiumprodukte sowohl durch verbesserte Leistung als auch durch extrem hohe Preisvorteile angreifen.
- Wenn mm angegriffen wird, ist es besser, die Wettbewerbsposition sofort und entschlossen zu verteidigen, als eine abwartende Haltung einzunehmen.

Wettbewerb ist ein ständiger Überlebenskampf. Die ›Hidden Champions‹ kämpfen mit den gleichen Waffen wie jeder andere, ihr Arsenal enthält keine Wunderwaffen. In ihrem Kampf beachten sie die Regeln des gesunden Menschenverstandes jedoch besser: Sie geben dem Kunden überlegene Qualität und unterstützen ihn durch Kundennähe und ausgezeichneten Service. Wenn der Kunde bemerkt, daß er eine bessere Leistung erhält, ist er bereit, einen angemessenen Preisaufschlag zu bezahlen. Häufig sind Wettbewerbsvorteile darauf aufgebaut, viele kleine Dinge ein wenig besser zu tun, anstatt eine einzige Sache viel besser zu machen. In der Umsetzung ihrer Wettbewerbsstrategie handeln die ›Hidden Champions‹ schnell und entschlossen. Wenn ein Unternehmen diese einfachen Prinzipien beachtet, dann gibt es nur wenig richtigen Wettbewerb.

Anmerkungen

1 Median (Zentralwert): Ist jener Wert, der in einer größenmäßig geordneten Reihe von Merkmalswerten in der Mitte liegt. Er wird – anders als das arithmetische Mittel – durch die Extremwerte nicht beeinflußt.

2 Porter, Michael E.: Competitive Advantage, New York: The Free Press, 1985.

3 Informationsdienst des Instituts der Deutschen Wirtschaft, 10/1988

4 Porter, Michael E.: Competitive Advantage of Nations, Harvard Business Review, 1990, S. 117.

5 Simon, Hermann: Management strategischer Wettbewerbsvorteile, Zeitschrift für Betriebswirtschaft, 58-4, 1988, S. 461–480.

6 Henderson, Bruce D.: The Anatomy of Competition, Journal of Marketing, 47, (Spring) 1983, S. 7–11.

7 Warnecke, Hans-Jürgen: Die fraktale Fabrik (The Fractal Factory), Heidelberg/New York: Springer, 1992.

8 COMpetitive STRATegy (d. h. Wettbewerbsstrategie)

9 Porter, Michael E.: Competitive Strategy Revisited: A View from the 1990s, Boston: Harvard Business School Press, 1994.

10 Wall Street Journal Europe, 9. 1. 1995.

8. KAPITEL

DIE PARTNER

»Der Starke ist am mächtigsten allein.«

Friedrich von Schiller (Wilhelm Tell)

Neben Kunden und Wettbewerbern gibt es weitere Partner, die für die Unternehmensstrategie relevant sind. Hierzu gehören beispielsweise Lieferanten sowie Partner im Rahmen strategischer Allianzen oder anderer Kooperationsformen. Zunächst wollen wir das Thema *Outsourcing* erörtern. Outsourcing ist zur Wunderwaffe gegen viele Probleme erklärt worden. Das gleiche kann von strategischen Allianzen gesagt werden. Die ›Hidden Champions‹ halten weder von Outsourcing noch von strategischen Allianzen viel. Sie bevorzugen nach wie vor eine hohe Fertigungstiefe und betreiben ihre eigene F&E. Sogar auf Auslandsmärkten neigen sie dazu, allein zu arbeiten und die Hilfe Dritter zu vermeiden. Sie verlassen sich lieber auf ihre eigenen Stärken als auf die Illusion, daß andere ihre Probleme lösen werden.

Sie sind jedoch nicht allein. Sie sind vielmehr umgeben von Lieferanten, Kunden, Standortbedingungen und Unternehmen außerhalb ihrer Branche. Wenn es auch schwer zu erklären ist und unmöglich gemessen werden kann, so hat dieses Umfeld vielleicht eine größere Bedeutung, als gemeinhin angenommen wird. Wie ist es zum Beispiel zu erklären, daß wir mehrere ›Hidden Champions‹ in einer Kleinstadt finden? Manchmal nimmt sich ein neuer Anbieter einen ›Hidden Champion‹ als Vorbild und wird selbst ein ›Hidden Champion‹. Jedes Unternehmen sollte sich der

Bedeutung solcher Kräfte bewußt sein und sie zu seinem eigenen Vorteil nutzen oder sich günstige Rahmenbedingungen schaffen.

Selbstvertrauen

Die ›Hidden Champions‹ versuchen, die Arbeit weitestgehend in ihren Unternehmen zu halten. Im Durchschnitt beträgt die *Wertschöpfung* 50 % vom Umsatz, was für moderne Industrieunternehmen sehr hoch ist. Wertschöpfung ist definiert als das, was ein Unternehmen dem Wert der gekauften Materialien und Dienstleistungen hinzufügt (d. h. die Summe aus Löhnen, Steuern, Zinsen und Gewinn). Die jährliche Wertschöpfung pro Beschäftigten beträgt bei den ›Hidden Champions‹ 133 TDM, was nach allen Standards sehr hoch ist. Eine Studie im deutschen Maschinenbau[1] stellte eine jährliche Wertschöpfung pro Beschäftigten von nur 103 TDM fest.

Das Selbstvertrauen ist in der Herstellung und in F&E besonders ausgeprägt. Die durchschnittliche *Fertigungstiefe* ist 57 %. Ein Viertel der ›Hidden Champions‹ hat sogar eine Fertigungstiefe von mehr als 70 %. Nur ein Viertel hat weniger als 40 %, was heutzutage eine Art Obergrenze für Unternehmen mit Lean Production zu sein scheint. 69,2 % der Befragten sagen, daß eine hohe Fertigungstiefe wichtig oder sehr wichtig für sie ist. Das Statement, »Unsere Fertigungstiefe ist geringer als die von Konkurrenten«, erhielt von 12 Aussagen die niedrigste Zustimmung. Und das Statement, »Wir versuchen, so viel wie möglich fremd zu vergeben«, erhielt die drittniedrigste Zustimmung. Die ausgeprägte Präferenz für die Eigenproduktion spiegelt den Glauben an Spezialisierung und Konzentration wider. Die entscheidende Bedeutung der Produktqualität als herausragendem Wettbewerbsvorteil (siehe Kapitel 7) erlaubt es in den Augen der ›Hidden Champions‹ nicht, die Herstellung von

Kernkomponenten nach außen zu vergeben. Um sowohl die Wettbewerbsvorteile als auch die Kernkompetenzen zu schützen, bevorzugen sie, Kernaktivitäten im Hause zu behalten, sogar wenn gewisse Kostennachteile mit diesem Verhalten verbunden sind. Die Frage »*Eigenherstellung oder Zukauf*« wird häufiger als in anderen Unternehmen zugunsten von Eigenherstellung entschieden.

Der Fall von *Heidelberger Druckmaschinen,* Weltmarktführer für Offset-Druckmaschinen, ist typisch. Dieses Unternehmen betreibt immer noch eine eigene Gießerei. Die Unternehmensleitung ist überzeugt, daß die äußerst hohen Qualitäts- und Präzisionsanforderungen an ihre Produkte ohne die größtmögliche Kontrolle des Produktionsprozesses nicht erfüllt werden können. Das Unternehmen verzichtet damit wahrscheinlich auf Kosteneinsparungen, die es durch Outsourcing erzielen könnte. In Heidelberg glaubt man jedoch, daß eine hohe Qualität wichtiger ist als die Kosten. Die gleiche Einstellung ist bei *Miele* anzutreffen. Dieser führende Hersteller von Premium-Wasch- und -Geschirrspülmaschinen ist zwar zu bekannt und zu groß, um von uns als ›Hidden Champion‹ bezeichnet zu werden. Der Geist von Miele spiegelt jedoch die gleichen Werte wider. »Möglichst viele Teile werden selbst hergestellt, das Ganze vorzugsweise in einer überschaubaren Region mit bodenständigen Bewohnern. Daran wird sich vorläufig auch nichts ändern«.[2] In einem Gespräch erläuterte Dr. Peter Zinkann, Geschäftsführer von Miele, daß sich diese Einstellung auf Kernkompetenzen bezieht, nicht auf Nicht-Kernaktivitäten. Fast wortgleich klingt die Einstellung von Braun, Weltmarktfürer bei Elektrorasierern:»Braun fertigt so gut wie alles selbst, bis hin zu Sondermaschinen für die Produktion und bis zu den kleinen Schrauben in den Rasierern. Man habe hohe Qualitätsansprüche, und diese seien auf dem Markt nicht zu günstigeren Konditionen einzulösen«[2], wird gesagt. Ein anderer Befürworter möglichst weitreichender Produktionskontrolle ist Helmut Aurenz, Gründer von *ASB*

Grünland, Weltmarktführer für Blumenerde. Weil er mit der Qualität der Verpackungsfolie, die auf dem Markt verfügbar war, nicht zufrieden war, begann er, sie selbst herzustellen und zu bedrucken. Das Motto von Aurenz ist: »Nur, was aus dem eigenen Laden kommt, taugt etwas.« Andere ›Hidden Champions‹ vertreten ein ähnliches Wertesystem. Der Manager eines Herstellers von Baumaschinen erzählt: »Wann immer möglich, behalten wir die Arbeit im Unternehmen. Ich stelle fest, wie viel ein Teil auf dem Markt kostet, und dann fordere ich meine Leute auf, es zu den gleichen Kosten oder billiger herzustellen. Normalerweise schaffen sie es. Und ich weiß genau, wie unsere Qualität ist. Wir lieben es wirklich nicht, Arbeit außer Haus zu geben.«

Einige ›Hidden Champions‹, die in den letzten Jahren in zunehmendem Maße Fremdaufträge vergeben hatten, überprüfen ihre Position. Der Geschäftsführer eines ›Hidden Champion‹, der Spezialmaschinen fertigt, erläutert seine Auffassung im Jahre 1995: »Ende der 80er Jahre hatten wir einen Geschäftsführer, der versuchte, möglichst viel fremd zu vergeben. Ich glaube, das war ein großer Fehler. Ich versuche jetzt, so viel Arbeit wie möglich wieder zurückzuholen. Outsourcing hat unsere Prozesse sehr komplex gemacht, besonders in F&E. Und wir hatten ernste Qualitätsprobleme. Wir entwickeln jetzt ein neues Selbstvertrauen, das gegen Outsourcing ist. Wofür sollten wir gut sein, wenn wir die Kleinkomponenten unserer Maschinen nicht in besserer Qualität und zu den gleichen Kosten wie andere im Markt herstellen können?«

Ein weitgehend vernachlässigtes Problem im Zusammenhang mit Outsourcing kommt von den Kunden. Der Geschäftsführer eines ›Hidden Champion‹ in der Elektroindustrie erklärt: »Unsere Kunden bemerken, daß alle Konkurrenten die gleichen Teile von den gleichen Lieferanten verwenden. Daher begannen die Kunden zu fragen, warum sie einen Preisaufschlag für unser Produkt zahlen sollen, wenn es den anderen derart ähnlich ist. Letztendlich sind nur die

Montage und die Farbe verschieden. Nein, wir brauchen unbedingt Kleinkomponenten, die von uns stammen und die
nur in unserem Produkt verwendet werden.«

Das *Outsourcing kompletter Teilsysteme oder Module* ist ein
neuer Trend. Anstatt einzelne Teile zu kaufen und zu einem
System oder Teilsystem zusammenzumontieren, wird der
Lieferant beauftragt, das Teilsystem oder Modul zu liefern.
Dieses Vorgehen reduziert bekanntlich die Anzahl der Lieferanten und Teile, überträgt jedoch dem Lieferanten des
Teilsystems die Gesamtverantwortung für dieses. Dieses
Vorgehen ist im allgemeinen wirtschaftlich. Es ist besonders
in der Automobilindustrie beliebt, hat allerdings in zunehmendem Maße auch das Interesse von Investitionsgüterher-
stellern gefunden. Dieses Vorgehen kann jedoch zu spezifischen Problemen führen, wie einige ›Hidden Champions‹
feststellen mußten. Ein führender Hersteller von Maschinen
für die Nahrungsmittelindustrie beauftragte Lieferanten,
verschiedene Teilsysteme herzustellen, und gab ihnen be-
trächtliches Know-how. Eine Zeitlang funktionierte das sehr
gut, und beträchtliche Kostensenkungen wurden erzielt. Im
weiteren Verlauf erwarben jedoch verschiedene Lieferanten
das Know-how für die Teilsysteme und begannen, ihre Teilsysteme direkt an die Kunden in der Nahrungsmittelindustrie zu verkaufen. Auf diese Weise zog das Unternehmen
also seine eigenen Konkurrenten heran. Infolge dieses neuen
Wettbewerbs geriet es in ernsthafte Schwierigkeiten. Viel zu
spät bemerkte es diese Entwicklung und hörte auf, Teilsysteme, die separat verkauft werden können, fremd zu vergeben, und versucht nun, das ganze Systemgeschäft wieder
zurückzuholen.

Die *ablehnende Haltung zum Outsourcing* beschränkt sich
nicht auf die Herstellung des Endproduktes und seiner Komponenten, sondern schließt die davor liegende Stufe des
Wertschöpfungsprozesses ein. Viele ›Hidden Champions‹
bevorzugen, die Maschinen, auf denen sie ihre Produkte fertigen, selbst herzustellen. Unter Kostengesichtspunkten ist

das sicher nicht zu rechtfertigen. Und es ist nur teilweise darin begründet, den Wertschöpfungsprozeß im Haus zu behalten. Vielmehr wird es als wirkungsvoller Weg angesehen, das Produktions-Know-how des Unternehmens zu schützen. Friedrich Hoppe, der Senior-Chef von *Hoppe,* dem europäischen Marktführer für Tür- und Fensterschläge, sagt: »Ungefähr 10 % unserer Belegschaft bauen eigene Maschinen, die wir äußerst geheim halten. Wir entwickeln und produzieren unsere eigenen Maschinen, und wir verkaufen diese Maschinen nicht an andere. Unser wesentliches Know-how steckt in diesen Maschinen.« Als Heinz Hankammer, der Gründer und Geschäftsführer von *Brita-Wasserfilter,* mich durch die Fabrik führte, zeigte er mir auch die Maschinenbau-Abteilung: »Warum sollte ein anderer besser sein in der Herstellung dieser Maschinen? Brita ist Weltmarktführer, weil es ein einzigartiges Produkt hat und dieses Produkt auf einzigartigen Maschinen hergestellt wird.« Gleiches gilt für die Firma *Haribo,* Weltmarktführer für Gummibärchen, die ihre eigenen Maschinen entwickelt und baut und sie Besuchern nicht gern zeigt. Das gleiche trifft auf *Schlatterer* zu, Hersteller von Zigarettenmaschinenbändern, die in Zigarettenmaschinen verwendet werden. Schlatterer hat einen Weltmarktanteil zwischen 70 und 75 % und stellt alles, was benötigt wird, selbst her. Kein anderer stellt die Webmaschinen her, die Schlatterer einsetzt, daher produziert man sie selbst. Und die Maschinen werden alle drei Jahre durch neue Modelle ersetzt.

Meine eigene Vermutung ist, daß die betriebsinterne Entwicklung und Herstellung von Maschinen den weiteren Zweck hat, eine Gruppe hoch qualifizierter Ingenieure und Techniker zu halten und zu motivieren. Ich hatte oft den Eindruck, daß die Mitarbeiter mit der besten Qualifikation häufiger in diesen Abteilungen eingesetzt waren als in der mehr routinemäßig ablaufenden Herstellung des Endproduktes. Der Wettbewerbsvorteil der ›Hidden Champions‹ beruht nicht allein auf der effizienteren Herstellung eines

Produktes auf Maschinen, die jeder kaufen kann, weil sie von externen Herstellern produziert werden, d. h. auf einer überlegenen Beherrschung eines Prozesses, der jedem zugänglich ist. Vielmehr hat die Überlegenheit viel tiefere Ursachen derart, daß die ›Hidden Champions‹ Produktionsprozesse betreiben, die sich von denen der Konkurrenz unterscheiden, auf Maschinen, die auf dem Markt nicht angeboten werden. Jürgen Nussbaum, Vorstandsmitglied von *Sachtler,* dem Weltmarktführer für professionelle Kamerastative, betont diesen Punkt: »In einigen Ländern versuchen Wettbewerber, unsere Produkte nachzuahmen. Sie scheitern jedoch, weil sie nicht die gleichen Werkzeuge haben. Wir stellen unsere eigenen Maschinen her, die können nicht auf dem Markt gekauft werden. Dies ist unser bester Schutz gegen Nachahmer.« So betrachtet, erhält das Thema Fertigungstiefe eine weit über die Kostenbetrachtung hinausgehende Bedeutung als wichtiger Eckstein einer auf Differenzierung ausgelegten Wettbewerbsstrategie. Die Kompetenzen, auf denen der Wettbewerbsvorteil aufgebaut ist, können nicht auf dem Markt gekauft werden, sie werden betriebsintern entwickelt. Der Kern der Überlegenheit liegt nicht allein in der Endproduktionsstufe, sondern in einer früheren Phase des Wertschöpfungsprozesses.

Diese Erkenntnis kann direkt auf F&E übertragen werden. Dort ist die Neigung der ›Hidden Champions‹ zum Selbermachen sogar noch ausgeprägter als in der Herstellung. 82 % der Befragten sagten, daß sie nach einer hohen oder sehr hohen *F&E-Tiefe* streben. Dafür gibt es hauptsächlich zwei Gründe. Erstens verlangt die extreme Spezialisierung, daß die ›Hidden Champions‹ ihre eigene F&E betreiben. Es gibt einfach niemanden sonst, der spezialisiert genug ist, etwas von Wert beitragen zu können. Zweitens sind sie äußerst darauf bedacht, ihr Know-how zu schützen. Der Geschäftsführer eines fahrenden Lieferanten für die Möbelindustrie beschreibt seine Erfahrung:»Wir gingen einmal eine F&E-Kooperation mit einem anderen Unternehmen ein.

Wir haben von ihnen nicht viel gelernt. Sie haben jedoch viel von unserem Know-how übernommen. Seitdem ist unsere F&E eine äußerst verschlossene Aktivität, die wir allein machen. Das ist der einzig sichere Weg, unser überlegenes Wissen zu schützen.« In unseren Gesprächen mit ›Hidden Champions‹ hörten wir dutzendemal ähnliche Bemerkungen.

Natürlich sind mit einer zu rigorosen Einstellung gegen Outsourcing ernste Risiken verbunden. Wenn Kosten und Preise als Wettbewerbsparameter wichtiger werden und wenn durch Outsourcing Einsparungen erzielt werden können, muß die beschriebene typische Position der ›Hidden Champions‹ überdacht werden. Viele haben tatsächlich den Anteil der Wertschöpfung, den sie fremd vergeben, in den letzten Jahren erhöht. Outsourcing – wie jedes andere Thema – sollte nicht einseitig und ideologisch betrachtet werden. Das gleiche gilt für F&E. Wenn man sich zu stark auf seine eigenen Kompetenzen verläßt, kann sich das als Schwäche herausstellen, falls die Konzepte, die für neue Technologien benötigt werden, intern nicht (oder nicht schnell genug) entwickelt werden können. Andererseits ist F&E in den meisten Unternehmen eine Kernkompetenz. Wenn sie auf dem offenen Markt gekauft wird, ist es unwahrscheinlich, damit einen Wettbewerbsvorteil schaffen zu können. In der Literatur hat sich die Diskussion des Outsourcing zu eng auf die Kosten konzentriert, und die Wirkungen auf die Wettbewerbsdifferenzierung wurden vernachlässigt. Die ›Hidden Champions‹ zeigen uns auf eindrucksvolle Weise, daß diese Einstellung einseitig und eine stärker ganzheitliche Betrachtung von Outsourcing notwendig ist.

Wenn die oben genannte Einstellung zum *Outsourcing* auf Kernaktivitäten (wie z. B. Herstellung und F&E) zutrifft, ist die Einstellung zum *Outsourcing von Nicht-Kernaktivitäten* fast entgegengesetzt. Auf diesen Gebieten ist Outsourcing bei ›Hidden Champions‹ weit verbreitet. Während Großunternehmen auf Gebieten wie z. B. Recht oder Steuern und anderen Nicht-Kernaktivitäten häufig nach Autarkie streben, nutzt die Mehrheit der ›Hidden Champions‹ externe Dienstleister für diese Aktivitäten. Normalerweise lautet das Argument, daß die kleineren Firmen sich solche Abteilungen nicht leisten können und die damit verbundenen Fixkosten vermeiden wollen. Ich denke jedoch, daß mehr hinter dieser Einstellung steckt. Ich vermute eine Art Abwägung zwischen Kosten und Qualität. Wenn ich dieses Thema mit Großunternehmen diskutiere, können sie meistens beweisen, daß es für sie billiger ist, ihre eigenen Steuer-Spezialisten, Rechtsanwälte oder internen Berater zu haben, selbst wenn sie die Abwägung zwischen variablen und fixen Kosten vornehmen. Was sie kaum jemals diskutieren, ist der Qualitätsaspekt. Dies ist insofern verständlich, als Qualitätsunterschiede zwischen internen und externen Lieferanten schwer zu messen sind.

Die ›Hidden Champions‹ haben zu diesem Thema eine andere Auffassung. Die qualifizierten Dienstleistungen, die ›Hidden Champions‹ in Anspruch nehmen, sind häufig besser als die Arbeitsergebnisse interner Spezialisten in Großunternehmen. Vermutlich benötigen Großunternehmen gewisse interne Nicht-Kerndienstleistungen. Die Erfahrungen der ›Hidden Champions‹ legen jedoch nahe, daß die Entscheidung über Outsourcing auf diesem Gebiet nicht auf Kostenaspekte beschränkt sein sollte, sondern auch Qualitätsaspekte berücksichtigen sollte.

System-Integratoren

Auf den ersten Blick scheinen einige ›Hidden Champions‹ Outsourcing intensiv zu nutzen und meinen Behauptungen im vorhergehenden Abschnitt zu widersprechen. In diesen Unternehmen beträgt die Wertschöpfung oft nur 15 bis 20 % vom Umsatz. *Dürr* und *Brückner* gehören zu dieser Kategorie. Sie stellen beide große Anlagen für die Automobilindustrie und die Chemieindustrie her. Ihr Outsourcing-Prozentsatz steht nicht im Gegensatz zu dem, was ich vorher gesagt habe, weil diese Unternehmen nicht primär Hersteller, sondern System-Integratoren sind. Ihre Kernkompetenzen liegen nicht in der Herstellung, sondern in der Integration komplexer Systeme, im Projekt-Management und im Ingenieurwesen.

Brückner, der Weltmarktführer für biaxiale Folien-Reckanlagen, ist ein Beispiel dafür. Das Unternehmen hat nur 260 Beschäftigte, jedoch einen Umsatz von 180 Mio. DM. Mit einem Umsatz von 692 TDM pro Beschäftigten ist die Pro-Kopf-Leistung äußerst hoch für ein Industrieunternehmen. Die Begründung ist, daß Brückner nicht produziert, sondern sich darauf beschränkt, die Anlagen zu entwerfen und zu montieren. Dr. Wolfgang Pinegger, Geschäftsführer von Brückner, beschreibt diese Rolle: »Unsere Kernkompetenzen liegen darin, diese komplexen Maschinen zu konstruieren, die Lieferanten für die Teile zu finden und dann alles zusammenzubauen. Dies ist eine äußerst komplexe Arbeit. Wir betreiben im engeren Sinne kein Outsourcing, weil wir kein Hersteller sind. Von unseren Kernaktivitäten, der System-Integration, vergeben wir nichts fremd. Tatsächlich schützen wir unser Know-how sehr sorgfältig. Wir besitzen die wichtigen Patente und haben unsere diesbezügliche Position in der jüngsten Vergangenheit sogar noch verstärkt.«

Dieser Fall illustriert wieder, daß die ›Hidden Champions‹ ihre Kernkompetenzen schützen. Für einen System-Integrator hat Outsourcing eine andere Bedeutung als für einen Hersteller. Es scheint, daß ›Hidden Champions‹ in zunehmendem Maße die Know-how-intensive Rolle von System-Integratoren übernehmen. So hat beispielsweise *Webasto,* Weltmarktführer bei Auto-Schiebedächern, die Fertigung von Komponenten verstärkt nach außen vergeben. Gleichzeitig wurde jedoch Wertschöpfung nach vorne verlagert, indem man jetzt komplette Schiebedächer und nicht Teile von solchen an die Autohersteller liefert. Zudem werden seit kurzem sogar Roboter zum Einbau der Schiebedächer geliefert. Webasto ist damit von einem Teilehersteller zu einem System-Integrator für Schiebedächer geworden.

Strategische Allianzen

Die ablehnende Haltung der ›Hidden Champions‹ zum Outsourcing von Kernaktivitäten erstreckt sich auch auf strategische Allianzen. Die meisten ›Hidden Champions‹ würden bestätigen, was Michael Porter[3] sagt: »Allianzen als eine breit angelegte Strategie können nur die Mittelmäßigkeit eines Unternehmens sichern, nicht seine internationale Marktführerschaft.« Eine Situation, in der die Wahl zwischen einer strategischen Allianz oder einem Alleingang besonders schwierig ist, betrifft die Erschließung eines ausländischen Marktes. Peter Drucker[4] schlägt vor, daß »für kleine und mittlere Unternehmen strategische Allianzen zunehmend der Weg werden, um das Geschäft international zu erweitern.« Nicht so für die ›Hidden Champions‹! Eine Mehrheit von 56,5 % sagte, daß sie möglichst alleine in ausländische Märkte gehen, und das Statement, »auf ausländischen Märkten kooperieren wir«, erhielt die zweitniedrigste Zustimmung unter 12 Merkmalen. Auf ausländischen Märkten lieben es die ›Hidden Champions‹ nicht, Importeure oder Vertreter einzuschalten, die zwischen ihnen und ihren Kunden vermitteln. Nur 23 % sagten, daß sie ausländische Märkte grundsätzlich zusammen mit einem Partner erschließen.

Der *japanische Markt* ist in dieser Hinsicht eine Ausnahme. Dort sind infolge der ernsten Schwierigkeiten, in diesen Markt einzudringen, Marketing-Allianzen viel häufiger als in anderen Ländern. Viele dieser Kooperationen begannen bereits in den 60er Jahren und waren sehr erfolgreich. *Lenze,* Weltmarktführer für elektronische Antriebstechnik, hat eine lang dauernde Beziehung zu Miki Pulley, einem japanischen Unternehmen vergleichbarer Größe, die auf den Anfang der 60er Jahre zurückgeht. Diese Beziehung half Lenze, seine Produkte auf dem japanischen Markt zu verkaufen. Im Gegenzug vermarktet Lenze Produkte von Miki in Deutschland. *Trumpf,* der Weltmarktführer für automatisierte Blechbearbeitung, erschloß den japanischen Markt Anfang der 60er Jahre durch einen japanischen Händler. Für mehr als ein Jahrzehnt war die Zusammenarbeit sehr eng. *Kreul,* Weltmarktführer für hochwertige Oboen, ging den japanischen Markt erst in den 80er Jahren an. Von Anfang an kooperierte Kreul mit einem japanischen Importeur. Hans-Joachim Kreul, geschäftsführender Gesellschafter, betont die Bedeutung einer langfristigen Beziehung und von Geduld. Er arbeitet erfolgreich mit seinem japanischen Partner zusammen, und sie besuchen einander verschiedene Male im Jahr, um diese Beziehung gegenseitig zu pflegen.

Doch selbst wenn sie ausländische Märkte gemeinsam mit einem Partner erschließen, bevorzugen die meisten ›Hidden Champions‹ langfristig die volle Kontrolle über ihre ausländischen Aktivitäten. Dies gilt für *Trumpf,* die Mitte der 70er Jahre ihre eigene Niederlassung in Japan errichteten, genauso wie für Großunternehmen wie die BMW AG, die 1983 ihren japanischen Importeur übernahm.

Ein ›Hidden Champion‹, der Zulieferer für die Automobilindustrie ist, hat viele ausländische Märkte im Rahmen von Partnerschaften mit lokalen Lieferanten erschlossen. Jedoch über die Jahre hinweg verfolgte dieses Unternehmen die Strategie, volle Kontrolle zu erreichen, und ist jetzt 100-%-Eigentümer von 16 seiner 19 ausländischen Niederlassungen. Diese Entwicklung ist typisch für die ›Hidden Champions‹.

Die ›Hidden Champions‹ sind fordernde, jedoch faire Partner in den normalen Transaktionen entlang der Lieferanten-Kunden-Wertschöpfungskette. Jedoch ist es schwierig, im Rahmen weniger gut definierter strategischer Allianzen mit ihnen zurechtzukommen. Die eigenwillige *Unternehmens-*

kultur und der *Management-Stil* können eine Kooperation mit Außenstehenden erschweren. Die ›Hidden Champions‹ sind mißtrauisch, wenn ihre geschätzte Unabhängigkeit betroffen ist. Gleichzeitig stellen sie hohe Anforderungen an ihre Partner. Sie erwarten die gleichen Leistungsstandards, ähnliche Werte usw. Und ihre klaren ehrgeizigen Ziele (siehe Kapitel 2) sind nicht so leicht mit den Zielen eines Partners vereinbar.

Ich unterscheide in diesem Zusammenhang zwischen *Wagenburg-Unternehmen* und *Amöben-Unternehmen.* Während ›Amöben-Unternehmen‹ ihre Kontaktfläche mit fremden Partnern maximieren, sind Unternehmen des ›Wagenburg‹-Typs eher verschlossen und gegenüber Außenstehenden, die nicht Kunden oder Lieferanten sind, reserviert. Die meisten ›Hidden Champions‹ gehören zur Kategorie des ›Wagenburg‹-Typs. Es sollte nicht außer acht gelassen werden, daß weder die ›Wagenburg‹-Kultur noch die ›Amöben‹-Kultur grundsätzlich überlegen ist. Die Überlegenheit der einen oder anderen ist vielmehr von den spezifischen Umständen abhängig. Die Tatsache, daß die ›Hidden Champions‹ zur ›Wagenburg‹-Kultur neigen, wenn es um strategische Allianzen geht, sollte als eine Beobachtung und nicht als Empfehlung verstanden werden. Eine ›Wagenburg‹-Kultur kann insofern gefährlich sein, als Änderungen im Umfeld nicht wahrgenommen oder nicht verstanden werden. Eine ›Amöben‹-Kultur beinhaltet hingegen das Risiko, daß Außenstehenden zu viel Know-how zugänglich gemacht wird.

Von den ›Hidden Champions‹ kann man lernen, sich vor der Illusion zu bewahren, daß strategische Allianzen die generelle Lösung für Probleme sind, die ein Unternehmen nicht selbst lösen kann. Zuerst und vor allem sollte ein Unternehmen sich auf seine eigenen Stärken verlassen und bestrebt sein, die internen Kompetenzen zu entwickeln, die erforderlich sind, um in einem Markt erfolgreich zu konkurrieren. Den ›Hidden Champions‹ zufolge sollten strategische Allianzen eine letzte Zuflucht und nicht die erste Wahl sein.

Die Erkenntnisse über die Einstellungen der ›Hidden Champions‹ zu Outsourcing und strategischen Allianzen sind in Abbildung 8.1 zusammengefaßt.

Externe Aktivität	Einstellung der Hidden Champions
Outsourcing von Produktion	Generell negativ; Qualität wichtiger als Kosten, insbesondere für Kernkomponenten und evtl. Maschinenausstattung
Outsourcing von F&E	Sehr negativ; firmeneigene F&E wird als entscheidend angesehen für den Schutz der Kernkompetenzen
Outsourcing von Nicht-Kernaktivitäten	Sehr positiv, sowohl wegen Variabilisierung der Kosten als auch wegen Qualität, beständige Lieferanten-Beziehungen
Strategische Allianzen/Kooperation	Generell negativ; Präferenz für volle Kontrolle. »Wagenburg-Mentalität« vorherrschend, insbesondere auf ausländischen Märkten (Ausnahme: Japan).

Abbildung 8.1: Einstellung der ›Hidden Champions‹ zu Outsourcing und strategischen Allianzen

Diese Einstellungen weichen stark von der in der Literatur vorherrschenden Meinung ab. Lean Management und ähnliche Konzepte schlagen vor, von Outsourcing und strategischen Allianzen intensiven Gebrauch zu machen. Viele dieser Empfehlungen resultieren jedoch aus einer Überbetonung der Kosten. Die Wirkungen auf die Qualität, auf das Commitment für einen Markt, auf Mitarbeitermotivation, auf den Schutz von Know-how und auf die Differenzierung werden kaum ernsthaft berücksichtigt. Ich bin weit davon entfernt, vorzuschlagen, daß die skeptische Einstellung der ›Hidden Champions‹ zur Fremdvergabe immer richtig ist. Sie beinhaltet bestimmt die Gefahr zu hoher Kosten, des Verpassens technischer Entwicklungen oder der Zeitverschwendung bei der Erschließung eines ausländischen Marktes. Was wir von den ›Hidden Champions‹ jedoch lernen können, ist eine gewisse Skepsis in bezug auf die Suche von Problemlösungen in anderen Unternehmen anstatt im eigenen Haus.

Partner

Wenn die vorangegangene Analyse auch eine gewisse ›Einsamkeit des Hidden Champion‹ aufdeckte (die großenteils zutrifft), gibt es doch viele formelle und informelle Verbindungen und Netzwerke, die für die ungewöhnliche Leistung dieser Firmen eine Rolle spielen. Einige dieser Beziehungen fallen in eine Kategorie, die man strategische Gruppen oder Familien oder Industrie-Cluster nennt, andere betreffen einfach Standort oder Motivationsaspekte.

Um diese Aspekte zu diskutieren, ist es nützlich, sich auf Porters[5] *Konzept von Wettbewerbskräften und Umfeldbedingungen* zu beziehen.

Wir haben bereits einige der Umfeldbedingungen behandelt, die die ›Hidden Champions‹ beeinflussen. In Kapitel 4 wurde gezeigt, daß sie in einer Umgebung tätig sind, die eine starke internationale Orientierung hat und daher ihre eigene Globalisierung begünstigt. In Kapitel 6 haben wir gesehen, daß sie von einem Umfeld profitieren, das für technologische Innovationen förderlich ist.

Als wir in Kapitel 7 die Wettbewerbsstrategie diskutierten, lag der Schwerpunkt auf dem Wettbewerbsvorteil. Unter diesem Aspekt werden Wettbewerber als Gegner betrachtet. Wie Porter[6] jedoch richtig bemerkt, sind Wettbewerber – neben der Tatsache, Gegner zu sein – auch ›*Trainingspartner für Fitneß*‹. Das bedeutet nicht, daß sie zueinander auf gutem Fuß stehen müssen, eher ist das Gegenteil typisch. Aber Unternehmen, die miteinander konkurrieren, können einfach nicht vermeiden, besser zu werden, wenn sie überleben wollen. Diese Beziehung ist vergleichbar mit zwei Top-Athleten, die gegeneinander kämpfen. Selbst wenn sie nicht zusammen trainieren, treiben sie sich zu neuen Leistungshöhen, so lange sie ehrgeizig genug bleiben.

Wir beobachten viele dieser Wechselbeziehungen unter den ›Hidden Champions‹. Abbildung 8.2 stellt eine Auswahl von Unternehmen vor, deren engster (und normalerweise härte-

Markt / Produkt	Konkurrierende »Hidden Champions«	Wettbewerbsposition und Verhalten
Verbindungs-/ Befestigungsmaterial	Würth	Würth unbestritten Nr. 1, relativer Marktanteil ca. 5.
	Berner	Berner spätere Neugründung und harter Konkurrent.
Offset-Druckmaschinen	Heidelberg	Intensiver Wettbewerb seit mehr als 100 Jahren.
	Roland	
Flaschenabfüllanlagen	KHS	KHS ist Nr. 1 in Gesamtanlagen.
	Krones	Krones ist Nr. 1 in Etikettiermaschinen; harter Wettbewerb
Gasfedern, Schwingungsdämpfer	Stabilus	Jeder ist Nr. 1 in bestimmten Marktsegmenten.
	Suspa	
Gleitschutz-, Güteketten	RUD	Intensiver Wettbewerb seit 100 Jahren.
	Erlau	1988 wurde Erlau von RUD übernommen.
Doppelbandpressen für Spanplattenherstellung/ Laminate	Hymmen	Jeder ist Nr. 1 in bestimmten Teilmärkten.
	Held	Sehr intensiver Wettbewerb.
Bürstenherstellungs- maschinen	Zahoransky	Zahoransky führender Anbieter.
	Ebser	Harter Wettbewerb auf Teilmärkten.
Bleistifte	Faber-Castell	Faber-Castell 1761 gegründet, Staedtler-Mars 1835.
	Staedtler-Mars	Intensive Auseinandersetzung, wer mehr Tradition und Ansehen hat.

Abbildung 8.2: Eine Auswahl von ›Hidden Champions‹, die in engem Wettbewerb stehen

ster) Konkurrent einen nahegelegenen Standort hat. Manchmal haben der erste und zweite auf der Welt ihren Standort tatsächlich in derselben Stadt, wie z. B. *Würth* und *Berner* in Künzelsau oder *Zahoransky* und *Ebser* in Todtnau.

In unseren Interviews sprachen wir immer wieder das Thema des stärksten Wettbewerbers an, häufig hörten die Gesprächspartner dieses Thema nicht so gern. Mein Eindruck ist, daß sie mit ihren Wettbewerbern oft nicht auf gutem Fuß, sondern in stark konkurrierender, manchmal sogar feindlicher Beziehung stehen. Jedenfalls habe ich keinen Zweifel, daß diese Firmen einander zu Höchstleistungen antreiben. Albert *Berner* war früher ein Mitarbeiter von *Würth* und ist jetzt in der Befestigungstechnik Nr. 2 auf der Welt mit einem Umsatz von über 800 Mio. DM. Berner hat öffentlich erklärt, die Umsatzschwelle von 1 Mrd. DM 1997 übertreffen zu wollen. Das Rennen zwischen Berner und Würth, der viermal größer ist, spornt natürlich beide an, schneller zu wachsen. Das gleiche gilt für die anderen Wettbewerbspaare in Abbildung 8.2. Manchmal endet der Kampf in einer Vernichtung oder einer Übernahme, wie im Fall *RUD.* Der Wettbewerbskrieg zwischen RUD und *Erlau,* beide Top-Produzenten von Ketten in Aalen, ging beinahe über 100 Jahre. 1988 übernahm RUD Erlau, behielt jedoch den Firmennamen im Markt bei. In ähnlicher Weise erwarb GKD, Weltmarktführer bei Metallgeweben, im Jahre 1987 seinen lokalen Konkurrenten *Dürener Metalltuch.*

Wie in dem vorhergehenden Kapitel diskutiert, betrachten die ›Hidden Champions‹ den Wettbewerb nicht primär unter regionalen Aspekten. Trotzdem scheint es, daß ein nahegelegener Standort eines starken Wettbewerbers einen enormen Einfluß auf die Wettbewerbs-Fitneß hat. Dies führt zu einer scheinbar absurden Folgerung. Es könnte für ein Unternehmen besser sein, sehr starke als schwache nahegelegene Konkurrenten zu haben. Es ist wie im Sport: Der einsame Spitzen-Athlet wird wahrscheinlich nicht die Goldmedaille gewinnen. Dies schafft eher der junge Leistungsträger, der gegen nahe Top-Streiter trainiert. Und häufig trainieren die Spitzen-Athleten einer Disziplin tatsächlich an einem Ort. Das gleiche gilt für Unternehmen. Man sollte jedoch beide Seiten der Medaille betrachten. In solch einem Kopf-an-Kopf-Wettbewerb wird ein Unternehmen entweder Weltklasse, oder es geht unter. Und wenn unvernünftig gekämpft wird (z. B. mit ruinösen Preisen), kann dieser Wettbewerb für beide Konkurrenten katastrophal enden. Der enge und harte Wettbewerb scheint, sofern er leistungsorientiert und nicht ruinös ausgetragen wird, ein erfolgversprechender Weg zu Weltmarktführerschaft zu sein.

Eine weitere wichtige Kraft für die Entwicklung der ›Hidden Champions‹ sind *vertikale Beziehungen.* Einige ›Hidden Champions‹ haben Kunden, die auf ihren Märkten Weltmarktführer sind. Zusammen bilden sie *Paare von ›Hidden Champions‹*. Der führende Gelatine-Hersteller, GDF *Stoess*, gehört zu dieser Kategorie. *Haribo* (der Weltmarktführer für Gummibärchen) ist weltweit der größte Verwender von Gelatine und der größte Kunde von DGF Stoess. Ein anderer Kunde, an dem DGF Stoess eine Beteiligung hält, ist *R. P. Scherer*, der weltgrößte Hersteller von weichen Gelatinekapseln für die Pharmaindustrie, sitzt am gleichen Ort. *Schlatterer*, Hersteller von Zigarettenmaschinenbändern, hat einen Weltmarktanteil von nahezu 100 % für Erstausrüstung und zwischen 70–75 % für Ersatzbedarf. Schlatterer wurde groß durch Hauni, den Weltmarktführer für Zigarettenmaschinen. Thomas Beck von Schlatterer kommentiert: »Wir brauchten nicht zu verkaufen oder Marketing zu machen, wir verteilten unsere Produkte. Und wir hatten nicht genügend Kapazität, unsere Lieferfristen waren viel zu lang.« Inzwischen ist die Situation etwas normaler geworden. Heute betreibt Schlatterer Marketing für seine Produkte. Die Beziehung zu Hauni ist für beide Seiten immer noch fruchtbar.

Ein anderes vertikales Paar von ›Hidden Champions‹ sind *Koenig & Bauer*, die einen Weltmarktanteil von ungefähr 90 % für Geld-Druckmaschinen haben, und *Giesecke & Devrient*, die Nr. 2 im Gelddruck (nach De La Rue). In ähnlicher Weise verbinden *Wirtgen* und *SAT* Sachkenntnis über Recycling-Maschinen für Straßenbeläge und die diesbezüglichen Services. Solche Paare von ›Hidden Champions‹ sind schwer zu schlagen, sie teilen sich Know-how, kooperieren in F&E und können so zusätzliche Markteintrittsbarrieren schaffen. Diese vertikalen Paare gedeihen nur, wenn beide Partner Höchstleistungen vollbringen. Keiner von ihnen übt Nachsicht, wenn es um Leistung geht. Zwischen ihnen besteht eine vertikale Marktbeziehung, keine strategische Allianz. Die Tatsache, daß beide Partner vergleichbare Unternehmenskulturen haben, begünstigt die Zusammenarbeit.

Die Erkenntnis, daß fordernde und starke lokale Kunden dazu beitragen, Weltklasse zu werden, ist nicht neu[6]. Tatsächlich finden wir Dutzende von ›Hidden Champions‹ als Lieferanten für Branchen, in denen Deutschland eine führende internationale Position hat. Abbildung 8.3 zeigt solche ›Hidden Champions‹ für fünf beispielhafte Branchen. Diese Branchen wurden bewußt ausgewählt, weil sie in verschiedenen Phasen des internationalen Lebenszyklus[7] sind. Die deutsche Automobilindustrie war und ist stark, obwohl sie Marktanteile in bestimmten Regionen, wie z. B. USA,

Abnehmer-Branche	»Hidden Champion«-Lieferanten	Hauptprodukt
Autoindustrie	Weingarten, Schuler	Pressen/Umformtechnik
	Gehring	Honmaschinen
	Kiekert	Schließsysteme
	Webasto	Schiebedächer, Standheizungen
	Dürr	Lackieranlagen
	Glyco	Gleitlager/Lagerschalen
	Hella	Scheinwerfer, Leuchten
Chemische Industrie	Uhde, Lurgi	Anlagenbau
	Barmag	Masch. z. Herst. v. Chemiefasern
	Brückner	Biaxiale Folienreckmaschinen
	Göttfert	Rheologische Prüfgeräte
	Automatik-Apparate	Unterwasser-Pelletieranlagen
Möbel-Industrie	Weinig	Profilfräsautomaten
	Hymmen, Held	Doppelbandpressen
	Homag	Masch. für die Möbelindustrie
	Glunz, Hornitex, Pfleiderer	Holzwerkstoffe (Span-/Hartfaserplatten)
	Hoppe, Dorma	Tür-/Fensterbeschlagsysteme
	Siempelkamp	Hydraul. Pressen für Spanplatten
Textil-Industrie	Erhardt & Leimer	Bahnlauf-Regler
	Karl Mayer	Raschelmaschinen
	Grosse	Jacquardmaschinen
	Helsa	Schulterpolster
	Union Knopf	Knöpfe
	Knotex, Oskar Fischer	Webkettenanknüpfungsmaschinen
	Groz-Beckert	Strick-/Nähnadeln
Elektronik/Halbleiter	E. Merck (d. h. Division)	Flüssigkristalle
	Leybold	Vakuumtechnik
	Grohmann	Montagemaschinen
	Wolters	Läpp- und Poliermaschinen Oberflächenfeinstbearbeitung
	Convac	Anlagen für die Mikroelektronik-Industrie
	Meissner & Wurst	Reinstraumsysteme

Abbildung 8.3: Ausgewählte Abnehmerbranchen in verschiedenen Phasen des internationalen Lebenszyklus und ›Hidden Champion‹-Lieferanten

verloren hat. Als Standort für die Automobilhersteller scheint Deutschland jedoch unverzichtbar zu sein. Das ist anders für die Chemische Industrie. Hauptsächlich infolge von Umweltschutzauflagen investieren die großen deutschen Chemieunternehmen gegenwärtig mehr im Ausland als auf ihrem heimischen Markt. Für Bayer sind die USA bereits der größte Markt geworden. Mit diesen Auslandsinvestitionen verschieben sich auch die Märkte für die Zulieferer allmählich von Deutschland in andere Länder. In der Möbelindustrie befindet sich dieser Prozeß in vollem Gange, und in der Textilindustrie ist er bereits sehr weit fortgeschritten. Ein großer Teil der Textil- und Bekleidungsindustrie ist in Niedriglohnländer abgewandert. Die Elektronik- und Halbleiterbranche befindet sich nach wie vor in einem stürmischen Wachstum.

Trotzdem finden wir in den zugehörigen Zulieferbranchen, unabhängig von ihrer gegenwärtigen Standortstruktur, starke ›Hidden Champions‹, deren Hauptbasis nach wie vor in Deutschland liegt. Diese Beobachtung weist auf zwei wichtige Erkenntnisse hin. Erstens ist es möglich, Kunden zu behalten, selbst wenn sie ihren Standort verlagern. Zweitens, wenn Kunden internationalisieren, muß der Lieferant auch internationalisieren. Wenn ein Lieferant an der Weltspitze bleiben will, muß er seinen Kunden überallhin folgen. Die räumliche Nähe mag entscheidend sein, um zunächst eine führende Position zu erreichen. Will ein Unternehmen jedoch Marktführer bleiben, sollte es sich nicht auf die räumliche Nähe zu bestimmten Kunden verlassen und flexibel genug sein, die führenden Kunden in der ganzen Welt zu beliefern.

Es scheint, daß die ›Hidden Champions‹ in der Möbel- und Textil-Industrie diese Herausforderung relativ gut gemeistert haben (diese Branchen sind nur Beispiele, es gibt andere mit ähnlichen Entwicklungen, wie z. B. Papier, Nahrungsmittel, Medizin, Optik). Viele von ihnen konnten bis heute ihre fahrende Position als Lieferant verteidigen trotz der Tatsache, daß ihre Abnehmer-Industrien den heimischen Markt teilweise verlassen haben. Es gibt andere Industriezweige, denen es weniger gut erging. Mit dem Niedergang der Schuhindustrie in Deutschland gerieten viele Hersteller von Schuhmaschinen in Krisen, die sie nicht überstanden. Auf diesem Gebiet ist Italien jetzt führend. Um jedoch mit ›auswandernden‹ Kunden in Berührung zu bleiben, könnte langfristig eine Verlagerung der Hauptaktivitäten des Lieferanten erforderlich werden. Da viele Industriezweige von Land zu Land wandern, weil sie Änderungen der komparativen Kosten folgen oder auf Wechselkurs-, Technologie- und Nachfrageänderungen reagieren, muß ein Lieferant für diese Industriezweige ein wahrhaft globaler Wettbewerber werden, der an jedem Ort liefern und produzieren kann. Viele ›Hidden Champions‹ haben diesen Grad von Globalisierung erreicht.

Das Beispiel der Elektronik- und Halbleiterindustrie in Abbildung 8.3 zeigt, daß global agierende ›Hidden Champions‹ in der Lage sind, selbst in Branchen eine fahrende Stellung zu erobern, deren Schwerpunkt seit ihrer Entstehung definitiv nicht in Deutschland liegt. Es versteht sich, daß diese Firmen einen wichtigen Teil ihrer Wertschöpfung in den Zielmärkten nahe am Kunden erstellen müssen. Bei einigen von ihnen stellt sich auch die Frage, wie lange sie wirklich noch Deutschland als ihren Hauptstandort sehen können. Irgendwann kann der Punkt kommen, an dem man den Schwerpunkt der Kernaktivitäten in die Länder verlegen muß, wo ›die Musik spielt‹ (wie es beispielsweise in der Biotechnologie längst geschehen ist).

Die vertikale Betrachtung der ›Hidden Champions‹ läßt den Schluß zu, daß ein guter Weg zu internationaler Marktführerschaft darin besteht, *mit Weltklasse-Kunden ein Team* zu bilden. Anstatt Kunden zu haben, die keine hohen Anforderungen stellen und kurzfristig leicht zu betreuen sind, sollte man als langfristige Politik Kunden gewinnen, die hohe Anforderungen stellen und auf ihren Märkten Weltklasse sind.

Nur ein Unternehmen, das bereit ist, die Anforderungen von Weltklasse-Kunden aktiv zu erfüllen, wird selbst Weltmarktführer werden und bleiben. Um die Weltmarktführung zu verteidigen, ist es notwendig, den Weltklasse-Kunden überall hin zu folgen. Weltmarktführerschaft kann nur verteidigt werden, wenn man die besten Kunden weltweit betreut und bei der Stange hält. Es kann möglich sein, dies vom ursprünglichen Standort aus zu erreichen. Wenn jedoch räumliche Nähe wichtig ist (in vielen Fällen scheint es so zu sein), dann ist eine Verlagerung der Kernaktivitäten in die Länder der Top-Kunden erforderlich. Einige ›Hidden Champions‹ (wie z. B. *Karl Mayer* und *Dürr)* sind in dieser Hinsicht bereits weit fortgeschritten.

Abgesehen vom direkten horizontalen Wettbewerb und der vertikalen Lieferanten-Kunden-Beziehung gibt es weitere Umfeldfaktoren, die Bedeutung für den Erfolg der ›Hidden Champions‹ haben. Viele ›Hidden Champions‹ arbeiten in einer Umgebung, die ihre Entwicklung durch eine positive *Einstellung* zu Leistung und Erfolg begünstigt. Obwohl dies eine gewisse Ähnlichkeit hat, geht dieses Konzept über Porters[6] Idee von Industrie-Clustern hinaus. In verschiedenen Industriezweigen finden wir zahlreiche ›Hidden Champions‹, die weder miteinander konkurrieren (wenigstens nicht direkt) noch in Lieferbeziehungen zueinander stehen. Trotzdem scheinen sie von der Existenz und dem Verhalten anderer Unternehmen zu profitieren, die Teil ihrer weiteren Branche sind. Abbildung 8.4 liefert eine Auswahl solcher Branchen und die entsprechenden ›Hidden Champions‹.

Die ›Hidden Champions‹ in diesen Gruppen scheinen von der Gesamtposition ihrer Branchen zu profitieren. Wir wollen die *Sportausrüstung* betrachten, um mögliche Erklärungen und Schlußfolgerungen zu diskutieren. Zunächst gibt es Entstehungsgründe, die auf die Verfügbarkeit von Ressourcen zurückgehen. Top-Athleten an einem Standort können eine starke lokale Nachfrage nach bestimmten Sportgeräten schaffen (dies war z. B. der Fall für *Germina,* einem ostdeut-

Branche/Markt	Hidden Champion	Hauptprodukt
(Hochleistungs-) Sportgeräte/ -ausrüstung	Spieth	Turngeräte
	Sport-Berg	Diskus, Hammer, Kugeln
	Uhlmann	Fechtausrüstung
	Germina	Langlaufski
	Carl Walther	Sportgewehre
	Anschütz	Sportgewehre
	BSW	Sportstättenbeläge
	Wige Data	Zeitmessungen bei großen Sportveranstaltungen
Waagen	Bizerba	Handelswaagen
	Söhnle	Haushalts- und Personenwaagen
	Sartorius	Labor- und wissenschaftliche Waagen
	Seca	Waagen für Gesundheitsvorsorge/Medizin
	Mettler-Toledo	Industriewaagen
Pumpen	KSB	Pumpen aller Bauarten
	Prominent	Dosierpumpen
	ABS	Tauchmotorpumpen
	Putzmeister	Betonpumpen
	Schwing	Betonpumpen
Laser-Technologie	Rofin Sinar	Industrie-Laser
	Trumpf	Blechstanzmaschinen
	EOS	Rapid Prototyping
Foto/Film	Cullmann	Film-, Foto-Stative
	Sennheiser	Kopfhörer
	Neumann	Mikrofone; Ton-Regieeinrichtungen
	Arnold & Richter	35-mm-Filmkameras
	Sachtler	Professionelle Kamera-Stative
Schweißtechnik	Cloos	Schweißtechnik
	LSG	Ionenquellen für Schweißen und Löten
	Linde	Schweißgase
Pflanzen/Baumschulen	Bruns	Bäume
	von Ehren	Große, lebende Bäume
	Dümmen	Weihnachtsstern-Pflanzen
Befestigungstechnik	EJOT	Selbstschneidende Schrauben
	Würth	Befestigungstechnik
	Berner	Befestigungstechnik
	Böllhoff	Schrauben und Muttern
Bücher/Druck	Kolbus	Buchbindereimaschinen
	Bamberger Kaliko	Bucheinbandstoffe
	Heidelberger	Druckmaschinen
	Roland	Druckmaschinen

Abbildung 8.4: Ausgewählte Branchen mit vielen ›Hidden Champions‹

schen Hersteller von Langlaufski, der einst Lieferant für das ostdeutsche Team war). Eine Sportart kann in einem Gebiet entstanden sein, so daß die Lieferanten der Geräte natürlicherweise aus diesem Gebiet kommen. Es ist nicht überraschend, daß Fischer – der Weltmarktführer für Langlauf-Ski – aus Österreich kommt. Solche Gründe liefern jedoch nur eine begrenzte Erklärung. Andere Bedingungen scheinen ebenfalls bedeutend zu sein. Wenn ein internationaler Kunde Sportausrüstung kaufen will, ist es bequemer für ihn, das an einem Ort oder in einem Land zu tun als an verschiedenen Plätzen. Häufig entwickelt sich in der Folge eine komplexe Infrastruktur um eine solche Industrie herum (z. B. Messen, Agenturen, Zuliefererindustrien usw.).

›Hidden Champions‹ werden von Unternehmern gegründet und geführt. Und Motivation ist eine der wesentlichen Eigenschaften von Unternehmerschaft. Es kann keinen Zweifel geben, daß das wirtschaftliche Umfeld in dieser Hinsicht einen starken Einfluß auf die ›Hidden Champions‹ hatte und hat. ›Hidden Champions‹ züchten andere ›Hidden Champions‹.

Teams von ›Hidden Champions‹

Indem sie die Erkenntnisse über die Vorteile der Marktführerschaft aufgreifen und konzeptionell weiterentwickeln, haben einige Unternehmen begonnen, ihre *Konzernstruktur* nach der Idee des ›Hidden Champion‹ auszurichten. Großunternehmen wie General Electric oder Siemens erklären, daß sie mit ihren Geschäftsbereichen die Position als Nr. 1 oder Nr. 2 anstreben, können auf dem Weltmarkt als Vorläufer dieses Trends angesehen werden. Auch zahlreiche Familienkonzerne (wie z. B. Heraeus, E. Merck oder Dräger) sind stark von einem derartigen Denken geprägt. Die Heraeus-Gesellschaft Electro-Nite ist z. B. nicht nur Weltmarktführer bei Sensoren für die Stahlindustrie, sondern besitzt auch in jedem einzelnen Land, in dem sie tätig ist, die marktführende Position.

Es gibt einige Unternehmen, die *doppelte ›Hidden Champion‹-Positionen* innehaben. *Webasto* ist der Weltmarktführer sowohl für Autoschiebedächer als auch für motorunabhängige Heizsysteme (Standheizungen). Die *Steinbeis-Holding* hat zwei Geschäftseinheiten, die Positionen als Weltmarktführer halten: *Peter Temming* bei gebleichten Baumwoll-Linters und *Zweckform Etikettiertechnik* bei Batterieetiketten. *Hauni/ Körber* scheint systematisch ein Imperium von ›Hidden Champions‹ aufzubauen. Neben seiner eigenen einzigartigen Position bei Zigarettenmaschinen besitzt das Unternehmen *E. C. H. Will,* den Weltmarktführer für Bogentrennmaschinen, und die amerikanische Firma *Wrapmatic,* die Weltmarktführer für spezielle Verpackungsmaschinen ist. Und es gibt andere sehr starke Unternehmen im Hauni-Portfolio. Nahezu das gesamte Thermopapier für Faxgeräte in Deutschland wird auf *Pagendarm*-Maschinen produziert. Die Pässe vieler Länder werden auf Maschinen von *Kugler Automation,* einem anderen Hauni-Unternehmen, hergestellt. Zur Quandt-Gruppe gehören sowohl das amerikanische Unternehmen Data Card als auch die französische Firma Gemplus, beide sind weltführend bei Kartensystemen.

Es gibt auch Firmen in anderen Ländern, die offensichtlich *Konzerne* nach dem ›Hidden Champion‹-Konzept schmieden. *Hallmark* ist die Nr. 1 auf der Welt bei Glückwunschkarten, und seine Tochtergesellschaft *Revell-Monogram* hält die Weltmarktführerschaft bei Plastik-Modellbausätzen, hauptsächlich durch die deutsche Beteiligung *Revell AG.* Das englische Unternehmen *De La Rue* ist Weltmarktführer im Drucken von Banknoten mit einem Anteil von 57 % des Marktes, der für nichtstaatliche Anbieter zugänglich ist. Es ist auch die Muttergesellschaft von *Garny,* dem Weltmarktführer für Tresoranlagen und Einrichtungssysteme für Kreditinstitute. Ende 1994 übernahm De La Rue *Portals,* diese Firma hat einen Anteil von 50 % am Weltmarkt für Sicherheitspapier. Dieses Trio von ›Hidden Champions‹ erscheint sehr interessant, weil zwischen diesen drei Geschäftszweigen beträchtliche Synergie-Effekte im Hinblick auf Sicherheit bestehen.

Solche Strategien, die auf kombinierten ›Hidden Champion‹-

Positionen basieren, erscheinen mir äußerst intelligent. Die große Herausforderung in diesem Fall ist, die Spezialisierung und die Stärken zu bewahren, die die ›Hidden Champions‹ ursprünglich zum Weltmarktführer gemacht haben. Teams von ›Hidden Champions‹, die zusammenarbeiten, ohne die Spezialisierung in ihrem Kerngeschäft zu verlieren, bilden eine sehr starke Konstellation. Und ›Hidden Champions‹ sind hochinteressante Objekte für Investoren.

Zusammenfassung

Führer sind einsam, das gilt auch für ›Hidden Champions‹. Führerschaft erfordert, daß ein Unternehmen die Kernaktivitäten, auf die seine dominante Rolle aufgebaut ist, nicht delegiert. Gleichzeitig arbeitet jedes Unternehmen in einem weiteren Umfeld, von dem es profitieren kann. Die Einstellungen und Erfahrungen der ›Hidden Champions‹ enthalten zahlreiche wichtige Erkenntnisse:

- Hohe Fertigungstiefe für Kernkompetenzen scheint besser zu sein als Outsourcing.
- Die Entscheidung über Outsourcing sollte nicht nur von Kostenüberlegungen abhängig sein, sondern auch die Auswirkungen auf Qualität, Know-how und Kernkompetenzen berücksichtigen.
- Eine vertikale Integration kann vorteilhaft sein, d. h. beispielsweise, die Maschinen für den Eigenbedarf selbst zu bauen. Denn Fähigkeiten und Ressourcen, die auf dem Markt gekauft werden können, reichen oft nicht aus, um dauerhafte Wettbewerbsvorteile zu schaffen.
- Outsourcing für ganze Teilsysteme kann gefährlich sein, weil es Zulieferern eventuell ermöglicht, die Teilsysteme direkt an die Endkunden zu verkaufen. Diese Aussage trifft nicht auf System-Integratoren zu, da deren Kernkompetenz die Systemintegration ist.

- Hohe F&E-Tiefe scheint ein wirkungsvoller Weg zu sein, Kern-Know-how zu schützen und hochqualifizierte Mitarbeiter an Bord zu halten.
- Die ›Hidden Champions‹ vergeben Nicht-Kernaktivitäten sehr stark fremd, nicht nur weil sie Kosten variabel halten wollen, sondern weil sie glauben, auf diese Weise auch bessere Qualität zu erhalten.
- ›Hidden Champions‹ haben eine Abneigung gegen strategische Allianzen, sogar wenn sie ausländische Märkte erschließen. Sie lehren uns, sich vor der Illusion zu bewahren, daß strategische Allianzen die Lösung für Probleme sind, die ein Unternehmen nicht selbst lösen kann. Der japanische Markt ist eine Ausnahme.
- Wettbewerber sollten nicht nur als Gegner betrachtet werden, sondern auch als ›Trainingspartner für Fitneß‹. Langfristig geht es einem Unternehmen mit starken Konkurrenten besser – sofern es überlebt. Daraus kann abgeleitet werden, daß ein Unternehmen aktiv die leistungssteigernde Konfrontation mit den stärksten Wettbewerbern auf der Welt suchen sollte. Das ist der einzige Weg, Weltmarktführer zu werden.
- In gleicher Weise sollte ein Unternehmen sich um die Kunden bemühen, die die höchsten Anforderungen stellen. Um die Marktführerschaft zu halten, muß es ihnen folgen, wo immer in der Welt sie hingehen.
- Das gesamte Umfeld und eine leistungsorientierte Einstellung sind wichtige Voraussetzungen für Weltklasse. Diese Gegebenheiten sollten nicht als (vor)gegeben betrachtet werden, sondern ein Unternehmen sollte eine produktive Umgebung dieser Art aktiv suchen und schaffen (oder, falls das nicht möglich ist, den Standort dorthin verlagern).

Die ›Hidden Champions‹ halten es mit dem Motto aus Schillers Drama *Wilhelm Tell* »Der Starke ist am mächtigsten allein«. Sie mißtrauen modernen Konzepten, die andere als

Problemlöser für Aktivitäten empfehlen, die nicht delegiert werden sollten. Dennoch sind die ›Hidden Champions‹ nicht allein, sondern Teil eines Netzwerks und von Systemen, die sie zu Höchstleistungen antreiben. Sie sind gleichzeitig allein und doch nicht allein. Ich glaube, daß diese Kombination jedem Unternehmen gut ansteht. Auf einigen Gebieten, vor allem den Kernaktivitäten, sollte man allein sein, auf anderen Feldern, den Nicht-Kernaktivitäten und den Motivationskräften, die von Kunden, Wettbewerbern, dem Umfeld im allgemeinen ausgehen, sollte man zusammen mit geeigneten Partnern kämpfen.

Anmerkungen

1 Rommel, Günter, Brück, Felix, Diederichs, Raimund, und Kempis, Rolf-Dieter: Simplicity Wins – How Germany's Mid-Sized Industrial Companies Succeed, Boston: Harvard Business School Press, 1995.
2 Frankfurter Allgemeine Zeitung, 30.5.1995; Frankfurter Allgemeine Zeitung, 21.8.1995.
3 Porter, Michael E.: Competitive Advantage of Nations, Harvard Business Review, 1990, S. 93.
4 Drucker, Peter F.: Lest Business Alliances Become Dangerous, The Wall Street Journal Europe, (11. September) 1989.
5 Porter, Michael E.: Competitive Advantage, New York: The Free Press, 1985.
   Porter, Michael E.: Competitive Advantage of Nations, London: MacMillan, 1990.
6 Porter, Michael E.: Competitive Advantage of Nations, London: MacMillan, 1990.
7 Wells, L. T. (ed.): The Product Life Cycle and International Trade, Cambridge (Mass.): 1972.

9. KAPITEL

DAS TEAM

»Immer mehr Arbeit als Köpfe.«

Die ›Hidden Champions‹ haben sehr starke und eigenwillige Unternehmenskulturen. Die Identifikation der Mitarbeiter mit den Zielen und Werten des Unternehmens ist viel stärker als in anderen Firmen. Die höhere Motivation bewirkt einen deutlich niedrigeren Krankenstand und eine geringere langfristige Fluktuation. Wie ein Team ziehen die Mitarbeiter am gleichen Strang, so daß wenig Energie auf interne Reibereien verschwendet wird. Die ›Hidden Champions‹ sind jedoch keine bequemen Arbeitgeber. Sie verlangen sehr viel von ihren Mitarbeitern, und ihre Unternehmenskulturen sind intolerant gegenüber Leuten mit unterdurchschnittlicher Leistung. Die kurzfristige Fluktuation unmittelbar nach der Einstellung ist hoch und wird als Teil eines Ausleseprozesses betrachtet. Auf Dauer bleiben nur die, die die Unternehmenskultur akzeptieren.

Die Tatsache, daß die meisten ›Hidden Champions‹ ihren Standort in ländlichen Gebieten haben, schafft eine gegenseitige Abhängigkeit von Arbeitgeber und Arbeitnehmern. Es begünstigt die Tendenz zu lebenslanger Beschäftigung, was wiederum Flexibilität erfordert bezüglich kontinuierlicher Weiterbildung und multifunktionaler Beschäftigung der Mitarbeiter. Die Kreativität der Mitarbeiter ist eine wichtige Quelle für kontinuierliche Verbesserungen. Die ›Hidden Champions‹ scheinen in der Lage zu sein, Mitarbeiter zu hervorragenden Leistungen anspornen zu können. Sie schaffen dies oft auch mit Menschen, die von ihren Anlagen nicht als die ›Superstars‹ erscheinen, manche Defizite jedoch durch höchste Einsatzbereitschaft mehr als kompensieren.

Unternehmenskultur

Ich definiere Unternehmenskultur als Gesamtheit der Ziele und Werte eines Unternehmens, die im Idealfall alle Mitarbeiter akzeptieren und denen sie sich verpflichtet fühlen. Die Substanz einer Unternehmenskultur liegt in den Zielen und Werten. Die Gebäude, Rituale, Dekorationen und das Verhalten sind nur die sichtbaren Verkörperungen und Konsequenzen der Kultur. Es ist weniger wichtig, ob eine Unternehmenskultur in Form schriftlicher Prinzipien oder Richtlinien explizit formuliert ist. Letztlich zählt nur, ob sie in den Köpfen (kognitiv) und den Herzen der Mitarbeiter wirklich verankert ist und ob sie von den Führungskräften (vor)gelebt wird.

Einige ›Hidden Champions‹ haben sich Richtlinien oder Unternehmensgrundsätze gegeben. Diese schriftlichen Statements tendieren dazu, ein bißchen kühner und markanter zu sein als in Großunternehmen, sie sind jedoch nicht grundsätzlich anders. Ich messe schriftlichen Erklärungen dieser Art auch keine allzu große Bedeutung bei. Der Prozeß ihrer Erarbeitung kann wichtiger sein als das Ergebnis. Daher sehe ich davon ab, einzelne Fallbeispiele vorzustellen. Es ist für die ›Hidden Champions‹ eher typisch, daß die Unternehmensprinzipien nicht schriftlich gefaßt sind. Das kennzeichnende Merkmal ist, daß die Werte akzeptiert und gelebt werden. Mit zunehmender Größe eines Unternehmens wird es wahrscheinlich notwendig, solche Richtlinien niederzuschreiben. Allerdings sollte nie vergessen werden, daß Broschüren nicht persönliche Kommunikation ersetzen können. Annett Kurz, Sprecherin von *Clean Concept,* drückt die Einstellung aus, die wir bei vielen ›Hidden Champions‹ gefunden haben: »Man kann es aufschreiben, man kann es sogar sehr gut aufschreiben, aber letztlich muß man es persönlich kommunizieren, um die Mitarbeiter zu motivieren.« Der Unterschied zwischen starken und schwachen Unternehmenskulturen liegt nicht in den Formalien, sondern in der Intensität, mit der die Werte allen Mitarbeitern vermittelt werden. Darin sind die ›Hidden Champions‹ vorbildlich.

Unsere Erhebung sprach verschiedene Aspekte der Unternehmenskultur und Mitarbeiterverpflichtung an. Abbildung 9.1 liefert die Bewertung ausgewählter Eigenschaften zu Mitarbeitern und Unternehmenskultur.

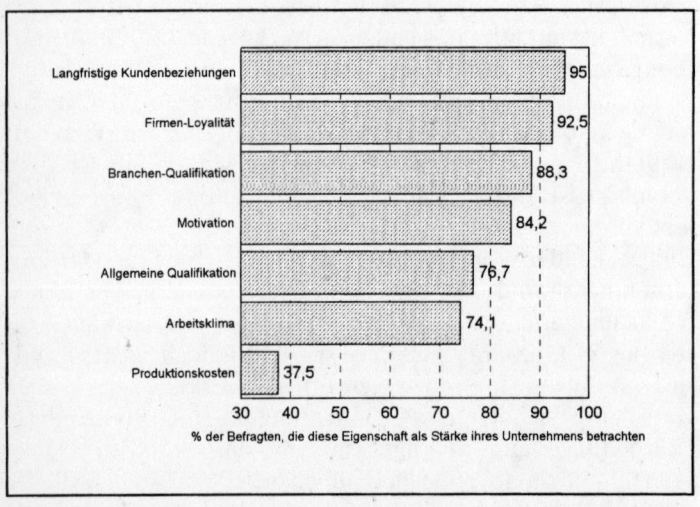

Abbildung 9.1: Bewertung von Unternehmenseigenschaften in bezug auf Mitarbeiter und Unternehmenskultur (Langfristige Kundenbeziehungen = höchste Bewertung und Produktionskosten = niedrigste Bewertung werden zu Vergleichszwecken gezeigt)

Die komplette Liste der Merkmale war viel länger. Zu Vergleichszwecken sind hier auch die Merkmale mit den höchsten und den niedrigsten Bewertungen in der Darstellung berücksichtigt. Die Abbildung zeigt, daß alle Eigenschaften von Loyalität zum Unternehmen bis Arbeitsklima von den Mitarbeitern der befragten Chefs als Stärken verstanden werden. Diese Stärken sind die Grundlage für die überlegenen Wettbewerbskompetenzen.

Unternehmenskultur ist kein Selbstzweck, sondern ein Mittel, um höhere Produktivität zu erreichen. Eine starke und akzeptierte Unternehmenskultur kann äußerst wirksam sein, um interne Reibungsverluste auf ein Minimum zu reduzieren. Ich habe häufig Manager gefragt, wieviel Energie sie verschwenden, um gegen innere Widerstände zu kämpfen. Die typische Antwort in Großunternehmen liegt zwischen 50 und 80 %. Manager in kleinen und mittleren Unternehmen benennen normalerweise eine Bandbreite von 20–30 %.

Bei den ›Hidden Champions‹ rangieren die Prozentsätze bei 10–20 %. Wenn dies auch keine exakten Messungen sind, so zeigen die Zahlen doch an, daß deutliche Unterschiede bestehen. Es ist offensichtlich, daß diese Unterschiede sich direkt in Produktivität, Geschwindigkeit und Wettbewerbsfähigkeit niederschlagen.

Ich meine hiermit konkrete und meßbare ökonomische Effekte. Ein solcher Effekt ist beispielsweise der *Krankenstand.* Die ›Hidden Champions‹ in unserer Stichprobe haben im Durchschnitt einen Krankenstand von 4,9 %. Wie Abbildung 9.2 zeigt, haben 40,8 % der Firmen einen Krankenstand von weniger als 4 % und nur 16 % einen solchen von über 6 %.

Da der Krankenstand nach Branchen unterschiedlich ist, sollten branchenübergreifende Vergleiche mit Sorgfalt und Vorsicht angestellt werden. Zum Vergleich werden die Daten der deutschen Automobilindustrie für das Jahr 1992 dargestellt, weil diese Branche hinsichtlich der Krankheitsursachen in etwa vergleichbar sein dürfte.

Die Unterschiede zu den ›Hidden Champions‹ sind eindrucksvoll. Im Durchschnitt ist der Krankenstand in der Autoindustrie mit 8,3 % fast doppelt so hoch wie bei den

Firma		Krankenstand in %	Beschäftigte in 1.000
»Hidden Champions« in der Stichprobe	Mittelwert	4,9	239
	40,8 % der »HCs«	<4,0	
	42,9 % der »HCs«	4-6	
	16,3 % der »HCs«	>6	
Audi		8,2	38
Mercedes-Benz		8,6	222
Ford		8,6	48
Opel		9,8	53
Volkswagen		8,2	123
BMW		6,3	60
Autoindustrie	Mittelwert (gewichtet)	8,3	544

Abbildung 9.2: Krankenstand von ›Hidden Champions‹ und von Auto-Herstellern

›Hidden Champions‹. Wenn die Autohersteller den gleichen Krankenstand wie die ›Hidden Champions‹ erreichen würden, könnten sie 18 946 Beschäftigte freisetzen. Bei angenommenen Gesamtkosten von 150 TDM pro Beschäftigten kostet der ›überhöhte‹ Krankenstand die Autohersteller 2,8 Mrd. DM. Diese Zahl entspricht fast dem 1992er Gesamtgewinn der Branche von 3,1 Mrd. DM. Im Vergleich zur Autoindustrie sparen die ›Hidden Champions‹ in unserer Stichprobe 1,2 Mrd. DM infolge des geringeren Krankenstandes. Wenn wir diese Rechnung auf alle 500 ›Hidden Champions‹ ausdehnen, belaufen sich die Ersparnisse auf 5 Mrd. DM. Diese Vergleiche zeigen, welche beachtlichen wirtschaftlichen Auswirkungen ein einziger Faktor wie der geringere Krankenstand haben kann.

Ein weiterer ›harter‹ wirtschaftlicher Effekt der Unternehmenskultur betrifft die *Fluktuation*. In Abbildung 9.1 haben wir gesehen, daß die Unternehmenstreue sehr hoch bewertet wurde. Dies wird durch die Fluktuationsdaten bestätigt. Die durchschnittliche Fluktuationsrate liegt bei 5,3 %. Infolge weniger Ausreißer ist der Median[1] mit 3 % sogar beträchtlich niedriger. Viele der Führungskräfte, mit denen wir sprachen, betonten, daß es praktisch keine Fluktuation gibt. Heinz Hankammer von *Brita-Wasserfilter* kommentiert diese Erfahrung: »Wir haben keine Fluktuation.« Hermann Kronseder von *Krones* schließt sich an: »Wir wissen kaum, was Fluktuation ist.«

Es gibt jedoch eine sehr wichtige Ausnahme. Viele neue Mitarbeiter verlassen die ›Hidden Champions‹ kurze Zeit nach der Einstellung. Der Grund ist, daß sie schnell erkennen, ob sie in die Unternehmenskultur passen oder nicht. Die Unternehmenskultur der ›Hidden Champions‹ stößt neue Mitarbeiter, die das Wertesystem nicht akzeptieren, ab. Daher ist es nicht ganz richtig, zu sagen, daß die ›Hidden Champions‹ keine oder nur eine sehr geringe Fluktuation hätten. Sie haben eine äußerst geringe Fluktuation, wenn die Mitarbeiter sich an die Unternehmenskultur gewöhnt haben und zur Stammbelegschaft gehören.

Fluktuationsraten von 3–5 % bedeuten eine Unternehmenszugehörigkeit von 20–30 Jahren. Unternehmenszugehörigkeit als solche ist kein Ziel. Es zählt, daß die richtigen Mitarbeiter gehalten werden. Da diejenigen, die nicht passen oder nicht genügend leisten, sehr früh abgestoßen werden, wird Unternehmenszugehörigkeit zu einem unschätzbaren Wert. Die ›Hidden Champions‹ schaffen es, qualifizierte und erfahrene Mitarbeiter für Jahrzehnte – oft lebenslang – auszuwählen, zu entwickeln und zu halten.

Leistungsorientierung

Die Unternehmenskultur der ›Hidden Champions‹ ist stark *leistungsorientiert*. In unserer Stichprobe ordneten ungefähr zwei Drittel der Befragten den Erfolg dem ganzen Team und seiner Zusammensetzung zu, nur ein Drittel betrachtete Einzelleistungen als Hauptursache des Erfolges. Diese Ergebnisse legen nahe, von einer *Teamkultur* zu sprechen. Collins und Porras[2] vertreten die Ansicht, daß der Schlüsselfaktor für den kontinuierlichen Erfolg visionärer Unternehmen eine kultähnliche Unternehmenskultur ist, eine Feststellung, die unserer Vorstellung ziemlich ähnlich ist. Bei den ›Hidden Champions‹ scheinen jedoch die Führungskräfte eine größere Rolle für die Kultur zu spielen als in den Großunternehmen, die von Collins und Porras untersucht wurden. Dies kann eventuell darauf zurückgeführt werden, daß die visionären Großunternehmen beträchtlich älter sind als viele unserer ›Hidden Champions‹.

Die ›Hidden Champions‹ sehen das Geschäft ähnlich wie einen Mannschaftssport, wie z. B. Fußball. In solchen Teams beeinflussen schwache Spieler die Leistung sehr negativ und werden nicht toleriert. Diese Einstellung ist nicht nur von oben nach unten aufgepfropft, sondern Teil des Wertesystems des Teams. Gruppenkontrolle oder soziale Kontrolle der Leistung funktioniert in diesen Unternehmen und ist weitaus wirksamer als formalisierte Kontrolle von oben. Großunternehmen haben komplexe formale Systeme (z. B. für Zeiterfassung, Prämien), aber diese Systeme zu umgehen, wird als sozial akzeptierter Sport betrachtet. Als Ergebnis leiden Großunternehmen häufig unter einer zu großen Toleranz für Mitarbeiter mit mittelmäßigen oder unzureichenden Leistungen. Die Teamkultur der ›Hidden Champions‹ toleriert solche schwachen Leistungen nicht. Die Kultur stößt Mitarbeiter mit unzureichender Leistung, Drückeberger und Faulenzer ab.

Natürlich haben kleinere Unternehmen insofern einen strukturellen Vorteil, als Minderleistung leichter sichtbar ist und aufgedeckt wird. Annett Kurz von *Clean Concept* kommentiert: »In unserem Unternehmen mit 80 Mitarbeitern können nicht einmal zwei Mitarbeiter faulenzen. Wir haben einfach keine überschüssige Kapazität, und jeder muß die Ärmel hochkrempeln. Drückeberger mögen der Entdeckung in Großunternehmen entgehen, in einem kleinen Unternehmen wie unserem – nie.«

Ein Geschäftsführer eines ›Hidden Champion‹ trifft den Nagel auf den Kopf: »*Wir haben immer mehr Arbeit als Köpfe.* Und so sollte es sein. Dies ist nicht nur gut für die

Produktivität, sondern es macht die Mitarbeiter tatsächlich zufriedener. Wenn die Mitarbeiter nicht herausgefordert sind, hart zu arbeiten, verfallen sie auf unproduktive Tätigkeiten, wie das Schreiben von Aktennotizen, das Abhalten unnötiger Besprechungen, entwerfen überflüssige Vorschriften usw. Die meisten Intrigen und der bürokratische Zirkus, die Großunternehmen plagen, können vermieden werden, wenn es mehr Arbeit als Köpfe gibt.« Eine relativ hohe Arbeitslast ist ein hervorragendes Mittel, interne Reibungsverluste auf einem Minimum zu halten. Das Parkinsonsche Gesetz trifft nur zu, wenn es mehr Köpfe als Arbeit gibt. Dann müssen die Mitarbeiter neue Arbeit erfinden, um beschäftigt zu sein. Diese neue Arbeit bezieht sich gewöhnlich auf interne Aktivitäten, die nur geringe Wertschöpfung bringen. Natürlich ist die Beziehung zwischen Arbeitslast und Kapazität heikel und darf nicht auf die Spitze getrieben werden.

In diesem Zusammenhang ist es entscheidend, daß die Mitarbeiter wissen, wofür sie arbeiten und daß sie ihren Beitrag zum Endprodukt erkennen. Nur dann sind sie bereit, Zeit und Kraft zu investieren. Infolge geringerer Arbeitsteilung wird diese Vorbedingung für Motivation viel leichter in kleinen als in großen Unternehmen erfüllt. In einer Wachstumssituation entwickelt sich die Bedingung ›mehr Arbeit als Köpfe‹ fast automatisch, weil die Nachfrage den internen Ressourcen immer vorauseilt. Das ist der Grund, warum einige ›Hidden Champions‹ einem beständigen Wachstum große Aufmerksamkeit schenken. Ein Geschäftsführer sagte: »Wir müssen wachsen, um produktiv zu bleiben. Wachstum hält uns beschäftigt und munter. Ein Unternehmen ist wie ein Baum. An dem Tag, an dem er aufhört zu wachsen, beginnt er zu sterben. Wachstum ist Teil unserer Kultur.«

Wachstum führt jedoch letzten Endes zu *Größe*. Und dies ist eine Gefahr. Viele ›Hidden Champions‹ sind bereits mit dem Dilemma konfrontiert, ihre Unternehmenskultur als

Kleinunternehmen zu bewahren, obwohl sie groß werden. Dies ist ein Aspekt dessen, was Clifford[3] die ›Wachstumsschmerzen der Schwellenunternehmen‹ genannt hat. Ein illustrativer Fall ist *Putzmeister,* Weltmarktführer für Betonpumpen. Karl Schlecht, der geschäftsführende Gesellschafter, befürchtet, daß mit zunehmender Größe eine Unternehmensbürokratie entsteht, die Besprechungen immer häufiger werden und es länger dauern wird, Entscheidungen zu treffen. 1995 begann er daher, verschiedene Einheiten (Betonpumpen, Flugzeugreinigungsgeräte, Industriepumpen) in Unternehmen aufzuteilen, die wie unabhängige ›Hidden Champions‹ arbeiten sollen. *Hauni/Körber,* der Weltmarktführer für Zigarettenmaschinen, nahm 1995 eine ähnliche Aufteilung vor. Das Unternehmen besteht jetzt aus drei unabhängig operierenden Unternehmen: Hauni (der Spezialist für Zigarettenmaschinen), *PapTis* (Spezialist für Papiermaschinen) und *Schleifring* (Hersteller von Werkzeugmaschinen).

Die Herausforderung, eine leistungsorientierte Kultur zu bewahren, ist tatsächlich beträchtlich, wenn ein Unternehmen größer wird. Viele Unternehmen, die heute groß oder sehr groß sind, hatten einst die Größe eines typischen ›Hidden Champion‹. Aber nur wenige konnten mit zunehmender Größe die Stärken ihrer Anfangszeit bewahren. Viele sind dem Großunternehmens-Syndrom anheim gefallen.

Ein weiterer Aspekt der Leistungskultur ist die *Verfügbarkeit und Flexibilität der Mitarbeiter* bezüglich der Arbeitszeit. Während Großunternehmen in dieser Hinsicht relativ unflexibel sind und die Idee vom ›atmenden Unternehmen‹ nur mit Schwierigkeiten realisieren, haben ›Hidden Champions‹ hier eine erklärte Stärke. Beinahe alle Interviewpartner sagten, daß sie ihre Belegschaft mobilisieren können, länger zu arbeiten – sogar bei kurzfristiger Ankündigung. Dr. Wolfgang Pinegger, Geschäftsführer von *Brückner,* Weltmarktführer für biaxiale Folienreckmaschinen, erklärt die Situation in seinem Unternehmen: »Unsere Leute können nicht erwarten, einen regulären Arbeitstag von acht Stunden zu haben. Wir müssen flexibler und schneller sein. Wir müssen z. B. häufig am Wochenende reisen. Leute, die bei uns bleiben, betrachten Montag bis Freitag nicht als Arbeitswoche. Wir fordern sehr viel. Wir bieten jedoch auch mehr – nicht nur in der Bezahlung.« Reinhard *Wirtgen* schließt sich an: »An den Wochenenden haben wir unsere Konkurrenten geschlagen.«

Die Flexibilität der ›Hidden Champions‹ beeindruckt auch hinsichtlich des organisatorischen und funktionalen Einsatzes der Mitarbeiter. 1992 bemerkte Reinhold *Würth*, daß er seine Vertriebskraft dramatisch verstärken mußte. Aber infolge der Rezession konnte er seine Belegschaft insgesamt kaum ausweiten. Die einzige Alternative war eine massive Umsetzung von Mitarbeitern aus dem Innendienst in den Außendienst.

Die Mitarbeiterzahl erhöhte sich nur um 1 % auf 12 860. Der Außendienst wurde um 509 Mitarbeiter (+ 8 %) verstärkt, während der Innendienst um ca. 400 Mitarbeiter (– 6 %) reduziert wurde. Diese Veränderung wurde nicht zuletzt durch Versetzungen erreicht.

Zusammenfassend können wir feststellen, daß die Unternehmenskultur der ›Hidden Champions‹ hohe Anforderungen an die Mitarbeiter stellt und ausgesprochen leistungsorientiert ist. Obgleich diese Kultur im Ursprung von oben nach unten vermittelt wurde, wird sie heute durch das Team gelebt. Es ist tatsächlich eine *Team-Kultur*. Die Teams üben soziale Kontrolle aus, diese ist wirksamer als jede formale, von oben kommende Kontrolle. Gewöhnlich gibt es mehr Arbeit als Köpfe. Diese Situation stellt hohe Anforderungen an den Zeiteinsatz und die Flexibilität der Mitarbeiter. Sie minimiert jedoch interne Reibungen und Konflikte. Die ›Hidden Champions‹ sind keine bequemen Arbeitgeber. Das Engagement ihrer Mitarbeiter macht sie stark.

Standorte in ländlichen Gebieten

Welches sind die Wurzeln des großen Engagements der Mitarbeiter von ›Hidden Champions‹? Neben offensichtlichen Faktoren wie klare Spezialisierung, Nähe zum Endergebnis der Arbeit, Team-Geist, spielt der Standort eine wichtige Rolle. Nur wenige ›Hidden Champions‹ haben ihren Standort in Großstädten. Hamburg ist die einzige Großstadt mit einer größeren Zahl von ›Hidden Champions‹ (*Jungheinrich, Fielmann, Rothfoss-Neumann, Eppendoff-Netheler-Hinz, von Ehren, Paul Binhold* usw.). Die überwiegende Mehrheit der ›Hidden Champions‹ arbeitet jedoch in Kleinstädten und Dörfern, z. B. Harsewinkel *(Claas)*, Aichtal *(Putzmeister)*, Kandel *(David + Baader)*, Holzminden *(Dragoco, Haarmann & Reimer)*, Mulfingen *(ebm)*, Plettenberg *(Plettac)*.

Der Standort in ländlichen Gebieten hat mehrere wichtige Effekte. Ersten ist der ›Hidden Champion‹ meistens der einzige große Arbeitgeber am Ort, so daß die Beschäftigten weniger Alternativen als in der Großstadt haben. Andererseits ist das Reservoir an qualifizierten Arbeitskräften auf dem Lande begrenzt, so daß das Unternehmen vom Goodwill seiner Beschäftigten abhängig ist. Diese Bedingungen schaffen eine gegenseitige Abhängigkeit zwischen Arbeitgeber und Arbeitnehmern. Das Unternehmen benötigt die Arbeitskräfte, und die Beschäftigten brauchen die Jobs, die das Unternehmen bietet.

Die Tatsache, daß der Eigentümer-Manager häufig in der gleichen Gemeinde wie seine Mitarbeiter geboren wurde und aufgewachsen ist, führt zu einem engeren Beziehungsgeflecht als in Großunternehmen. Häufig arbeiten verschiedene Generationen einer Familie im Unternehmen oder haben dort gearbeitet. Es ist auch üblich, daß die ›Hidden Champion‹-Eigentümer örtliche Sportclubs oder andere Vereine sponsern. Dies trägt zur Beliebtheit des Unternehmens am Ort bei. Alle diese Faktoren fördern das ungewöhnlich starke Engagement der Mitarbeiter.

Mit dem ländlichen Standort ist noch ein anderer Effekt verbunden, die Vermeidung von Zerstreuung. Klaus *Groh-*
mann, der sich auf die Zusammenarbeit mit den 30 Top-
Elektronikfirmen in der Welt spezialisiert hat, erklärt die
Vorteile eines ländlichen Standortes: »In der Großstadt gäbe
es einfach zu viel Zerstreuung für unsere Top-Spezialisten.
Wir brauchen so viel Konzentration, daß wir sie nur in einer
ruhigen Umgebung finden können. Ich traf bewußt die Entscheidung, den Standort von Düsseldorf nach Prüm in der
Eifel zu legen. Ich wollte eine permanente Verbindung zwischen Mitarbeitern und Unternehmen schaffen. Es funktioniert. Unsere Fluktuation ist jetzt unter 1 %. Unser Durch-
schnittsalter ist 30 Jahre. Und wir verlieren keine Zeit im
Verkehrsstau. Wenn wir nach Haus gehen, können wir ent-
spannen. Unsere Mitarbeiter können sich zudem auf dem
Land ein eigenes Haus leisten.«

Oualifikation und Weiterbildung

Die Schlüsselfaktoren im internationalen Wettbewerb unterscheiden sich je nach Markt. Auf Massenmärkten sind häufig
niedrige Kosten ausschlaggebend. Demzufolge wird die
Fähigkeit, zu den geringstmöglichen Kosten zu produzieren,
zur Kernkompetenz. Dies bedeutet in aller Regel, daß die
Personalkosten so niedrig wie möglich sein müssen. Auf den
typischen Märkten der ›Hidden Champions‹ bilden Qualität
und Service im Regelfall die wichtigsten Wettbewerbsparameter. Demzufolge werden die Qualifikation der Mitarbeiter und die Fähigkeit zur Weiterbildung zu Kernkompetenzen. Auf hochentwickelten Märkten wird Lernfähigkeit in
zunehmendem Maße ein Bestimmungsfaktor für internationale Wettbewerbsvorteile.
In Abbildung 9.1 haben wir gesehen, daß die ›Hidden
Champions‹ die branchenspezifische Qualifikation ihrer Belegschaft sehr hoch bewerten. Im Durchschnitt haben 8,5 %

ihrer Mitarbeiter einen Universitätsabschluß. In vielen Unternehmen ist dieser Prozentsatz noch höher. *Aqua Signal,* der Weltmarktführer für Schiffsleuchten, hat 250 Mitarbeiter, von denen 50 Ingenieure sind. *Hauni/Körber* beschäftigt mehr als 1500 Ingenieure, fast 25 % der Belegschaft. Von *Trumpfs* Mitarbeitern haben 22 % einen Universitätsabschluß.

Bei einem internationalen Vergleich ist zudem die Ausbildung der Arbeiter ein entscheidender Faktor. Praktisch sind alle gewerblichen Mitarbeiter der ›Hidden Champions‹ Facharbeiter, d. h., sie haben eine Berufsausbildung absolviert. Die deutsche Berufsausbildung ist eine der Grundlagen für die internationale Wettbewerbsfähigkeit der ›Hidden Champions‹.

4,5 % der Mitarbeiter der ›Hidden Champions‹ sind Auszubildende. Wenn wir diesen Prozentsatz auf die durchschnittliche Zahl der Mitarbeiter von 735 beziehen, dann hat ein typischer ›Hidden Champion‹ ungefähr 33 Auszubildende. Unter Berücksichtigung der sehr geringen Fluktuation sichert diese Zahl einen permanenten Zufluß und ein hohes Niveau an Know-how für die Zukunft.

Viele ›Hidden Champions‹ haben Teile ihres Berufsausbildungssystems in ihre ausländischen Niederlassungen ›exportiert‹. *Stihl,* der Weltmarktführer für Motorsägen, setzt Konzepte, die für die deutsche Berufsausbildung entwickelt wurden, auch in den USA und Brasilien ein. Andere haben Austauschprogramme mit ihren Auslandsniederlassungen, um den gleichen Wissensstand für ihre jungen Mitarbeiter überall auf der Welt sicherzustellen.

Was Weiterbildung anbetrifft, sind die ›Hidden Champions‹ ebenfalls sehr aktiv. Aus einer Studie im Maschinenbau ist bekannt, daß erfolgreiche Unternehmen fast viermal mehr (827 DM) für Weiterbildung pro Mitarbeiter ausgeben als ihre weniger erfolgreichen Wettbewerber (225 DM). Diese Zahlen enthüllen jedoch nur einen Teil der Wahrheit für Kleinunternehmen, da Lernen am Arbeitsplatz eine größere Rolle spielt als formale Programme. Die hohe Innovationsrate löst einen quasi-automatischen kontinuierlichen Lernprozeß aus. Und da *kontinuierliche Lernaktivitäten* – anders als bei Großunternehmen – kaum systematisch erfaßt werden, sind Firmenvergleiche nur beschränkt aussagefähig.

Ein sehr wichtiger Teil des Lernprozesses, der sich jeder Statistik entzieht, ist der Austausch zwischen den betrieblichen Funktionen. Der flexible Einsatz von Mitarbeitern in verschiedenen Funktionen herrscht bei den ›Hidden Champions‹ vor (vgl. Kapitel 5 und 6). *Winterhalter Gastronom* hat eine Regel, daß jeder Mitarbeiter mindestens eine weitere Aufgabe beherrschen muß. Es ist üblich, daß jemand aus der Produktion im Kundendienst einspringt (oder umgekehrt). Rommel[4] berichtet, daß Versetzungen zwischen Funktionen bei erfolgreichen Unternehmen vier- bis fünfmal häufiger sind als in weniger erfolgreichen Firmen. Natürlich darf auch dies nicht in eine ›Rotationitis‹ ausarten.

In unseren Interviews sprachen wir regelmäßig den Aspekt des Lernwillens der gesamten Organisation an. Die Interviewpartner beschwerten sich fast nie, daß ihre Teams lernunwillig wären oder zu langsam lernen würden. Die ›Hidden Champions‹ betrachten die Qualifikation ihrer Mitarbeiter als eine Grundlage ihrer Wettbewerbsüberlegenheit. Sie haben gelernt, daß ein hoher Ausbildungsstand nur durch hohe Investitionen in die Ausbildung der Mitarbeiter erreicht und gesichert werden kann. Diese Investitionen tragen andererseits nur Früchte, wenn die Unternehmenstreue ausgeprägt ist. Weiterbildung und Unternehmenstreue sind daher wichtige Grundlagen zur Schaffung überlegener Kompetenzen. Diese Erfahrungen sollten von jedem Unternehmen beachtet werden, das sich um hervorragende Mitarbeiter bemüht. Und hervorragende Mitarbeiter sind unverzichtbar für den Erfolg auf internationalen Märkten.

Kreativität der Mitarbeiter

Jedes Unternehmen sollte ständig nach neuen Ideen suchen, um die Produktivität zu steigern, Kosten zu senken, Produkte zu verbessern und Durchlaufzeiten zu verringern. Jeder stimmt dieser Auffassung zu, aber nur wenige Unternehmen nutzen die offensichtliche und naheliegendste Ideenquelle, die Kreativität der Mitarbeiter.

Deutsche Unternehmen haben im Durchschnitt 16 Verbesserungsvorschläge pro 100 Beschäftigte. Diese Daten[5] stammen aus einer Erhebung bei 245 Unternehmen in verschiedenen Branchen, von denen 17 ›Hidden Champions‹ waren. Die ›Hidden Champions‹ erreichen mit 47 Verbesserungsvorschlägen pro 100 Beschäftigte eine wesentlich höhere Zahl. Was letzten Endes zählt, sind die erzielten Einsparungen pro Beschäftigten. Die Nettoeinsparungen pro Beschäftigten betrugen im Durchschnitt 242 DM und bei den ›Hidden Champions‹ 344 DM, waren dort also um 42 % höher als im Schnitt der deutschen Industrie.

Zusammenfassend möchte ich betonen, daß sich jedes Unternehmen bemühen muß, das volle Potential seiner Mitarbeiter auszuschöpfen. In den meisten Unternehmen gibt es nach wie vor eine unentdeckte Goldmine für neue Ideen. Wenn diese Goldmine auch nicht einfach zu erschließen ist, so lernen wir doch von den ›Hidden Champions‹, daß Engagement der Mitarbeiter und Mitdenken am Arbeitsplatz ein besserer Weg ist als formalisierte Systeme für Verbesserungsvorschläge.

Die Besten gewinnen und halten

Wenn die Qualifikation der Mitarbeiter eine der Grundlagen für überlegene Kompetenzen ist, werden die Gewinnung und das Halten der besten Talente äußerst wichtig. Seit Anfang der 80er Jahre haben wir regelmäßig empirische Studien über die Attraktivität von Unternehmen bei Hochschulabsolventen durchgeführt. Aus diesen Studien wissen wir, daß mittelgroße Unternehmen im Vergleich zu Großunternehmen in zunehmendem Maße als attraktive Arbeitgeber angesehen werden.

Die ›Hidden Champions‹ haben im allgemeinen keine ernsthaften Schwierigkeiten, hervorragende Mitarbeiter zu rekrutieren. In ihrer Region sind sie ein angesehener Arbeitgeber. Die Firma *Würth* berichtete z. B., daß sie fünfmal mehr hochqualifizierte Bewerber habe, als sie einstellen könne, so daß die Auswahlmöglichkeiten groß sind. *Heidenhain,* der Weltmarktführer für elektronische Längen- und Winkelmeßsysteme mit 3000 Beschäftigten, erhielt auf eine Ausschreibung für zwei Physiker mehr als 1000 Bewerbungen. Und Manfred Bobeck von *Winterhalter Gastronom* sagte Ende 1994: »Heute ist es leicht für uns, gute Leute anzuziehen. Das Ansehen und die Attraktivität von Winterhalter haben sich so stark verbessert, daß Hochschulabsolventen Schlange stehen, um einen Job bei uns zu bekommen. Diese jungen Leute wissen, daß sie ein ausgezeichnetes Training erhalten, sehr schnell Verantwortung übernehmen können und hervorragende Entwicklungsmöglichkeiten haben.« Welcher leistungsbereite junge Mensch möchte nicht gern bei einem ›Weltmeister‹ arbeiten? Einige ›Hidden Champions‹ haben Probleme, wenn sie Top-Absolventen von weit entfernten Universitäten anstellen wollen. Der ländliche Standort und die Tatsache, daß das Unternehmen außerhalb seiner Region wenig bekannt ist, können Nachteile sein, weil die Kandidaten vielleicht nicht in eine Kleinstadt umziehen wollen. Doch wenn diese Leute bei einem ›Hidden Champion‹ anfangen und sich heimisch fühlen, werden sie wahrscheinlich ein Leben lang in dem Unternehmen bleiben.

Die richtigen Leute zu gewinnen, ist nur der erste Schritt. Die richtigen zu behalten und diejenigen auszusortieren, die nicht in die Unternehmenskultur passen, sind für den Aufbau einer hervorragenden Belegschaft gleichermaßen wich-

237

tige Aspekte. Wie bereits erwähnt, ist die Fluktuation in der Stammbelegschaft der ›Hidden Champions‹ sehr gering. Die Fluktuation in der Anfangsphase nach Einstellung eines neuen Mitarbeiters ist jedoch hoch. Das starke Engagement und die Unternehmenskultur schaffen eine Intoleranz gegenüber neuen Mitarbeitern, die nicht in diese Unternehmenskultur passen. Heinz Hankammer von *Brita-Wasserfilter* beschreibt die Situation in seinem Unternehmen: »Neue Mitarbeiter, die nicht zu unserer Unternehmenskultur passen, disqualifizieren sich selbst. Ich brauche keinem zu sagen, ›Sie passen nicht in dieses Unternehmen‹. Das entwickelt sich ohne mein Zutun.«

Es gibt verschiedene Wege, eine hervorragende Belegschaft aufzubauen. Ein Weg ist, Kandidaten äußerst sorgfältig zu testen, bevor sie eingestellt werden. Die ›Hidden Champions‹ verwenden diese Vorgehensweise nicht sehr intensiv oder systematisch. Sie stellen vielmehr Bewerber ein, die erfolgversprechend wirken, und testen sie am Arbeitsplatz (›Test durch Arbeit‹). Wenn die neuen Mitarbeiter nicht die erwartete Leistung bringen, trennt man sich nach kurzer Zeit von ihnen. Ein Geschäftsführer erzählte mir, daß ein neuer Mitarbeiter erst nach ein oder zwei Jahren richtig beurteilt werden könne. »Sogar nach zwei Jahren sind wir sehr rigoros, uns von einem Mitarbeiter zu trennen, wenn wir erkennen, daß er oder sie unsere Erwartungen nicht erfüllt.« Die Auswahl neuer Mitarbeiter erfolgt nicht primär unter Verwendung von Test-Verfahren, sondern mehr praxisorientiert als Leistungsbeurteilung im Job.

Die ›Hidden Champions‹ schaffen es, hervorragende Mitarbeiter zu gewinnen und zu halten. Sie werden als attraktive Arbeitgeber angesehen, die Verantwortung übertragen und die schnelle Verwirklichung von Ideen ermöglichen. Diese Eigenschaften erhöhen ihre Attraktivität bei ›Machern‹, die wiederum in ihre Unternehmenskultur passen. Neue Mitarbeiter, die sich nicht in die Unternehmenskultur integrieren, können sich nicht halten.

Zusammenfassung

Die Bedeutung der Unternehmenskultur für den langfristigen Unternehmenserfolg wird allgemein unterschätzt. Eine starke Unternehmenskultur ist ein wichtiger Erfolgsfaktor der ›Hidden Champions‹. Diese Unternehmenskultur ist teamorientiert und trägt deutlich zur Wettbewerbsfähigkeit dieser Firmen bei. Die wesentlichen Schlußfolgerungen lauten:

- Eine Unternehmenskultur als ein System akzeptierter Werte und Ziele steigert die Effizienz insofern, als sie Ressourcen zielführend ausrichtet und interne Reibungsverluste minimiert.
- Die Akzeptanz der Unternehmenskultur ist Grundlage für die Motivation und die Identifikation der Mitarbeiter mit dem Unternehmen.
- Gute Motivation wiederum bewirkt harte wirtschaftliche Vorteile, weil sie Krankenstand und Fluktuationsrate reduziert.
- Eine Unternehmenskultur sollte leistungsorientiert und intolerant gegenüber Drückebergern und Faulenzern sein. Soziale Kontrolle ist wirksamer als formale Kontrolle.
- Es ist sehr empfehlenswert, mehr Arbeit als Köpfe zu haben. Dieses Ungleichgewicht minimiert interne Reibungsverluste.
- Ein Unternehmen oder seine Geschäftseinheiten sollten klein genug bleiben, um die Leistung transparent zu machen. Wenn ein Unternehmen zu groß wird, sollte eine Aufteilung in leistungstransparente Einheiten erfolgen.
- Ein ländlicher Standort mit wenig Zerstreuungsmöglichkeiten kann die Fähigkeit zu Weltklasseleistungen fördern.
- Flexibilität der Mitarbeiter bezüglich Arbeitszeit und Einsatz sind in einem dynamischen Markt notwendig und sollten angestrebt werden.

- Die Kreativität der Mitarbeiter ist eine zu wenig genutzte Ideenquelle. Die volle Ausnutzung dieser Quelle kann effektiver durch Motivation der Mitarbeiter erfolgen als durch ein formales System für Verbesserungsvorschläge.

Die ›Hidden Champions‹ haben eine starke Unternehmenskultur. Die Unternehmenskultur ist die Seele eines Unternehmens. Ihre Werte gründen sich auf einfache Prinzipien von Leistung und Fleiß. Diese Prinzipien werden jedoch konsequenter als anderswo umgesetzt und von allen Mitarbeitern akzeptiert. Diese Mitarbeiter, die die gleichen Werte teilen, bilden ein Team, das schwer zu schlagen ist.

Anmerkungen

1 Median (Zentralwert): Ist jener Wert, der in einer größenmäßig geordneten Reihe von Merkmalswerten in der Mitte liegt. Er wird – anders als das arithmetische Mittel – durch die Extremwerte nicht beeinflußt.
2 Collins, James C., und Porras, Jerry I.: Built to Last – Successful Habits of Visionary Companies, New York: Harper Collins Publishers, 1994.
Collins, James C., und Porras, Jerry I.: Die Besten der Besten – Zwölf Managementmythen, gdi-impuls 1/1995, S. 23–29, Zürich: Gottlieb-Duttweiler-Institut 1995.
3 Clifford, Donald, K. Jr.: Growth Pains of the Threshold Company, Harvard Business Review, 51, (September–October) 1973, S. 143–154.
4 Rommel, Günter, Brück, Felix, Diederichs, Raimund, und Kempis, Rolf-Dieter: Simplicity Wins – How Germany's Mid-Sized Industrial Companies Succeed, Boston: Harvard Business School Press, 1995.
5 Quelle: Deutsches Institut für Betriebswirtschaft, iwd Köln.

10. KAPITEL

DIE FÜHRUNGSKRÄFTE

»In dir muß brennen, was du in anderen entzünden willst.«

Augustinus

Wenn ich das auffallendste Merkmal der ›Hidden Champions‹ herausgreifen soll, so sind die Führungskräfte zu nennen. Die unermüdliche Kraft und Energie dieser Manager haben mich stets tief beeindruckt. Die Personen an der Spitze der ›Hidden Champions‹ sind so verschieden wie Menschen im allgemeinen. Sie haben jedoch alle ein gemeinsames Merkmal. Sie sind besessen von einer ungeheuren Energie und einer Kraft, die ihre Unternehmen vorantreiben. Die meisten Führungskräfte haben klare Schwerpunkte und konzentrieren sich voll auf ihr Geschäft. Kontinuität der Führung ist eine andere auffallende Eigenschaft. Die Leiter der ›Hidden Champions‹ stehen im Durchschnitt mehr als 20 Jahre an der Spitze ihrer Unternehmen. Ihr Führungsstil ist ambivalent: autoritär, wenn es um Grundwerte, Ziele und Kernkompetenzen geht, partizipativ und Freiräume lassend, wenn Abläufe und Einzelheiten der Durchführung betroffen sind. Für die Führung ist es überraschenderweise nicht entscheidend, ob es sich um ein Familienunternehmen oder einen großen Konzern handelt. Großunternehmen, die einen ›Hidden Champion‹ aufkaufen, sollten möglichst wenig in die Unternehmensleitung eingreifen, wenn die Beteiligung als ›Hidden Champion‹ erfolgreich bleiben soll.

Struktur und Macht

In kleinen und mittleren Unternehmen stehen *Eigentums-form* und *Struktur der Unternehmensleitung* in engem Beziehungszusammenhang. Die Eigentumsverhältnisse und die Management-Struktur sind in Abbildung 1.3 dargestellt.

In 82 % der Familienunternehmen bzw. Unternehmen mit wenigen Eigentümern (= 62,3 % aller Unternehmen unserer Stichprobe) ist zumindest ein *Eigentümer Mitglied der Unternehmensleitung.* Die Kombination von Eigentümer- und Management-Funktion verleiht diesen Personen eine mächtige und einflußreiche Stellung.

49,1 % der Unternehmensleiter haben eine kaufmännische, 38,6 % eine technische oder naturwissenschaftliche *Ausbildung* und 5,3 % haben einen Abschluß auf beiden Gebieten. Viele Gründer von ›Hidden Champions‹ besitzen keine akademische Ausbildung. Viele Unternehmensleiter sind sowohl technisch als auch kaufmännisch versiert, weil sie seit Jahren ständig mit Problemen aus allen betrieblichen Funktionen konfrontiert werden.

Die Frage der Berufsausbildung steht in engem Zusammenhang mit dem *Alter des Unternehmensgründers.* Die meisten Gründer begannen in jungen Jahren. Reinhold Würth startete mit 19 Jahren und Reinhard Wirtgen mit 18 Jahren. Das Alter des Gründers ist ein ständig wiederkehrendes Thema im Zusammenhang mit Existenzgründungen[1]. Obwohl es Ausnahmen gibt, scheint die unternehmerische Energie im Alter von 20–30 Jahren am stärksten zu sein. Das Alter und das Verhaltensmuster zahlreicher Unternehmensgründer weisen auf einen Konflikt zwischen der langen akademischen Ausbildung in Deutschland und der unternehmerischen Dynamik hin.

Die ›Hidden Champions‹ ziehen es vor, die zukünftigen Mitglieder der Unternehmensleitung ›von innen‹ aufzubauen. 64,2 % der Befragten gaben an, daß sie das Prinzip *Beförderung aus den eigenen Reihen* bevorzugen. Andererseits glaubte nur eine Minderheit, daß die Integration von externen Führungskräften besonders schwierig sei. Ich widerspreche dieser Auffassung allerdings. Meine Beobachtungen bestätigen, daß die ausgeprägte Unternehmenskultur der ›Hidden Champions‹ den Eintritt für Außenstehende erschwert – es sei denn, sie haben Erfahrung aus Unternehmen mit einer ähnlichen Unternehmenskultur. Je stärker die Unternehmenskultur ist, desto schwieriger wird es für jemanden mit gestandenen Berufserfahrungen, sich daran anzupassen. Viele unserer Interviewpartner bestätigten, daß die zukünftigen Unternehmensleiter sich am besten im eigenen Unternehmen entwickeln.

73,9 % der Befragten werteten die *Persönlichkeit* des Unternehmensleiters als besondere Stärke des Unternehmens. Die *Kontinuität* in der Führung wurde sogar noch höher bewertet. 79,8 % beurteilten die Kontinuität in der Unternehmensleitung als erfolgsentscheidenden Faktor.

Abbildung 10.1 stellt die Bestimmungsfaktoren für den Erfolg dar. Mit dem Verfahren der multiplen Regressionsanalyse haben wir die Wirkung interner und externer Variablen (siehe Kapitel 1) auf den betrieblichen Gesamterfolg analysiert. Unter den genannten Erfolgsfaktoren hat Führung die größte Bedeutung für den Gesamterfolg des Unternehmens. *Professionalität* des Managements besitzt jedoch fast das gleiche Gewicht. Diese bemerkenswerten Ergebnisse entsprechen voll unseren subjektiven Beobachtungen während unserer Interviews. Die Leiter der erfolgreichsten ›Hidden Champions‹ zeichnen sich durch Führung *und* Professionalität aus. Führung und Professionalität sollten nicht als ›Entweder – oder‹-Begriffe verstanden werden, sondern im Sinne einer ›Sowohl – als auch‹-Forderung. Diese ungewöhnlichen Leute verbinden Eigenschaften (wie z. B. Energie, Motivationskraft, visionäre Einstellung) und Fähigkeiten (wie z. B. technisches und methodisches Wissen). Reinhold Würth unterscheidet diese beiden Aspekte vorbildlich, wenn er von *Führungskultur* und *Führungstechnik* spricht.

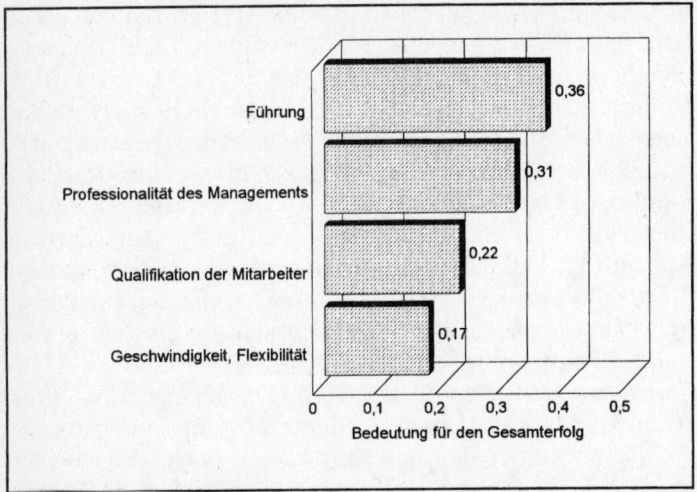

Abbildung 10.1: Interne Variable mit bedeutendem Einfluß auf den Erfolg

Eine gute Führungskraft muß beides beherrschen. Nach Würth ist die ›kulturelle‹ Fähigkeit allerdings seltener zu finden als die ›technische‹ Fähigkeit, und die Kombination von beiden findet man äußerst selten.

Führungs-Teams

In den meisten Unternehmen, die nur einen Geschäftsführer haben, bekleidet der Gründer diese Position. 23 % der Familienunternehmen bzw. Unternehmen mit wenigen Eigentümern (= 17,6 % aller Unternehmen der Stichprobe) haben auf der ersten Leitungsebene nur einen Geschäftsführer. 82,4 % der ›Hidden Champions‹ werden durch ein *Team* geführt, das normalerweise aus bis zu fünf Mitgliedern besteht. In der zweiten Generation überwiegen solche Teams. Es ist interessant, die Struktur dieser Teams zu betrachten. Es treten verschiedene Kombinationen zwischen Familienmitgliedern und Fremden auf. Abbildung 10.2 gibt einen Überblick über die Führungsstrukturen ausgewählter ›Hidden Champions‹.

In der ersten Generation finden wir neben dem typischen Gründer-Geschäftsführer auch *Mitgründer,* die an der Unternehmensleitung beteiligt sind. Manchmal sind dies Verwandte, wie z. B. im Falle der Brüder Rainer und Jürgen Wieshoff, die *Interface* gründeten, ein führendes Unternehmen für PC-Laufwerksschlösser. In anderen Fällen sind die Mitbegründer nicht verwandt, wie z. B. bei der *SAP AG,* Weltmarktführer für Standard-Software, die von Dietmar Hopp, Hasso Plattner, Hans-Werner Hector und Klaus Tschira gegründet wurde, früheren Kollegen bei IBM.

Die Kombination aus Gründer und Manager bzw. Führungs-Teams ist ein interessantes Phänomen, dessen Potential noch nicht vollständig erforscht ist. Je nach Zusammensetzung gelingt es, technisches und kaufmännisches Wissen zu kombinieren, diese Kombination ist selten gleichrangig in einer Person verkörpert.

Das kritischste Problem der ›Hidden Champions‹ betrifft die *Nachfolgeregelung.* Häufig wollen die Gründer die Leitung an die nächste Familiengeneration übergeben. Und tatsächlich gibt es zahlreiche ›Hidden Champions‹, bei denen die zweite oder eine weitere Familiengeneration in der Unternehmensleitung vertreten sind. Häufig treten zwei, manchmal auch drei Verwandte die Nachfolge des Gründers an. Fast ein Idealfall ist *Haribo.* In diesem Unternehmen übernahmen Dr. Hans und Paul Riegel nach dem Tod ihres Gründer-Vaters 1945 die Unternehmensleitung. Dr. Hans Riegel ist verantwortlich für Marketing und Vertrieb, während Paul Riegel den Innenbetrieb führt. Manchmal werden Schwiegersöhne oder -töchter in die Unternehmensleitung aufgenommen, wie bei *Stihl, Binhold* oder *Reflecta* (siehe Abbildung 10.2).

In Management-Teams, die aus Verwandten bestehen, hat eine Person in der Regel eine dominierende Stellung. Normalerweise ist dies der ältere Sohn, der Erstgeborene. Dies

Führungs-Struktur	Beispiele			
	Firma	Gründ. Jahr	Hauptprodukt	Führungskraft
Gründer	Brita	1966	Wasserfilter	Heinz Hankammer
	SAT	1982	Recycling von Straßenober-flächen	Georg Schmidt
	Grohmann Engineering	1982	Montagesysteme für die Elektronik-industrie	Klaus Grohmann
Mehrere Gründer	Interface	1983	Disketten-Schlösser	Rainer and Jürgen Wieshoff
	SAP	1972	Standard-Software	Dietmar Hopp, Hasso Plattner, Hans-Werner Hector, Klaus Tschira
Verschie-dene Familien-Genera-tionen	Hoppe	1952	Tür-/Fensterbe-schlagsysteme	Friedrich Hoppe (Gründer), Wolf and Christoph Hoppe
	Reflecta	1967	Dia-Projektoren, Dia-Technik	G. Junge und Frau, Tochter und Schwiegersohn
	Sandler	1879	Vliesstoffe	Dr. Christian Heinrich Sandler
2. Familien-generation	Stihl	1896	Motorsägen	Hans-Peter Stihl, Eva-Mayr-Stihl, Robert Mayr
	Haribo	1920	Gummibärchen	Dr. Hans und Paul Riegel
	AL-KO	1931	Fahrzeugteile	Herbert, Kurt und Willy Kober
Gemischt: Familie und Familien-fremde	Binhold	1948	Anatomische Lehrmittel	Paul Binhold, Tochter mit Ehemann, Otto H. Gies
	Krones	1951	Etikettier-maschinen, Flaschenabfüllan-lagen	Hermann und Volker Kronseder, Paul Hinterwimmer
Familien-fremde	Dürr	1895	Auto-Lackieranlagen	Reinhard Pötsch, Rolf Haueise, Walter Schall, Bernward Hiller
	Sachtler	1967	Kamera-Stative	Joachim Gehrt, Jürgen Nussbaum
	Heidenhain	1889	Elektronische Längenmeßinstru-mente	Rainer Burkhard, Dr. Walter Miller

Abbildung 10.2: Führungsstruktur ausgewählter ›Hidden Champions‹

ist nicht weiter überraschend, weil die Rollen, die die Nach-folger als Kinder gespielt haben, auf das Unternehmen über-tragen werden. Es gibt jedoch auch Fälle (sogar bei den ›Hidden Champions‹!), in denen Verwandte nicht miteinan-der auskamen und sich trennten.

Insbesondere in der Gründungsphase haben die Ehegatten der Gründer eine sehr wichtige unterstützende Funktion. Es ist auch beeindruckend, welche entscheidende Rolle Ehegatten nach dem plötzlichen Tod des Gründers spielten. Nach dem Tod des Gründers Alfred *Kärcher* 1974 übernahm seine Witwe Irene Kärcher die Geschäftsleitung und führte – zusammen mit dem Manager Roland Kamm – das Unternehmen zu seiner gegenwärtigen Position als Weltmarktführer für Hochdruckreinigungsgeräte. In gleicher Weise übernahm Elisabeth Belling, die Tochter des Firmengründers Hans Lenze, die Führung bei *Lenze,* als ihr Mann 1981 starb.

Gemischte Teams von Familienmitgliedern und angestellten Managern können sehr gut zusammenarbeiten. Während das technische Talent häufig aus der Familie kommt, bringen die Nichtfamilienmitglieder professionelle Management-Techniken ein, wie z. B. Controlling, Marketing usw. Im Verlauf eines solchen Übergangs vom universellen Gründer-Geschäftsführer zu einem Team von Spezialisten erhalten die Unternehmen typischerweise einen Wachstumsimpuls – oder geraten in eine Krise. Andererseits können Unterschiede in der Machtposition zwischen Familienmitgliedern und angestellten Managern weiterbestehen. Eigentümerrechte plus Geschäftsführervertrag bedeuten schließlich mehr als nur Geschäftsführervertrag. Ein wichtiger Aspekt dieser Machtstruktur ist intern und bezieht sich auf die Mitarbeiter. Die Beschäftigten, die unter dem Gründer-Geschäftsführer aufwuchsen und arbeiteten, akzeptieren den Erben als neuen Leiter des Unternehmens, sie haben jedoch manchmal Schwierigkeiten, ihre Loyalität auf einen neu angestellten Manager zu übertragen.

Bei 18,5 % der Familienunternehmen (= 14,1 % aller Unternehmen der Stichprobe) ist kein Familienmitglied in der Unternehmensleitung vertreten. Darunter sind viele gut geführte Unternehmen, die den risikobehafteten Übergang vom familien- zum fremdgeführten Unternehmen erfolgreich bewältigt haben. Für sie, wie für die konzernzugehörigen ›Hidden Champions‹, ist die Nachfolgeregelung weniger problematisch als für familiengeführte Unternehmen. Andererseits verlieren fremdgemanagte Unternehmen einige attraktive Eigenschaften des Familienunternehmens. Letztendlich kann jedes Unternehmen in die Situation kommen, diesen Übergang bewältigen zu müssen, weil nicht garantiert ist, daß es in der nächsten Familiengeneration genügend Management-Potential gibt.

Die wirkliche Botschaft von Abbildung 10.2 ist jedoch eine ganz andere. Es sind nicht der Ursprung bzw. die Herkunft des Managers, die letztendlich zählen. Ob die Manager Familienmitglieder sind oder nicht, ist ziemlich irrelevant im Vergleich zu der Frage, wie gut sie als Team *zusammenarbeiten*. Wir haben Teams von Familienmitgliedern aus verschiedenen Generationen oder aus Verwandten gesehen, in denen große Spannungen herrschten. Und in gleicher Weise haben wir gemischte Leitungs-Teams gesehen, die sehr gut harmonierten.

Kommunikation und *Information* sind die Bereiche, in denen sich diese Kooperation am sichtbarsten zeigt. Bei einem sehr wettbewerbsfähigen ›Hidden Champion‹ teilen sich die drei Geschäftsführer ein großes Büro. Morgens gehen sie gemeinsam die Post durch. Jeder ist zu jeder Zeit voll und gleich gut informiert. In einem anderen Unternehmen essen die Mitglieder des Management-Teams jeden Tag gemeinsam zu Mittag und diskutieren aktuelle Themen. Dr. Wolfgang Pinegger, Geschäftsführer von *Brückner,* dem Weltmarktführer für biaxiale Folienreckanlagen, beschreibt den Kommunikationsstil in seinem Unternehmen: »Wir wissen nie, wo der andere ist, weil wir die ganze Zeit reisen. Wir sind jedoch alle jederzeit erreichbar. Wir haben eine weltweite Kommunikationsstruktur aufgebaut, die es uns erlaubt, jedes Mitglied unseres Management-Teams zu jeder Zeit an jedem beliebigen Ort zu kontaktieren. Und drei- oder viermal im Jahr kommen wir für einige Tage zusammen, um alles im Detail zu besprechen. Solch ein System funktioniert nur, wenn das Team klein genug ist und die Mitglieder perfekt aufeinander abgestimmt sind.« Die Kommunikation innerhalb der Führungsteams erschien uns generell direkt, kurz und schnörkellos.

Kontinuität

Kontinuität der Führung an sich ist weder gut noch schlecht. Eine lange Amtszeit eines schlechten Managers ist offensichtlich nachteilig. Wenn ein guter Manager lange Zeit im Geschäft bleibt, kann dies hingegen ein großer Vorteil sein. Collins und Porras[2] vergleichen die durchschnittliche Amtszeit der Vorstandsvorsitzenden ihrer ›visionären Unternehmen‹ mit der einer Kontrollgruppe von weniger erfolgreichen ›Vergleichsunternehmen‹. In den visionären Unternehmen, die von den Autoren als ›die Besten der Besten‹ bezeichnet werden, hatten die Vorstandsvorsitzenden im Durchschnitt eine Amtszeit von 17,4 Jahren, während sie in der Vergleichsgruppe nur 11,7 Jahre betrug. Alle Unternehmen in dieser Studie wurden vor 1946 gegründet und sind daher wenigstens 50 Jahre alt.

Diese Ergebnisse verblassen im Vergleich zu den ›Hidden Champions‹. Im Durchschnitt aller ›Hidden Champions‹ ist die Amtszeit des Unternehmensleiters 20,6 Jahre. Werden nur die ›Hidden Champions‹ zugrunde gelegt, die vor 1945 gegründet wurden, beträgt die durchschnittliche Amtszeit des Chefs sogar 24,5 Jahre.

In Abbildung 10.3 ist die durchschnittliche Amtszeit der Chefs von älteren Unternehmen dargestellt. In diesen Fällen war die Amtszeit jeweils länger als 30 Jahre.

Man sollte allerdings vorsichtig sein, die lange Amtszeit der Geschäftsführer monokausal als Bestimmungsgrund für den Erfolg der ›Hidden Champions‹ zu interpretieren. Die Kausalität ist komplizierter. Ist ein Unternehmen erfolgreich, weil der Geschäftsführer eine langfristige Vision hat und

Firma	Gründung	Hauptprodukt	Alter der Firma	Anzahl Geschäftsführer	Durchschn. Amtszeit pro Geschäftsführer
Netzsch	1873	Maschinen für Keramikindustrie	121	3	40,3
Glasbau Hahn	1836	Vitrinen für Museen	158	4	39,5
Böllhoff	1877	Schrauben und Muttern	117	3	39,0
seca	1840	Medizinische Waagen	154	4	38,5
Haribo	1920	Gummibärchen	75	2	37,5
EJOT	1922	Selbstschneidende Schrauben für Kunststoffe	72	2	36,0
Stihl	1926	Motorsägen	68	2	34,0
von Ehren	1865	Große lebende Bäume	130	4	33,3
Carl Jäger	1897	Weihrauch-Kegel, -Stäbe	97	3	32,3
Loos	1865	Dampf- und Heißwasserkesselsysteme	129	4	32,2
Bizerba	1866	Elektronische Waagen	128	4	32,0
Martin Merkel	1899	Dichtelemente	95	3	31,6
Probat Werke	1868	Kaffeeröstmaschinen	126	4	31,5
Bruns	1875	Baumschule	120	4	30,0

Abbildung 10.3: Durchschnittliche Amtszeit als Geschäftsführer bei ausgewählten ›Hidden Champions‹

lange in der Verantwortung bleibt, um diese Vision zu realisieren? Oder wird in einem erfolgreichen Unternehmen dem Geschäftsführer ermöglicht, in der Verantwortung zu bleiben? Beide Kausalbeziehungen sind möglich, obgleich die erste wahrscheinlicher ist.

Die erfolgsentscheidende Bedeutung der Kontinuität muß im Zusammenhang mit den kühnen Zielen betrachtet werden, die wir in Kapitel 1 behandelt haben. Wenn der Gründer eines kleinen Unternehmens das Ziel setzt, Weltmarktführer zu werden, muß sein Zeithorizont mindestens eine Generation sein. Normalerweise dauert es Jahrzehnte, um Vertrauen aufzubauen, Distributions- und Service-Netze in Gang zu setzen, Erfahrungen auf fremden Märkten zu sammeln und Management-Teams zu entwickeln. Unter diesen Bedingungen ist Kontinuität eine der wichtigsten Erfolgsvoraussetzungen. Wenn sie von nie nachlassender Ausdauer begleitet ist, kann sie zur Weltmarktführerschaft führen.

Persönlichkeiten

Wer sind die Führungskräfte der ›Hidden Champions‹? Welche Persönlichkeit haben sie? Warum sind sie erfolgreich? Wenn man diesen Leuten auf der Straße begegnen würde, dürften sie kaum auffallen. Äußerlich und in ihren meisten Eigenschaften sind sie normale Menschen. Es ist nicht möglich, sie mit einfachen Schlagworten zu beschreiben. Sie sind so verschieden wie Menschen im allgemeinen. Mir sind äußerst Extrovertierte begegnet, aber auch Introvertierte, die menschenscheu waren. Einige sind große Redner, während andere Einsilbigkeit ausstrahlen. Während meiner Besuche waren einige ständig von Mitarbeitern umringt, während andere sich in ihrem Büro verschanzten.
Doch trotz dieser Unterschiede gibt es einige Eigenschaften, die diese Führungskräfte gemeinsam haben. Auf der Grundlage unserer Beobachtungen und Erfahrungen habe ich fünf *Eigenschaften* herausdestilliert, die ich bei den Führungskräften der ›Hidden Champions‹ ziemlich regelmäßig angetroffen habe.

1. Einheit von Person und Aufgabe: Über Dr. Hans Riegel von *Haribo,* einen ohne Zweifel typischen ›Hidden Champion‹, wurde gesagt: »Seine Person und sein Unternehmen waren immer eine Einheit.« Dies erinnerte mich an eine Feststellung über Künstler und Wissenschaftler. In ihrer Sammlung von 12 Fallstudien über berühmte Kreative stellten Wallace und Gruber[3] fest: »Für viele Kreative ist die Arbeit das Leben. Sie integrieren privates Leben und Arbeit nahezu vollständig und trennen diese beiden Lebensbereiche nicht.« Das gleiche kann für die meisten Unternehmensleiter der ›Hidden Champions‹ gesagt werden, die ich getroffen habe. Diese Führungspersonen besitzen eine große Überzeugungskraft, sie identifizieren sich voll mit ihrem Unternehmen. Im Gegensatz zu manchen Führungskräften in Großunternehmen spielen sie keine Rolle, sondern leben, was sie sind und was sie sein wollen. Helmut Brähler von *Brähler International Congress Service* behauptet, daß seine Firma sein Hobby sei und empfiehlt, daß man versuchen sollte, sein Hobby zu seinem Beruf zu machen. »Versuchen Sie das zu tun, was Ihnen gefällt, und denken Sie einige Jahre voraus«, heißt sein Ratschlag.

Diese Einstellung zur Arbeit impliziert, daß Geld nicht die Hauptantriebskraft zu sein scheint. Die wahre Motivation dieser Führungskräfte resultiert hauptsächlich aus der Identifikation mit ihrem Unternehmen und aus der Befriedigung durch ihre Arbeit, und nur sekundär aus dem ökonomischen Erfolg. Diese Schlußfolgerung wird durch die Beobachtung bestätigt, daß viele Unternehmensinhaber bzw. -leiter trotz ihres Wohlstands ein vergleichsweise bescheidenes Leben führen.

Die volle *Hingabe* und Identifizierung mit ihrer Arbeit verleiht diesen Führungskräften bei Mitarbeitern und Kunden eine enorme Glaubwürdigkeit. Sie haben keine Vorbehalte gegenüber ihrer Arbeit und sie fühlen sich voll verantwortlich. Wahre Führung kann nie ein Rollenspiel sein, sondern muß immer auf einem echten Kern von Glauben und Werten beruhen.

2. Eindimensionale Zielstrebigkeit: Peter Drucker[4] schreibt über zwei Wissenschaftler, die in die Geschichte eingegangen sind, den Physiker Buckminster Fuller und den Kommunikationswissenschaftler Marshall McLuhan: »Sie veranschaulichen die Bedeutung, eindimensional zielstrebig zu sein. Die eindimensional Zielstrebigen – von einer Idee Besessenen – sind die einzigen, die wirklich etwas Großes erreichen. Diese Leute führen eine ›Mission‹ aus, die übrigen haben Interessen. Wann immer etwas wirklich verändert wird, dann steckt dahinter ein eindimensional Zielstrebiger mit einer Mission.«

Es mag ein wenig übertrieben erscheinen, wenn ich diese Beschreibung auf die Leiter der ›Hidden Champions‹ anwende. Sie kommt der Realität jedoch ziemlich nahe. Ihre Spezialisierung und Schwerpunktbildung beruhen auf ihrer eindimensionalen Zielstrebigkeit.

Im Zusammenhang mit der Spezialisierung und Schwerpunktbildung konnten wir feststellen, daß die *EKS-Methode*[5] erstaunlich oft eingesetzt wurde. Dies ist eines der wenigen ›Geheimnisse‹, die wir bei den ›Hidden Champions‹ aufdecken konnten.

3. *Furchtlosigkeit:* Eine weitere, weit verbreitete Eigenschaft der ›Hidden Champion‹-Führungskräfte ist Furchtlosigkeit. Ich ziehe diesen Begriff dem Ausdruck ›Mut‹ vor, weil mir zur Beschreibung dieser Eigenschaft die fehlende Furcht zutreffender erscheint als aktiver Mut.

Die ›Hidden Champion‹-Führungskräfte haben nicht die gleichen Hemmungen und Befürchtungen, die andere empfinden. Daher können sie ihre Möglichkeiten viel besser nutzen. Sie sind weniger gehemmt durch Risiken, begrenztes Wissen oder unzureichende Kenntnis von Fremdsprachen. Dennoch ist festzustellen, daß die ›Hidden Champion‹-Führungskräfte keine Spieler-Naturen sind.

4. *Vitalität und Ausdauer:* Wie bereits in der Einleitung zu diesem Kapitel erwähnt, scheinen die Führungskräfte der ›Hidden Champions‹ eine unerschöpfliche Energie, Vitalität und Ausdauer zu haben. Helmut Aurenz von *ASB Grünland,* Weltmarktführer für Blumenerde, sieht Ausdauer als den entscheidenden Erfolgsfaktor an. Das Feuer brennt in ihnen, oft sogar noch im Pensionsalter. Einige von ihnen setzen sich nie zur Ruhe (was wiederum ein Problem sein kann). So arbeiten Paul Binhold (82) und Prof. Förster (86) noch aktiv in ihren Firmen mit.

Erfolg und Zielerreichung geben den Führungskräften neue Energie. Erfahrungen, die andere vielleicht entmutigen, haben auf die ›Hidden Champion‹-Führungskräfte überraschenderweise eine eher gegenteilige Wirkung. Günther *Fielmann*, Europamarktführer für Brillen, ist solch ein Fall. Das Wall Street Journal schrieb, daß es zwei Dinge gäbe, die Optiker nicht mögen: »Leute mit perfektem Sehvermögen und Fielmann.« Er erkämpfte seinen Markteintritt Stadt für Stadt gegen etablierte Wettbewerber, immer in zahlreiche Rechtsstreitigkeiten verwickelt, Angriffen von verschiedenen Seiten ausgesetzt. Abgehärtet kommentiert er dies: »Es wäre für mich viel schlechter gewesen, wenn meine Konkurrenz mich ignoriert hätte.«

Bei meinen Besuchen glaubte ich oft, fast physisch die Energie zu spüren, die diese Führungspersönlichkeiten ausstrahlen. Es muß eine Art unbekannter Energie geben, die nur wenige Menschen besitzen.

5. *Begeisterungsfähigkeit:* Es gibt Künstler, die sich als Einzelkämpfer Weltruhm erwerben. In einem Wirtschaftsunternehmen kann jedoch einer allein niemals Weltmarktführer werden. Er benötigt Mitarbeiter, die mit ihm zusammenarbeiten, die ihm helfen und ihn unterstützen. Daher reicht es nie aus, daß das Feuer im Unternehmensleiter allein brennt. Er muß es vielmehr auch in den anderen entzünden und die Flamme am Leben halten. Nach Warren Bennis[6] ist noch unbekannt, warum Mitarbeiter bestimmten Führungskräften folgen und anderen nicht. Ich kann nur die Tatsache festhalten, daß die ›Hidden Champion‹-Führungskräfte es hervorragend verstehen, andere dafür zu begeistern, ihnen zu folgen. Und es liegt bestimmt nicht an der Art, wie sie kommunizieren, weil viele keine großartigen Kommunikatoren im üblichen Sinne sind. Ich persönlich glaube, daß die oben genannten Eigenschaften – die Einheit von Person und Aufgabe sowie die nie nachlassende Energie – die entscheidenden Ursachen für die Fähigkeit sind, andere zu begeistern.

Diese Beschreibung der fünf Eigenschaften ist nicht vollständig, und ihre relative Bedeutung variiert von Person zu Person. Diese fünf Persönlichkeitsmerkmale beschreiben jedoch die Menschen, denen ich begegnet bin, hinlänglich zutreffend.

Selbstverständlich dürfen diese Eigenschaften nicht statisch betrachtet werden. Die Anforderungen an den Leiter eines ›Hidden Champion‹ verändern sich im Zeitablauf, und die Akteure müssen sich mit ihnen ändern.

Führungsstil

Der Führungsstil der Leiter von ›Hidden Champions‹ läßt sich nicht leicht beschreiben, weil er *ambivalent* und manchmal sogar *widersprüchlich* ist. Wie bereits erwähnt, sind die ›Hidden Champions‹ keine bequemen Arbeitgeber, sondern sie stellen hohe Anforderungen, und es ist nicht jedermanns Sache, für sie zu arbeiten. Berthold Leibinger von *Trumpf,* dem Weltmarktführer für Blechbearbeitungsmaschinen, nennt den vorherrschenden Führungsstil *aufgeklärt patriarchalisch.* Alfred K. Klein von *Stabilus,* Nr. 1 in der Welt für Gasfedern, beschreibt den Stil in seinem Unternehmen ähnlich mit ›sowohl gruppenorientiert als auch autoritär‹. Wie lassen sich diese augenscheinlichen Widersprüche vereinbaren?

Die Antwort ist einfach: Der Führungsstil ist autoritär, zentralisiert, sogar diktatorisch, wenn es um die Grundsätze und die Grundwerte des Unternehmens geht. Wenn einmal entschieden ist, gibt es keine Diskussion mehr über fundamentale Aspekte, wie z. B. Geschäftszweck, strategische Ziele, Marktschwerpunkte, Qualität oder Service. Diese Grundwerte werden – von oben nach unten – entschieden und angeordnet. Es gibt jedoch ausreichend Spielraum und Beteiligungsmöglichkeiten für den einzelnen oder die Gruppe in der Art und Weise, wie diese Prinzipien ausgeführt und umgesetzt werden. Die Mitarbeiter von ›Hidden Champions‹ sind normalerweise mit weit weniger Regeln und Einzelvorschriften konfrontiert als die Mitarbeiter in Großunternehmen.

Der typische Führungsstil der ›Hidden Champions‹ ist autoritär in den Grundwerten und partizipativ/flexibel im Detail. Großunternehmen neigen dazu, nach der Annahme zu arbeiten, daß Vertrauen gut, Kontrolle jedoch besser sei. Das Gegenteil trifft auf die ›Hidden Champions‹ zu. Ein Grund dafür, daß es in kleinen und mittleren Unternehmen weniger schriftliche Vorschriften gibt, ist die Tatsache, daß sie kein Personal haben, um derartige Handbücher und Leitfäden auszuarbeiten. Und offensichtlich brauchen sie diese Bücher auch nicht. Das heißt keineswegs, daß die Kontrolle weniger wirkungsvoll ist, sie ist einfach anders. Es ist eher eine *Selbstkontrolle* und *Gruppenkontrolle* als eine formalisierte Kontrolle durch besondere Kontrollfunktionen und Anweisungen.

Die Leistungsbeurteilung bei den ›Hidden Champions‹ ist eher *ergebnis-* als prozeßorientiert. Was erreicht wird, zählt mehr, als wie es erreicht wird.

Management-Nachfolge

Die Nachfolgeregelung ist das ernsteste Problem der ›Hidden Champions‹. Nicht selten haben plötzlicher Tod oder Krankheit des Unternehmensleiters zu einer existenzbedrohenden Krise des Unternehmens geführt. Doch auch ohne solche unvorhersehbaren Zwischenfälle ist die Nachfolgeregelung äußerst schwierig. Gute jüngere Manager zu finden, stellt für jedes Unternehmen eine schwierige Aufgabe dar, für Familienunternehmen ist es die größte Herausforderung. Viele Leiter von ›Hidden Champions‹ wollen die Firma, die sie gegründet haben, in der Familie behalten und sehen am liebsten Familienmitglieder in der Unternehmensleitung.

Diese Einstellung bildet eine der Ursachen des Problems. Ich denke, diese vorherrschende Einstellung zur Nachfolgeregelung sollte von den Leitern kleiner und mittlerer Unternehmen aus zwei Gründen ernsthaft hinterfragt werden. Zum einen sollte man nicht annehmen, daß der Sohn oder die Tochter automatisch die Fähigkeit haben, Unternehmen zu leiten. Falls sie es doch können, um so besser. Falls nicht, sollte das Unternehmen vorbereitet werden, um die Leitung einem familienfremden Manager oder Management-Team zu übertragen. Zum anderen schränkt die Annahme, daß die Kinder in die Fußstapfen ihrer Eltern treten müssen, die Wahlmöglichkeit der Kinder in einer Weise ein, die in einer modernen Gesellschaft immer weniger akzeptabel erscheint. Kinder wollen zunehmend ihre eigene Berufsentscheidung treffen und nicht auf eine vorgedachte Bahn gezwungen werden.

In Abbildung 10.2 sind Beispiele erfolgreicher Nachfolgeregelungen dargestellt.

Viele Gründer unterschätzen, wieviel Zeit es erfordert, fähige Nachfolger zu entwickeln und aufzubauen. Obgleich es Ausnahmen geben mag, denke ich, daß ein Unternehmensleiter spätestens Mitte 50 wissen sollte, wer als sein Nachfolger vorgesehen ist.

Die *Machtübergabe* selbst ist ein zweites ernsthaftes Problem. Viele Unternehmensleiter halten sich für unersetzlich und tun daher – vielleicht unbewußt – alles, damit sie unersetzlich werden. Der Wunsch nach Kontinuität wird dann zur Ursache der Krise. Es gibt zwei typische Resultate eines derartigen Verhaltens. Entweder gerät das Unternehmen in eine ernsthafte Krise, oder es wird unter Druck an einen Konzern verkauft. Das zweite Ergebnis ist vielleicht genauso schlecht wie die Krise, weil das Unternehmen auf diese Weise seine Unabhängigkeit und die Vorteile, die es als ›Hidden Champion‹ genossen hat, verlieren kann.

Eine attraktive dritte Option kann ein *Management-Buy-Out* sein. Unter den ›Hidden Champions‹ gibt es verschiedene Fälle, in denen Manager das Unternehmen, in dem sie tätig waren, übernommen haben. Berthold Leibinger begann als Mitarbeiter von *Trumpf* und jetzt gehört ihm das Unternehmen. Dietrich Fricke von *Tente Rollen,* Weltmarktführer für Gleitrollen für Krankenhausbetten, arbeitete bei Tente als Manager und übernahm die Firma, als die zweite Generation der Gründerfamilie das Interesse am Geschäft verlor. Unter dem Aspekt, die Vorteile eines kleinen Unternehmens zu bewahren, dürfte der Management-Buy-Out oft eine bessere Option sein als der Verkauf an ein Großunternehmen.

Es gibt einige Leiter von ›Hidden Champions‹, die die Nachfolgeregelung frühzeitig gelöst haben. Hierzu zählen Reinhold Würth *(Würth),* Werner Baier *(Webasto),* Heinz Dürr *(Dürr).* Sie übergaben die Leitung des Unternehmens an Nachfolger, als sie in den 50er Jahren waren. Sie sind jedoch eher Ausnahmen als die Regel.

Ein weiteres Problem der *Führungskräfte-Entwicklung* bei den ›Hidden Champions‹ ergibt sich aus der Unternehmensgröße. Im Gegensatz zu Großunternehmen können diese Firmen weder mehrere potentielle Nachfolger jahrelang durch einen Ausleseprozeß laufen lassen, noch haben sie viele Positionen, in denen ein möglicher Nachfolger sein Management-Potential trainieren und beweisen kann. Einige ›Hidden Champions‹ versuchen das Potential geeigneter Mitarbeiter für Unternehmensführung systematisch dadurch zu entwickeln, daß sie ihr Geschäft in kleinere Einheiten mit möglichst vollständiger Wertschöpfung aufteilen. Bei *Grohmann Engeneering* werden beispielsweise Projekte vom Projekt-Manager wie eigenständige Unternehmen geführt. Es hängt von der jeweiligen Situation ab, wie der Wertschöpfungsprozeß aufgeteilt werden kann. Für die ›Hidden Champions‹ bleibt es jedoch ein großes Problem, Unternehmensleiter zu entwickeln. Der Ausweg könnte sein, einen bestimmten Prozentsatz familienfremder Manager von anderen Firmen einzustellen, obwohl die Eigenheiten der Unternehmenskultur die Integration von Außenstehenden bekanntlich nicht einfach machen.

Konzernzugehörige Unternehmen

In unserer Stichprobe waren 21,1 % der ›Hidden Champions‹ konzernzugehörige Unternehmen. Abbildung 10.4 listet eine Auswahl davon auf.

Firma	Dachgesellschaft/ Konzern		Haupt-produkt	Umsatz Mio. DM	Beschäf-tigte	Weltmarkt-Position		
	Name	Land				Rang	Markt-anteil %	Relativer Markt-anteil
Tetra Gruppe	Warner-Lambert	USA	Zierfisch-futter	400	650	1	50	5
Stabilus	Mannes-mann	BRD	Gas-federn	500	2.400	1	n.a.	n.a.
Zanders	Internatio-nal Paper	USA	Kunst-druck-papier	871	3.300	1	15	3
Rofin-Sinar	Siemens	BRD	Industrie-laser	110	460	1	21	1,2
KBC	Dollfus-Mieg	Frank-reich	Bedruck-te Stoffe	700	1.500	1	8	1
Böwe Systec	Wanderer	BRD	Paper Manage-ment	175	1.000	2	16	0,46
Schlaf-horst	Saurer	Schweiz	Rotor-Spinn-spulauto-maten	1.600	5.700	1	35	1,4
SMS	MAN	BRD	Flach-walz-werke	850	2.550	1	30	1,5
Glyco	Federal Mogul	USA	Gleitlager	250	2.000	1*	40*	1*
Sabo	John-Deere	USA	Rasen-mäher	110	250	1*	n.a.	n.a.

*Europa

Abbildung 10.4: Eine Auswahl konzernzugehöriger ›Hidden Champions‹

Definitionsgemäß haben diese ›Hidden Champions‹ professionelle, angestellte Manager. Nach unserer Meinung ist es für die ›Hidden Champion‹-Eigenschaft nicht entscheidend, ob das Unternehmen Eigentum einer Familie oder eines Konzerns ist, sofern bestimmte Bedingungen erfüllt werden (siehe Kapitel 1). Es sollte erwähnt werden, daß wir nur rechtlich selbständige Firmen als ›Hidden Champions‹ betrachten – nicht aber Sparten von Großunternehmen. In fast allen Fällen wurden die konzerneigenen ›Hidden Champions‹ als Familienunternehmen gegründet, entwickelten ihre eigene Unternehmenskultur, und erst als sie den Status eines ›Hidden Champion‹ erreicht hatten, wurden sie übernommen.

Viele der konzernzugehörigen ›Hidden Champions‹ arbeiten mit großem Erfolg. Partner in einer größeren Gruppe zu sein, bietet offensichtlich Vor- und Nachteile. Alfred R. Klein von *Stabilus* drückte dies sehr klar aus: »Operational und unter kurzfristigen Aspekten ist es ein Nachteil, zu einem Konzern zu gehören, jedoch unter langfristigen Aspekten und im Falle einer existenzbedrohenden Krise ist es sehr vorteilhaft, Teil einer größeren Gruppe zu sein. Finanzkraft wird auch zunehmend wichtig. Wir kommen mehr und mehr in die Rolle eines System-Lieferanten. Unsere Kunden in der Automobilindustrie kaufen weltweit ein, und sie wollen einen starken, sicheren Partner. In dieser Hinsicht ist die Unterstützung durch unsere Muttergesellschaft Fichtel & Sachs bzw. Mannesmann eine Stärke. Das Manövrieren zwischen den beiden Polen der Unabhängigkeit und der Konzernzugehörigkeit ist jedoch eine Kunst.«

Meine eigene Schlußfolgerung aus den zahlreichen Interviews und aus den Kenntnissen sowohl über die Konzerne als auch über die ›Hidden Champions‹ sind klar und offen. Meine Empfehlung an die Konzerne lautet, ihre ›Hidden Champions‹ *möglichst in Ruhe zu lassen*. Der Eigentümer sollte das größte Augenmerk auf die Auswahl des richtigen Unternehmensleiters richten, daneben sollte er so wenig wie möglich eingreifen. Wenn versucht wird, die Synergie-Effekte zu maximieren, ist die Wahrscheinlichkeit sehr groß, daß der Konzern die besonderen Stärken der ›Hidden Champion‹-Geschäftseinheit zerstört. Der Manager eines

Chemiekonzerns gab zu: »Ständig übernehmen wir solche kleinen Unternehmen in der Hoffnung, ihre Stärken erhalten und unsere Schwächen vermeiden zu können. Nach drei Jahren stellen wir jedoch häufig fest, daß wir unsere Schwächen auf sie übertragen und ihre Stärken zerstört haben.« Dies beginnt normalerweise mit anscheinend harmlosen Standardisierungen, wie z. B. der Vereinheitlichung des Rechnungswesens, der Datenverarbeitung usw. Es endet mit einer Lähmung des kleinen Unternehmens.

Ein weiterer sehr wichtiger Aspekt ist, daß die Funktionen des ›Hidden Champion‹ weitestgehend erhalten werden sollen. Der ›Hidden Champion‹ war in der Vergangenheit erfolgreich, sein eigenes Schicksal zu gestalten. Wenn das übernommene Unternehmen nach einer Übernahme aller wichtigen Funktionen entkleidet wird (wie z. B. Finanzen, F&E, Verkauf, Datenverarbeitung), kann es seine Identität als eine Einheit mit eigener Wertschöpfung verlieren. Diese Empfehlung wird wahrscheinlich den Analysen der ›Erbsenzähler‹ im Konzern zuwiderlaufen, die durch die gemeinsame Nutzung von Ressourcen Einsparmöglichkeiten ausrechnen. Aber gleichzeitig fehlt diesen Leuten das Verständnis der ungeheuren Bedeutung von unternehmerischer Einstellung, Flexibilität und Identifikation mit dem Unternehmen als kleiner Geschäftseinheit.

Ich denke, Beteiligungsgesellschaften nach Art der ›Hidden Champions‹ zu führen, ist eine Kunst, die von den meisten Konzernen noch nicht gut beherrscht wird. Konzerne müssen diese Kunst jedoch lernen, nicht nur, wenn sie solche Unternehmen übernehmen wollen, sondern vor allem auch deshalb, weil der Konzern der Zukunft eine Gruppe von ›Hidden Champions‹ werden sollte. Während der Konzern der Vergangenheit mit einem Supertanker verglichen werden konnte, sehe ich das Großunternehmen der Zukunft eher als eine Gruppe kleiner, flexibler Schnellboote, die unabhängig voneinander operieren und durch ein Zentrum sinnvoll koordiniert werden. Offensichtlich benötigt man für die Geschäftseinheiten einer derartigen Gruppe Führungskräfte, die den Leitern der ›Hidden Champions‹ ähnlich sind.

Zusammenfassung

Die Gründer und Führungskräfte sind die letztendliche Wurzel des Erfolges der ›Hidden Champions‹. In ihnen brennt das Feuer, das ihre Unternehmen antreibt. Wir haben herausgefunden, daß Führung der wichtigste Erfolgsfaktor ist. Aus dem, was die Führungskräfte der ›Hidden Champions‹ tun und wie sie es tun, können andere Unternehmen viel über erfolgsorientierte Unternehmensführung lernen:

- Die Führungskräfte sind normale Zeitgenossen und spiegeln insofern das ganze Spektrum menschlicher Eigenschaften wider. Unter ihnen gibt es Extrovertierte und Introvertierte, gute und schlechte Kommunikatoren. Es existiert kein einzelnes Kriterium, das eine Führungskraft charakterisiert.
- Die Führungsstrukturen sowie der Status als familienzugehöriger oder -fremder Manager sind weniger wichtig als die Persönlichkeiten der Führungskräfte und die Zusammenarbeit im Management-Team.
- Die meisten Gründer von ›Hidden Champions‹ starteten ihre Firma in relativ jungen Jahren. Eine zu lange Ausbildung, ergänzt noch durch eine Tätigkeit in einem Großunternehmen, kann die Führungsenergie zum Erlöschen bringen. Dies legt nahe, die zukünftigen Unternehmensleiter auszuwählen, wenn sie noch jung sind. Junge Menschen sollten sich ermutigt fühlen, früh eigene Unternehmen zu gründen.
- Bei der Auswahl der Führungskräfte sollte das Hauptaugenmerk auf Energie, Willenskraft, Schwung gerichtet sein und relativ weniger Nachdruck auf analytische Fähigkeiten gelegt werden.

- Kontinuität ist ein äußerst wichtiger Aspekt der Führung. Die durchschnittliche Amtszeit der Leiter von ›Hidden Champions‹ beträgt mehr als 20 Jahre. Wenn ein Unternehmen ehrgeizige langfristige Ziele verfolgt, ist es mit Unternehmensleitern besser gestellt, die lange Zeit an der Spitze bleiben.
- Die Persönlichkeitsstrukturen der Führungskräfte von ›Hidden Champions‹ weisen folgende Eigenschaften auf: Einheit von Person und Aufgabe, eindimensionale Zielstrebigkeit, Furchtlosigkeit, Vitalität und die Fähigkeit, andere zu inspirieren. Nur Führungskräfte, in denen das Feuer brennt und die zugleich das Feuer in anderen entzünden, werden ein Unternehmen zu Spitzenleistungen führen.
- Der Führungsstil kann – oder sollte vielleicht – ambivalent sein: autoritär in den Grundwerten, partizipativ in den Abläufen und den Details der Umsetzung. Führung ist keine Option des ›entweder – oder‹, sondern des ›sowohl – als auch‹. Führung bedeutet, scheinbar unvereinbare Gegensätze in Einklang zu bringen.
- Die Nachfolgeregelung ist ein ernstes Problem für jedes Unternehmen, aber für Familienunternehmen ist es *das* Problem an sich. Familienunternehmen sind gut beraten, nicht anzunehmen, daß die Unternehmensleitung in Familienhand bleiben wird. Sie sollten so viele potentielle Unternehmensleiter wie möglich entwickeln.
- Konzernzugehörigen ›Hidden Champions‹ sollte weitestgehender Spielraum gelassen werden. Der Drang nach Konzern-Synergien ist für ›Hidden Champions‹ eine große Bedrohung.

Die Erfahrungen, die uns die ›Hidden Champions‹ vermitteln, sind einfach. Führung sollte sich auf Grundsätzliches konzentrieren und die Einzelheiten den Mitarbeitern überlassen. In den Grundwerten sollte sie jedoch autoritär sein. Es ist die besondere Aufgabe der Unternehmensleiter, keinen Zweifel an den Grundwerten und Zielen des Unternehmens zu lassen. Führung darf nie Rollenspiel, sondern muß stets echt und auf die Einheit von Person und Aufgabe gegründet sein. Energie und Willenskraft sind unerläßliche Eigenschaften eines überzeugenden Unternehmensleiters. Kontinuität ist wichtig für die Verfolgung langfristiger Ziele. So einfach diese Erfahrungen auch klingen, so schwierig sind sie zu befolgen, weil sie volle Hingabe erfordern. Dies ist die eigentliche Herausforderung an die Leiter der Unternehmen: Sie müssen sich voll der Sache ihres Unternehmens verschreiben – so wie es die Leiter der ›Hidden Champions‹ getan haben.

Anmerkungen

1 Landrum, Grene N.: Profiles of Genius, Buffalo (New York): Prometheus Books, 1993.
2 Collins, James C., und Porras, Jerry I.: Built to Last – Successful Habits of Visionary Companies, New York: Harper Collins Publishers, 1994.
  Collins, James C., und Porras, Jerry I.: Die Besten der Besten – Zwölf Managementmythen, gdi-impuls 1/1995, S. 23–29, Zürich: Gottlieb-Duttweiler-Institut 1995.
3 Wallace, D. B., und Gruber, H. E. (eds.): Creative People at Work, Twelve Cognitive Case Studies, New York/Oxford: Oxford University Press, 1989, S. 35.
4 Drucker, Peter F.: Adventures of a Bystander, New York: Harper Collins, 1978, S. 255.
5 EKS, d. h. Engpaß-Konzentrierte Strategie nach Wolfgang Mewes.
6 Bennis, Warren: Why Leaders Can't Lead, San Francisco: Jossey-Bass, 1989.

11. KAPITEL

DAS GROSSUNTERNEHMEN
ALS ›CHAMPION‹

>»Ein mittelständisches Unternehmen ist
>kein kleines Großunternehmen.«

Für viele Wirtschaftstheoretiker und -praktiker ist das gültige *Unternehmensmodell* immer noch das Großunternehmen. In Büchern, angefangen von ›In Search of Excellence‹[1] (Auf der Suche nach Spitzenleistungen) bis zum neueren ›Built to Last‹[2] (Die Besten der Besten), werden Großunternehmen analysiert und ihre Erfolge gefeiert. Quasi selbstverständlich wird unterstellt, daß andere Unternehmen vom Modell des Großunternehmens sehr viel lernen können.

In diesem Buch habe ich diese Perspektive radikal umgekehrt. Ich behaupte, daß bezüglich Weltmarktführerschaft und Wettbewerbsleistung viele der weltbesten Firmen unter den weitgehend unbekannten, unauffälligen, verborgenen ›Hidden Champions‹ und nicht unter den Großunternehmen zu finden sind. Die ›Hidden Champions‹ verhalten sich in vielerlei Hinsicht anders als typische Großunternehmen und anders, als es die moderne Management-Lehre gemeinhin empfiehlt. Ihr anhaltender Erfolg legt nahe, daß andere Unternehmen von ihren Praktiken und Erfahrungen lernen können. Dies gilt nicht zuletzt für Großunternehmen. Die stillschweigende Annahme, daß Lernen eine Einbahnstraße sei, die vom Großunternehmen zum Kleinbetrieb verläuft, kann nicht länger aufrechterhalten werden. Die Zeit ist gekommen, das Einbahnstraßenschild umzudrehen. Ich glaube, daß Großunternehmen viel von den kleineren Spitzenfirmen lernen können. Die Erfahrungen der ›Hidden Champions‹ dürfen jedoch nicht naiv übertragen werden, sie sind vielmehr mit Vorsicht aufzunehmen. Großunternehmen haben ihre Existenzberechtigung und werden sie weiterhin haben, weil sie gewisse Fähigkeiten besitzen, die auf bestimmten Märkten erforderlich sind und die kleine Unternehmen nicht haben. Gleichzeitig werden immer mehr Märkte für ›Hidden Champion‹-Strategien zugänglich.

Es ist eine interessante Vorstellung, daß das Großunternehmen der Zukunft entweder ein *Big Champion* oder eine *Gruppe von Champions* sein könnte. Wenn wir einen Schritt weiter gehen, legen unsere Ergebnisse auch nahe, daß – anstatt immer größere und komplexere Konzerne zu bauen – es besser sein könnte, solche übergroßen Organisationen in wirklich unabhängige Geschäftseinheiten aufzuteilen, die wie ›Hidden Champions‹ handeln können. Erste Tendenzen dieser Art sind klar zu erkennen. Klein zu bleiben oder zu werden – anstatt groß – erscheint als neuer erfolgversprechender Zukunftsweg. Ich will nicht ausschließen, daß uns in den nächsten Jahren eine Welle von De-Fusionen und ›Break-ups‹ großer Unternehmen bevorsteht.

Klein oder groß?

Großunternehmen zu kritisieren, ist neuerdings beliebt. Einer der freimütigsten Verfechter dieses Trends, Percy *Barnevik,* Vorstandsvorsitzender des schwedisch-schweizerischen Konzerns *ABB,* kommentiert: »Ich glaube, große Organisationen sind von Natur aus problematisch. Sie schaffen so viel Langsamkeit, Bürokratie, Kundenferne, nehmen den Mitarbeitern Initiative und ziehen die Art von Mitarbeitern an, die in Großunternehmen überleben.«[3] Peter *Drucker*[4] schließt sich ihm an und sagt: »Die Vorteile einer kleinen Unternehmensgröße nehmen zu. Wenn man beispielsweise sieht, wer aus den USA exportiert, so sind es nicht die großen Unternehmen. Ja, General Electric war sehr erfolgreich mit Flugzeugtriebwerken und Boeing mit Flugzeugen, aber abgesehen davon sind praktisch alle erfolgreichen Exporteure mittlere, hoch spezialisierte Unternehmen. Ich glaube nicht, daß Großunternehmen verschwinden werden. Ich sehe jedoch mehr und mehr Branchen, in denen eine mittlere Unternehmensgröße viel besser ist, und wo es einfach die Ergebnisse beeinträchtigt und die Rendite verschlechtert, wenn man versucht, groß zu sein. Es wird zunehmend interessanter, darüber nachzudenken, welches die optimale Unternehmensgröße ist.«

Wenn wir unsere Ergebnisse betrachten, fällt es schwer, Einwendungen gegen Drucker zu erheben. Ich möchte hinzufügen, daß seine beiden Beispiele von Großunternehmen – nämlich *General Electric Aircraft Engine Group* und *Boeing* – tatsächlich meine Argumentation bestätigen. Obgleich diese beiden Firmen zu groß sind, um nach meiner Definition ›hidden‹ (verborgen) zu sein, sind es beinahe Fälle der *Champion-Strategie für große Märkte* insofern, als diese Firmen hoch fokussiert sind, eine globale Marktorientierung haben, sehr innovativ sind usw.

Der GE-Fall ist besonders illustrativ. Ich habe lange mit Dr. Gerhard *Neumann* diskutiert, der die *GE Aircraft Engine Group* in ihre gegenwärtige Position als Weltmarktführer brachte und 17 Jahre leitete. Dr. Neumann bestätigte praktisch alle meine Feststellungen über die ›Hidden Champions‹ und sagte, daß er ähnliche Prinzipien verfolgte. Als Person verkörpert Neumann fast ideal die Führungseigenschaften, die wir in Kapitel 10 beschrieben haben, wie z. B. Einheit von Person und Aufgabe usw. Die GE Aircraft Engine Group ist auch ein hervorragendes Beispiel, wie solch eine Geschäftseinheit in einem größeren Konzern geführt werden sollte, nämlich mit einem großen Maß an Unabhängigkeit, welche sie mit Neumann an der Spitze zu allen Zeiten hatte, egal wer gerade an der Spitze von General Electric stand.

Es ist offensichtlich und wird zunehmend akzeptiert, daß kleine Unternehmen sich an Änderungen der Umgebung besser und schneller anpassen. Sie kommen auch mit weniger, dafür aber besser motivierten Mitarbeitern aus. Nur Kleinunternehmen scheinen fähig zu sein, sich anhaltend und signifikant vom Durchschnitt der Gesellschaft abzuheben. Großunternehmen sehen sich in dieser Hinsicht einer anderen Herausforderung konfrontiert. Ein Vorstandsmitglied eines großen deutschen Chemie-Unternehmens erklärte mir einmal:»Mit mehr als 100 000 Beschäftigten ist es für uns sehr schwierig, uns stark von der Gesellschaft abzuheben. Unsere Belegschaft ist ein Spiegelbild der Gesellschaft. Wenn dies zutrifft, und ich befürchte das, ist es für uns sehr schwer, viel besser zu sein als der Durchschnitt.« Ich stimme ihm zu. Obgleich zwischen Großunternehmen deutliche Unterschiede bestehen, nimmt bei zunehmender Unternehmensgröße das Risiko zu, nur ein Spiegelbild der Gesellschaft zu werden. Spitzenleistungen verlangen eine Elite. Wenn eine Organisation Elite bleiben will, muß sie – fast definitionsgemäß – ihre Größe begrenzen.

Wenn ich von kleinen und mittleren Unternehmen spreche, ist mein Hauptanliegen nicht nur die *Unternehmensgröße*, sondern in erster Linie die *Fokussierung (Spezialisierung)*, die mit der Unternehmensgröße verbunden ist. Wenn der Weltmarkt für ein bestimmtes Produkt 25 Mrd. DM beträgt, dann hat ein Unternehmen mit einem Marktanteil von 40 % einen Umsatz von 10 Mrd. DM. Hinsichtlich der Unternehmensgröße ist das sicher nicht klein. Gleichwohl könnte sich diese Firma wie ein ›Hidden Champion‹ verhalten, d. h., eng spezialisiert sein und die Prinzipien befolgen, die wir in diesem Buch beschreiben. *Boeing* zählt zu dieser Kategorie. Andererseits würde ein Unternehmen gleicher Größe, das auf zahlreichen, nicht verwandten Märkten tätig ist und auf jedem Markt eine schwache Marktstellung hat, nicht die Kriterien einer ›Hidden Champion‹-Strategie erfüllen. Daher ist es nicht nur die Unternehmensgröße, sondern der Fokus, der hauptsächlich zählt.

Einige große Märkte (wie z. B. Telekommunikation, Infrastruktur, Automobile) erfordern große Ressourcen und werden daher die Domäne von Großunternehmen bleiben. Aber selbst auf solchen Märkten ist die Unternehmensstruktur nicht vorgegeben. Der Wertschöpfungsprozeß kann auf verschiedene Arten organisiert werden. Und das voll integrierte Modell von Fords River Rouge Plant, das die ganze Wertschöpfungskette von der Erzförderung bis zum Verkauf des fertigen Autos umfaßte, ist immer weniger das Modell der Zukunft. Auf vielen Märkten ist die Unternehmensgröße noch wichtig, aber in zunehmendem Maße werden die Kostenvorteile der Größendegression durch die Motivationsvorteile und Flexibilität kleiner Unternehmen überkompensiert. Und Änderungen in der Arbeitsteilung erlauben es zunehmend, diese Vorteile auszunutzen.

Kein Wachstum um jeden Preis

Wenn Kleinheit gewisse Vorteile bietet, die mit zunehmender Unternehmensgröße gefährdet werden, sollten Unternehmen egal welcher Größenordnung ernsthaft überlegen, ›klein zu bleiben‹, d. h., bewußt auf Wachstum verzichten. Dies widerspricht der herrschenden Lehre und ist auch teilweise ein Widerspruch gegen das, was ich in Kapitel 1 über Wachstumsziele ausgeführt habe. Aber traditionelle Wachstumsmuster und -ziele müssen angesichts unserer Ergebnisse in Frage gestellt werden. Man sollte nicht vergessen, daß die meisten Großunternehmen von heute irgendwann erfolgreiche mittelgroße Unternehmen waren, sonst hätten sie nicht überlebt und wären nicht bis zu ihrer heutigen Größe gewachsen. Aber irgendwo auf diesem Weg haben sich viele das sogenannte ›Großunternehmens-Syndrom‹ zugezogen. Hätte diese Infektion vermieden werden können, wenn sie bewußt die Entscheidung, bei einer bestimmten Größe zu bleiben, getroffen und umgesetzt hätten? Ja, vielleicht!

Unternehmensgröße sollte immer in Bezug zum Markt (am besten zum Weltmarkt) betrachtet werden. Wenn ein Unternehmen wachsen kann, entweder durch Erhöhung seines Marktanteils oder durch regionale Ausweitung, dann besteht kein Grund zur Beunruhigung. Es bleibt auf seinen Markt und seine Kompetenzen fokussiert und kann eine Wachstumsstrategie anwenden, die voll mit dem Erfolgsweg der ›Hidden Champions‹ übereinstimmt. Wenn der Weltmarktanteil jedoch bereits groß ist und Diversifikation als einziger Weg zu weiterem Wachstum bleibt, dann sollten die Anteilseigner dieses Unternehmens ernsthaft überlegen, ihr Geld woanders zu investieren. Die typische – und meines Erachtens falsche – Entscheidung in solch einem Fall ist, zu diversifizieren. Diversifikation lenkt jedoch vom eigentlichen Fokus ab, der das Unternehmen stark gemacht hat, und verletzt beinahe alle Prinzipien, die einen ›Hidden Champion‹ charakterisieren. In dieser Situation können die Unternehmensleitung und die Anteilseigner dafür optieren, klein und auf den engen Markt fokussiert zu bleiben, um die vorhandenen Stärken zu bewahren. Die einzelnen Anteilseigner sollten nach anderen Gelegenheiten suchen, um die erzielten Dividenden zu investieren. Für eine Familie, die Eigentümer eines Unternehmens ist, mag dieses Vorgehen ungewöhnlich erscheinen, aber klein und auf das ursprüngliche Geschäft fokussiert zu bleiben sollte als strategische Option nicht ausgeschlossen werden. Jemand, der in einem Geschäft erfolgreich war, neigt dazu, seine Fähigkeiten zu überschätzen, und glaubt, diesen Erfolg auf ähnliche Weise in neuen Geschäften wiederholen zu können.

Der folgende Fall eines Familien-›Hidden Champion‹ beschreibt eine derartige Situation. Das Unternehmen ist Weltmarktführer in einem Industriezweig und wirft gute Gewinne ab. Die Reinvestitionsmöglichkeiten in diesem Geschäft sind jedoch begrenzt. Marktanteile können infolge des langfristigen Charakters der Projekte nur sehr langsam gewonnen werden. Darum ist es schwierig, auf dem gegenwärtigen Markt ein befriedigendes Wachstum zu erzielen. Es wurden zwei Alternativen analysiert. Eine Alternative bestand in der Diversifikation des Unternehmens in ein erfolgversprechendes neues Feld. Diese Alternative war zwangsläufig mit einem beachtlichen Risiko verbunden, bot jedoch auch attraktive Möglichkeiten. Das neue Geschäft sollte durch die vorhandene Unternehmensleitung mit geführt werden. Die zweite Alternative war einfach, das Geld, das nicht für Ersatzinvestitionen benötigt wurde, an die Anteilseigner auszuschütten und es ihnen zu überlassen, wo sie es investieren. Die Entscheidung fiel zugunsten der zweiten Alternative. Ich denke, das war richtig. Ich bin ziemlich sicher, daß die Stärke, der Fokus, die Weltmarktführerschaft im bestehenden Geschäft aufrechterhalten werden, da die volle Konzentration des Managements garantiert ist. Diese Entscheidung impliziert jedoch, daß die Wachstumsaussichten des Unternehmens auf absehbare Zeit begrenzt sein werden. Das Unternehmen wird relativ klein bleiben.

Kleiner werden

Die Vorstellung, daß Unternehmen kleiner werden sollen, ist aus Sicht der weithin akzeptierten Wachstums- und Fusions-Philosophie verpönt. Man präferiert im allgemeinen, größer zu sein bzw. zu werden. Gleichzeitig kennt jedoch jeder Geschäfte, die gegenwärtig Teile – Divisionen oder Sparten – von Großunternehmen sind und die nicht gut laufen. Falls diese Einheiten in echte ›Unabhängigkeit‹ entlassen würden, hätten viele von ihnen das Potential, aus eigener Kraft ›Hidden Champions‹ zu werden. Im Grunde genommen sind sie mit der Herausforderung konfrontiert, klein zu werden und die *Schwächen des Großunternehmens abzustreifen.*

Wir beobachten viele Fusionen, die größere Unternehmensgebilde schaffen. Ich schlage hier die Gegenposition vor, die

Aufteilung von Firmen als Strategie der Zukunft zu sehen. Tatsächliche Beispiele sind noch selten. Einer der wenigen Fälle, in dem ein Unternehmen sich selbst aufgeteilt hat, betrifft *ICI,* das englische Chemie-Unternehmen. Das Pharma-Geschäft der früheren ICI wurde 1993 als unabhängiges Unternehmen unter dem Namen *Zeneca* abgetrennt. Die Chemie-Interessen werden unter dem alten Namen ICI fortgeführt. In einem Artikel in der Harvard Business Review berichten Owen und Harrison[5] detailliert über den Prozeß, der zu dieser Entflechtung führte, und über die Ergebnisse. Sie stellen fest, daß ein Kaufrausch in den 80er Jahren »die Komplexität eines bereits komplizierten und kaum noch zu steuernden Portfolios aus verschiedenen Geschäftszweigen erhöhte«. Der Wert von ICIs bestem Geschäftszweig, der Pharma-Sparte, spiegelte sich im Börsenkurs nicht wider und es entwickelten sich Meinungsverschiedenheiten über die Rolle und den Beitrag der Hauptverwaltung sowie die Bedürfnisse der einzelnen Geschäftszweige.

Das neue Unternehmen Zeneca kann sich seit 1993 voll auf sein enges Kerngeschäft spezialisieren (mehr als drei Viertel des Gewinns stammen aus Arzneimitteln). Und die neue ICI, die aus den ehemaligen Industrie-Sparten besteht, hat sich das Ziel gesetzt, »Weltmarktführerschaft auf jenen Gebieten zu erreichen, auf denen ICI einen technologischen Vorteil hat«[7]. Nach zwei Jahren fällt die Beurteilung dieser Entscheidung und der sich daraus ergebenden Refokussierung sehr positiv aus. Einige Kommentare von Sir Ronald Hampel[8] in einem 1995 gegebenen Interview belegen dies:

- »Wir haben jetzt mehr Zeit, uns auf unser Chemie-Geschäft zu konzentrieren.«
- »Eine meiner größten Sorgen vor der Aufteilung war: Machen wir ICI nicht zu klein? Zu klein, um im technologischen Rennen erfolgreich konkurrieren zu können? Immerhin mußten wir einige Synergien zwischen der Chemie- und der Pharma-Produktion aufgeben.«

- »Vor der Aufteilung hatte ich die Verantwortung für einen größeren Umsatz als jetzt. Niemand gibt gern eine größere Verantwortung auf. Wir sähen jedoch die Möglichkeit für eine Veränderung.«

Der Fall ICI-Zeneca scheint andere Großunternehmen zu ermutigen, ähnliche Maßnahmen zu erwägen. Mitte 1995 begann der schweizerische Chemie-Riese *Sandoz,* seine Sparte Spezialchemikalien unter dem neuen Namen *Clariant* an der Züricher Börse zu verkaufen. In Zukunft will sich Sandoz nur noch auf zwei Geschäftsfelder konzentrieren: Arzneimittel und Lebensmittel.

Mitte 1995 gab *ITT* einen Plan bekannt, sich in drei unabhängige, besser fokussierte Unternehmen aufzuteilen.

Einen ähnlichen spektakulären Schritt kündigte *AT&T* im September 1995 an. Die Börse reagierte mit einer massiven Höherbewertung der AT&T-Aktie.

Die Bereitschaft von Unternehmen, sich in unabhängige Geschäftseinheiten aufzuteilen, ist noch nicht weit verbreitet. Was würde geschehen, wenn es genauso viele Entflechtungen wie Fusionen geben würde? Sehr wahrscheinlich wäre das ein enormer Beitrag zur Dynamisierung der Wirtschaft. Einige Entflechtungen, die Unternehmen durch externe Kräfte auferlegt wurden, zeigen deutlich in diese Richtung. Aus dem *Standard Oil Trust,* der 1911 aufgelöst wurde, sind eine Reihe von äußerst erfolgreichen Firmen entstanden (z. B. Exxon). Nach dem Zweiten Weltkrieg wurde das deutsche Chemie-Monopol *IG Farben* in BASF, Bayer und Hoechst aufgeteilt. Es kann überhaupt keinen Zweifel geben, daß diese Drei zusammen alles übertroffen haben, was eine monolithische IG Farben auf dem Weltmarkt hätte erreichen können. Die erste Entflechtung von AT&T 1984 ist ein weiterer Beleg für meine These. Die ›Baby Bells‹ und die neue AT&T zusammen waren sehr erfolgreich. Es ist eine interessante Spekulation, was wohl geschehen wäre, wenn das Justizministerium ungefähr zur gleichen Zeit IBM auferlegt hätte, sich in separate Unternehmen aufzuteilen. Es erscheint nicht abwegig, sich vorzustellen, daß sich in den 80er Jahren verschiedene hoch fokussierte ›Little Blues‹ sehr erfolgreich entwickelt hätten. *Das traditionelle Streben nach Größe sollte ernsthaft in Frage gestellt werden. Entflechtungen, Abtrennungen und ähnliche Maßnahmen müssen akzeptierte Optionen für die Strategie der Zukunft werden.*

Ein weniger radikaler Schritt als die völlige Separierung ist die *Gründung einer rechtlich selbständigen Firma,* die als Tochtergesellschaft geführt wird. Ein gutes entsprechendes Beispiel bietet das noch junge Unternehmen im Bereich Pflanzenschutz mit dem Namen *AgrEvo.* Diese Firma wurde aus den früheren Pflanzenschutzmittel-Sparten der Chemie-Unternehmen Hoechst und Schering und der französischen Firma Roussel Uclaf gebildet. In sehr kurzer Zeit hat AgrEvo eine eigene Identität entwickelt. Das Unternehmen ist auf Pflanzenschutz spezialisiert – und sonst nichts, es bleibt unberührt von Überlegungen anderer Chemiezweige. AgrEvo besitzt eine entschieden globale Marktorientierung und hat größere Kundennähe, als es im Rahmen seiner Muttergesellschaften je hätte erreichen können. Die Identifikation der Mitarbeiter mit AgrEvo hat sich stark verbessert, und die Vorteile eines typischen ›Hidden Champion‹ beginnen sich zu zeigen. Dies ist fast ein idealtypischer Fall, wie ›Hidden Champion‹-Unternehmen aus Geschäftseinheiten von Großunternehmen geschaffen werden können. Mitte 1995 hat *Hoechst* dieses Modell kopiert, indem sein Geschäftszweig *Textilfarben* mit der entsprechenden Einheit von *Bayer* in der neuen Firma *Dystar Textilfarben* zusammengeführt wurde.

Für einen erfolgreichen Übergang ist es entscheidend, solchen neu gebildeten Unternehmen die maximal mögliche Unabhängigkeit zu geben. Die neue Einheit wird dann für sich selbst sorgen und in unglaublich kurzer Zeit Dinge erreichen, die vorher unmöglich erschienen. Im Idealfall schließt die Schaffung der neuen Einheit auch die räumliche Trennung von der Muttergesellschaft ein.

Ich sehe große Möglichkeiten für ähnliche Entscheidungen in vielen Großunternehmen. Aus Geschäftseinheiten, die jetzt Teile von großen, diversifizierten, unfokussierten Organisationen mit unklarem Geschäftszweck und Identitätsprofil sind, können ›Hidden Champion‹-Einheiten geschmiedet werden. Der folgende Fall illustriert dies: Eine frühere, nicht gewinnbringende Sparte eines großen deutschen Chemie-Konzerns wurde an ein ausländisches Unternehmen verkauft. Die neue Dachgesellschaft räumte dem Unternehmen große Unabhängigkeit ein – ganz anders als die alte Muttergesellschaft. In einem Jahr wurde die Wende von einem Verlust in Höhe von 70 Mio. DM zu einem Gewinn von 40 Mio. DM erreicht. Der Geschäftsführer, der in seiner Funktion blieb, erklärte mir, das einzige wirkliche Problem, das er früher hatte, seien die Restriktionen gewesen, die der alte Eigentümer ihm auferlegte, dessen Struktur und Geschäftskonzepte einer erfolgreichen Führung dieser Einheit im Wege standen. Dieses Unternehmen ist jetzt tatsächlich ein echter ›Hidden Champion‹ und Weltmarktführer.

In gleicher Weise sind Großunternehmen gut beraten, Geschäftseinheiten abzustoßen, die für ihren Rahmen zu klein sind. Solche Geschäftseinheiten können für kleinere nischenorientierte Unternehmen sehr attraktiv sein. *Siemens* verkaufte sein *Herzschrittmacher-Geschäft,* das im Vergleich zu einer typischen Siemens-Sparte nur kleine Umsätze erzielte, an *St. Jude Medical*, einen Herz-Spezialisten und ›Hidden Champion‹ (siehe Abbildung 12.1). Das Herzschrittmachergeschäft wird bei St. Jude Medical wahrscheinlich weit mehr Aufmerksamkeit des Managements bekommen, als es bei Siemens je hätte hoffen können. Das gleiche gilt für die *Dentaltechnik* von *Bayer,* die 1995 an *Heraeus Kulzer* verkauft wurde, einem Spezialisten auf diesem Sektor. Mit 560 Mitarbeitern und 200 Mio. DM Umsatz war diese Geschäftseinheit zu klein, um im großen Bayer-Konzern eine wichtige Rolle zu spielen.

Eine Geschäftseinheit, die zu klein ist und deshalb in einem Großunternehmen leicht vernachlässigt wird, kann der Kern und der Fokus der Aufmerksamkeit werden, wenn sie entweder in die Unabhängigkeit entlassen oder an eine kleine Firma verkauft wird. Die Größe eines Geschäftes und die Größe eines Unternehmens müssen zusammenpassen. Kleinen Geschäftszweigen geht es unter dem Dach von kleinen Unternehmen besser. Großunternehmen können daher gut beraten sein, nicht an kleinen Geschäftszweigen festzuhalten. Einerseits führen sie diese nicht gut, und andererseits lenken diese sie von ihrem großen Kerngeschäft ab.

Fokussierte und diversifizierte Großunternehmen

Können unsere Ergebnisse über die ›Hidden Champions‹ auf Großunternehmen mit Umsätzen von mehreren Milliarden DM übertragen werden? Es macht natürlich keinen Sinn, das Attribut ›hidden‹ beizubehalten, wenn wir von großen und sehr bekannten Unternehmen sprechen. Und man sollte vorsichtig sein, Großunternehmen nicht einfach Strategien zu empfehlen, die in kleinen Unternehmen erfolgreich waren. Wenn es um die Anwendung unserer Erkenntnisse geht, erscheint es zweckmäßig, zwei Arten von Großunternehmen zu unterscheiden:

- Der erste Typ ist das fokussierte Unternehmen, dessen Aktivitäten im wesentlichen auf einen Markt beschränkt sind und das auf diesem Markt idealerweise im Weltmaßstab eine führende Marktstellung anstrebt oder innehat. Ich nenne diesen Typ ›*Big Champion*‹.
- Der andere Typ ist die große Firma, die in verschiedenen Geschäftszweigen oder Märkten tätig ist, die mehr oder weniger verwandt sind. Für diese Unternehmen verwende ich den Begriff ›*Diversified Corporation*‹.

›Big Champions‹

Offensichtlich verfolgen die ›Big Champions‹ eine ähnliche Strategie wie die ›Hidden Champions‹, wenn auch in einem größeren Rahmen, so daß sie stärker sichtbar sind. *Daher können die Erfahrungen, die in diesem Buch vorgestellt werden, ohne Bedenken und große Modifikationen auf diese Art von Unternehmen übertragen werden.*

Boeing gehört zu dieser Kategorie. Dieses Unternehmen ist klar auf Flugzeuge spezialisiert und in diesem Geschäft Weltmarktführer. *Whirlpool* ist schon jetzt der weltweit führende Hersteller großer Haushaltsgeräte und hat erklärt, daß es Marktführer in jeder großen Region der Welt werden will. *Otto-Versand,* das größte Versandhandelsunternehmen auf der Welt, baut systematisch seine Position in allen größeren Ländern aus.

Andere Unternehmen, die traditionell solch eine Spezialisierung hatten, jedoch vom Pfad der Tugend abgewichen waren, refokussieren. Ein entsprechender Fall ist die Firma *Kodak,* die nach dem Verkauf ihrer Pharma- und Diagnostika-Sparte zu ihrem Kerngeschäft Fotografie zurückkehrte. Interessanterweise sieht George Fisher, seit 1994 Kodaks neuer Vorstandsvorsitzender, plötzlich viele Wachstumsmöglichkeiten auf dem engeren Markt der Fotografie. Wie ist das möglich? Weil er Kodaks Aufmerksamkeit auf die globale Vermarktung gerichtet hat. Nach Business Week ist »Fisher überzeugt, daß Kodaks traditionelles Film- und Papier-Geschäft im nächsten Jahrzehnt jährlich um 7–9 % wachsen kann. Wie? Teilweise durch Expansion in den schnell wachsenden Ländern Asiens, wo Kodak weit hinter dem Erzrivalen Fuji Photo Film Co. zurückliegt. Und Fisher sieht ein dramatisches Wachstum in bisher kaum bearbeiteten Wachstumsmärkten, wie z. B. Rußland, Indien und Brasilien.« Unter dieser neuen Fokussierung begann Kodak etwas zu tun, was bisher völlig undenkbar war: Seit März 1995 verkauft Kodak in Japan Filme als Handelsmarke. Dies ist ein idealtypischer Fall. An der Realität der

Märkte von Kodak hat sich nichts verändert. Nur die Perspektive von Kodak wurde entsprechend den Lehren der ›Hidden Champions‹ refokussiert.

Viele diversifizierte Großunternehmen haben ähnliche Veränderungen durchgeführt oder beabsichtigen solche. So hat *Schering* sein gesamtes Geschäft auf Arzneimittel refokussiert. Beginnend 1992 wurden alle Geschäftszweige außerhalb des Pharma-Geschäfts entweder verkauft oder in separaten Firmen organisiert (z.B. wurde der Pflanzenschutz auf AgrEvo übertragen, ein Joint-Venture mit Hoechst). Schering ist jetzt ein reines Pharma-Unternehmen mit einem klaren Fokus. Nach drei Jahren fällt die Beurteilung dieser Refokussierung sehr positiv aus. Die Aufgabe der Nichtpharma-Geschäftszweige führte zu einem Umsatzverlust von mehr als 1,18 Mrd. DM, aber mehr als die Hälfte dieses Umsatzverlustes wurde im ersten Jahr kompensiert durch verbessertes Wachstum aus dem fokussierten Pharma-Geschäft.

Viele andere Großunternehmen (wie z.B. Hoechst, Bayer, viele amerikanische Firmen) scheinen einen ähnlichen Weg zu verfolgen durch *Abstoßen von Randgeschäften* und Konzentration auf weniger Geschäftseinheiten. Was ich nicht gleich häufig sehe, ist eine begleitende Neuausrichtung der Ziele, der Marktdefinition und der Wettbewerbsvorteile. Ein Unternehmen, das sich von einigen Märkten zurückzieht und auf einen oder wenige Märkte spezialisiert, sollte gleichzeitig ehrgeizigere Ziele setzen, den regionalen Marktumfang ausweiten, mehr Kundennähe erreichen und seine Wettbewerbsfähigkeit verbessern. Fast alles, was ich über die ›Hidden Champions‹ gesagt habe, läßt sich auf das fokussierte Großunternehmen übertragen. Nur läuft alles in einem größeren Maßstab ab.

Diversified Corporations

Der Fall des diversifizierten Unternehmens ist komplexer. Es ist weniger offensichtlich, ob und was diese Firmen von den ›Hidden Champions‹ lernen können. Verfolgen sie nicht eher das Gegenteil dessen, was die ›Hidden Champions‹ veranschaulichen, wenn sie in verschiedenen Geschäftszweigen tätig sind, um Risiken auszugleichen, Synergien zu nutzen usw.? Im allgemeinen sind diese Geschäftszweige auf der Technologie- und/oder Markt-Seite irgendwie verwandt. Die Verflechtungen lassen demnach beachtlichen Raum für eine starke Fokussierung auf Technologie und/oder Markt.

Der letzte Aspekt bietet die Möglichkeit, die Divisions oder Geschäftseinheiten der ›Diversified Corporation‹ wie ›Hidden Champions‹ zu führen. Das bedeutet, ihnen den klaren Geschäftszweck vorzugeben, nach starken Marktpositionen zu streben und eine große Autonomie zu lassen, wie sie dieses Ziel erreichen. *Hewlett Packard und 3M* gehören zu dieser Kategorie. Hewlett Packard hat einen Umsatz von mehr als 20 Mrd. Dollar. Es ist nach Geschäftseinheiten organisiert, die wie kleine Unternehmen geführt werden und volle Gewinnverantwortung haben. Eine Geschäftseinheit kann einen Umsatz in der typischen Größenordnung eines ›Hidden Champion‹ erreichen, z. B. 100 Mio. Dollar. Das gleiche kann von der Firma *3M* gesagt werden, deren kontinuierliche Innovationsleistung im wesentlichen von dieser Art der Dezentralisierung getrieben wird.

In Europa ist *ABB* wahrscheinlich das Unternehmen, das dieses Konzept am systematischsten umgesetzt hat. ABB hat einige Tausend Geschäftseinheiten, von denen erwartet wird, wie kleine Unternehmen zu handeln. Im Fall ABB ist jedoch die Frage aufzuwerfen, ob es nicht zu viele dieser Einheiten gibt und ob die Ziele für Marktführerschaft und der Fokus hinreichend definiert sind. Kann eine Gruppe von Hunderten oder Tausenden von ›Hidden Champion‹-Unternehmen fokussiert bleiben, geführt und kontrolliert werden? Neben den Geschäftseinheiten mit ihren individuellen Schwerpunkten muß das Unternehmen als Ganzes ein gemeinsames Band und einen übergreifenden Fokus haben.

Wir sehen ähnliche Tendenzen zu Gruppen von ›Hidden Champions‹ bei anderen Großunternehmen. Viele Jahre gab *General Electric* seinen Divisions den klaren Auftrag, nach Nr.-1- oder Nr.-2-Positionen auf der Welt zu streben. Fortune[9] nennt die Divisions von GE »wendige Einheiten, die ihre globalen Märkte beherrschen«. Die Aircraft Engine Group, die wir in diesem Kapitel erwähnt haben, ist ein beeindruckender Fall einer solchen ›Champion‹-Strategie. *Siemens* verfolgt einen ähnlichen Weg, obwohl der Prozeß der Dezentralisierung dort noch in einer frühen Phase, aber auf dem richtigen Weg ist.

Unterscheidet sich die hier vorgeschlagene ›Hidden Champion‹-Strategie von der allgegenwärtigen Empfehlung zur Dezentralisierung? Nicht grundsätzlich! Aber die ›Hidden Champions‹ legen nahe, daß Dezentralisierung radikaler sein sollte, als sie es heute üblicherweise ist. Und die neu gebildeten Geschäftseinheiten sollten am besten mit allen Kernfunktionen eines Geschäftes ausgestattet sein und nicht nur mit Teilen dieser Kernfunktionen.

Die Frage, was ist oder bleibt gemeinsam zwischen den Divisions, die zu einem diversifizierten Unternehmen gehören, ist äußerst komplex und läßt sich nicht auf einfache Weise beantworten. Es muß eine gewisse gemeinsame Nutzung der Ressourcen bzw. Synergien geben, sei es auf der Technologie- und/oder der Marktseite. Ich stimme der folgenden Feststellung in einem Artikel der Harvard Business Review[10] voll zu: »Daß wir die Verbundenheit der Geschäftszweige lernen mußten, steht im Mittelpunkt der Wertschöpfung in diversifizierten Unternehmen.« Der optimale Kompromiß zwischen zentralisierten und dezentralisierten Kompetenzen ist schwer zu finden und nicht statisch. *Im Zusammenhang eines diversifizierten Unternehmens kann eine ›Hidden Champion‹-Strategie nicht in reiner Form umgesetzt werden.* Die Lehren der ›Hidden Champions‹ sollten dennoch von den Divisions beachtet werden. Die Synthese von autoritärer und partizipativer Führung, die wir in Kapitel 10 disku-

tiert haben, kann auf die Beziehung zwischen der Hauptverwaltung und den dezentralen Einheiten angewendet werden.
Die Hauptverwaltung sollte in den – relativ wenigen –
grundlegenden Aspekten, die sie entscheidet, ›autoritär‹
sein. In allen Einzelheiten hingegen sollte die Führung sehr
partizipativ sein, und die Geschäftseinheiten sollten weitest-
gehende Autonomie erhalten. In den meisten Unternehmen
gibt es – trotz gegenteiliger Lippenbekenntnisse – noch zu
viel Zentralisierung. Die Hauptverwaltung beschränkt sich
nicht darauf, grundlegende Ziele und Werte vorzugeben,
sondern engagiert sich in vielen Einzelfragen der Unternehmensführung, was die Geschäftseinheiten daran hindert,
eine wirkliche ›Hidden Champion‹-Strategie zu verfolgen.
Die Hauptverwaltung muß sich ständig und selbstkritisch
fragen, welchen Wert sie zum Geschäft der Einheiten bei-
trägt.

Ein weiterer Aspekt, der für die ›Hidden Champion‹-Ei-
genschaft erforderlich ist, liegt in einer *umfassenden funktionalen Verantwortung.* Die Geschäftseinheiten müssen in
einer Weise definiert werden, die ihnen am besten die volle
Verantwortung für die Kernfunktionen und die Wertschöpfung eines Geschäftes gibt. Nach den Erfahrungen bei Siemens sollte dies tatsächlich das tragende Prinzip für die Definition einer Geschäftseinheit sein. Dies schließt gewöhnlich ein, daß in der Definition einer Geschäftseinheit sowohl Marktaspekte als auch interne Ressourcen mit berücksichtigt werden müssen, wie wir bei den ›Hidden
Champions‹ in der Integration von externen Marktchancen
und internen Ressourcen oder Kompetenzen gesehen
haben. Nur wenn beide Seiten im Entscheidungsbereich
der Leitung einer Geschäftseinheit liegen, kann sie eine
Strategie verfolgen, die nach Marktführerschaft strebt. Was
wir heute oft beobachten, ist eine Verletzung dieser Bedingung. Verkauf und Produktion sind in verschiedenen Geschäftseinheiten, oder sogar Verkauf und Kundendienst
sind getrennt. Solch eine Trennung von Aktivitäten, die zur

selben Wertschöpfungskette gehören, ist für ›Hidden Champions‹ undenkbar. Geschäftseinheiten, denen solche Kernfunktionen genommen wurden, haben kaum Chancen, ›Champion‹ zu werden oder zu bleiben. Gleichwohl sollte nicht außer acht gelassen werden, daß in Industriezweigen mit einem hohen Maß an Integration in Produktion und Forschung (z. B. Chemie- und Elektro-Industrie) es sehr schwer ist, das reine Modell voller Delegation der Kernfunktionen zu verwirklichen.

Die Kunst, den optimalen Mittelweg zwischen den beiden Polen von Zentralisierung und Dezentralisierung zu finden, wird die Zukunft der Großunternehmen bestimmen. *Ich stelle mir das diversifizierte Unternehmen der Zukunft als Gruppe von Unternehmen vor, die einige Kernressourcen gemeinsam nutzen, die jedoch darüber hinaus wie unabhängige ›Hidden Champions‹ handeln mit klarem Geschäftszweck, fokussierten Märkten, globaler Orientierung usw.* Kleine Geschäftseinheiten mit großer Autonomie werden wahrscheinlich die Art der Spezialisierung, Integration von Technologie und Marketing, Identifikation der Mitarbeiter erreichen, die für den zukünftigen Wettbewerb notwendig sind. Großunternehmen werden es schwer haben, die typischen ›Hidden Champions‹-Eigenschaften zu entwickeln. Die Fähigkeiten und Persönlichkeiten der Mitglieder der Unternehmensleitung sind solche wichtigen Aspekte. Führungskräfte, die technisch kompetent sind, Person und Aufgabe vereinen, die bereit sind, sich die Hände schmutzig zu machen und sich mit voller Hingabe ihrem Job widmen, sind der Schlüssel, um eine Atmosphäre zu schaffen, in der Mitarbeiter motiviert und involviert sind. Diese Gegebenheiten sind in vielen Unternehmen unterentwickelt.

Dies bedeutet, daß der Übergang von einem zentral geführten Unternehmen zu einer ›Champion Corporation‹ kein rein organisatorischer ist. Die eigentliche Herausforderung liegt darin, den *Führungsstil* und die *Unternehmenskultur zu* ändern. Es erfordert Zeit und Energie, diese weichen Faktoren umzudrehen. Der dabei notwendige Wandel kann wahrscheinlich in kleineren Geschäftseinheiten schneller und effektiver durchgeführt werden als im Rahmen von Großunternehmen. Ein vielversprechender Weg, um die Effizienz in Großunternehmen wiederherzustellen, besteht darin, in ›Hidden Champion‹-Geschäftseinheiten zu dezentralisieren.

Zusammenfassung

In diesem Kapitel versuchte ich zu zeigen, daß Großunternehmen eine Menge von den ›Hidden Champions‹ lernen können. Es ist an der Zeit, die traditionelle Einbahnstraße des Lernens von groß nach klein einmal umzudrehen.

- Unternehmen sollten bewußter darüber nachdenken und entscheiden, ob sie bei einer bestimmten Größe bleiben und mit ihrem Markt wachsen wollen. Wachstum um jeden Preis, insbesondere über Diversifikationen, kann gefährlich werden, wenn dabei der Fokus und die Stärken der Spezialisierung verlorengehen.
- Größe an sich ist weniger wichtig als Fokussierung und sollte immer relativ zum Markt gesehen werden. Ein fokussiertes Großunternehmen scheint gut beraten, den bewährten Prinzipien der ›Hidden Champions‹ *zu* folgen.
- Großunternehmen, insbesondere solche, die stark diversifiziert sind, sollten ernsthaft überlegen, ob sie sich nicht in unabhängige Firmen zerschlagen, die sich viel besser auf ihre Märkte ausrichten können. Die noch wenigen Fälle, in denen eine solche Aufteilung realisiert wurde, ermutigen zu diesen Gedankengängen.
- Großunternehmen sollten sich rigoros von Randgeschäften trennen, die die Managementkapazität überproportional beanspruchen und damit im großen Verbund nicht effektiv geführt werden können.

- Großunternehmen sollten bewußt entscheiden, ob sie ein ›Big Champion‹ oder eine ›Diversified Corporation‹ sein wollen.
- Dabei sollten die Einheiten der ›Diversified Corporation‹ wie kleine ›Champions‹ geführt werden. Dies verlangt eine hohe Autonomie und Entscheidungskompetenz über die Kernfunktionen. ›Teilamputierte‹ Geschäftseinheiten scheinen nicht geeignet, den Weltklasse-Status der ›Hidden Champions‹ zu erreichen.
- Für die Aufteilung der Aufgaben zwischen Zentrale und dezentralen Einheiten gibt es kein Patentrezept. Die Antwort auf dieses Problem verändert sich ständig. Es scheint, daß diejenigen Konzerne, die ihre Einheiten als ›Hidden Champions‹ betrachten und danach handeln, mit diesem Verhalten nicht schlecht fahren.

Größe eines Unternehmens allein war und ist kein Mittel gegen die Gefahren des Wettbewerbs. In einer Zeit zunehmender Härte, Flexibilität und Schnelligkeit des Wettbewerbs sowie einer immer feineren Differenzierung der Märkte sollten die Großen verstärkt von erfolgreichen Kleinen lernen. In diesem Sinne halten die ›Hidden Champions‹ viele Lehren bereit, die sich Manager von Großunternehmen ins Stammbuch schreiben sollten.

Anmerkungen

1 Peters, Thomas J., und Waterman, Robert H.: In Search of Excellence – Lessons from Americas Best-Run Companies, New York: Harper & Row, 1982.
2 Collins, James C., und Porras, Jerry I.: Built to Last – Successful Habits of Visionary Companies, New York: Harper Collins Publishers, 1994.
Collins, James C., und Porras, Jerry I.: Die Besten der Besten – Zwölf Managementmythen, gdi-impuls 1/1995, S. 23–29, Zürich: Gottlieb-Duttweiler-Institut 1995.

3 International Management Magazine, April 1994.
4 Fortune, December 30, 1991.
5 Owen, Geoffrey und Harrison, Trevor: Why ICI Chose to De-merge, Harvard Business Review, 73, (March–April) 1993, S. 133–142.
6 Ebenda, S. 133.
7 Ebenda, S. 139.
8 Wirtschaftswoche, 29. Juni, 1995.
9 Fortune, June 26, 1995.
10 Collis, David J., und Montgomery, Cynthia A.: Competing on Resources: Strategy in the 1990s, Harvard Business Review, 73, (July–August) 1995, S. 118–128.

12. KAPITEL

DIE LEHREN

»Was wir machen, ist gesunder Menschenverstand,
nicht mehr.«

Die ›Hidden Champions‹ vermitteln uns klare Lehren.
Doch sind sie auch eine Elite unter den Firmen. Denn
Weltmarktführerschaft ist eine Position, nach der nicht
jedes Unternehmen streben kann oder streben sollte. Lassen sich die Lehren der ›Hidden Champions‹ auch auf Firmen übertragen, die nur in regionalen oder gar lokalen
Märkten operieren? Ähnliche Prinzipien scheinen in der
Tat in solch kleineren Märkten anwendbar. Unsere Studie
konzentrierte sich auf ›Hidden Champions‹ aus Deutschland. Die Frage drängt sich auf, ob es ähnliche Firmen in
anderen Ländern gibt und ob sie die gleichen Strategien
anwenden? Diese Frage ist in der Tat zu bejahen. Überall
auf der Welt fand ich ›Hidden Champions‹, und ihre Strategien weisen bemerkenswerte Ähnlichkeiten, um nicht zu
sagen Gleichheiten auf.
Unsere Befunde lassen darüber hinaus eine Reihe von Ver-
allgemeinerungen zu. Es ist nicht die große Zauberformel,
sondern eine Vielzahl kleiner Dinge, die die ›Hidden Champions‹ besser machen. Sie beachten auch, daß es beim Aus-
gleich zwischen Gegensätzen weniger um ›entweder – oder‹
als vielmehr um ein ›sowohl – als auch‹ gehen sollte. In
ihrem Verhalten werden die ›Hidden Champions‹ vor allem
vom gesunden Menschenverstand geleitet.

Lehren für regionale Kleinbetriebe

Nicht jedes kleine oder mittlere Unternehmen kann Weltmarktführer sein oder sollte nach einer solchen Position streben. *Viele Märkte sind ihrer Natur nach lokal oder regional.* Die Tatsache, daß wir diese Märkte in unserer Studie nicht berücksichtigt haben, bedeutet keineswegs, daß es auf diesen Märkten keine hervorragenden Firmen gibt. Das Gegenteil ist der Fall. Spitzenunternehmen wie die ›Hidden Champions‹ gibt es auf allen Märkten.

Erfolgreiche Firmen wenden dabei ähnliche Prinzipien der Unternehmensführung an. Auch im lokalen Markt ist die fokussierte Firma dem ›Hans Dampf in allen Gassen‹ überlegen. Daher sind die Ergebnisse dieses Buches *für Kleinbetriebe auf lokalen oder regionalen Märkten genauso relevant.* Unsere Erkenntnisse über *Zielsetzung, Motivation* und *Führung* können offensichtlich direkt in die Praxis regionaler Kleinbetriebe übertragen werden. Das wichtigste Ergebnis ist jedoch die folgende Empfehlung: *Lokale oder regionale Kleinbetriebe sollten sich eng auf einen Markt spezialisieren und durch regionale Ausweitung wachsen.*

Auf jedem Markt gibt es – unabhängig von der Marktgröße – einen *Marktführer,* und nach dieser Position sollte man streben. Dabei kann es sinnvoll sein, den belieferten Markt in geschickter Weise abzugrenzen, so wie es an den Beispielen der Weltmarktführer illustriert wurde. ›Hidden Champion‹ zu sein, ist nicht abhängig von der räumlichen Ausdehnung oder der Größe eines Marktes.

Übertragbarkeit auf andere Länder

Das diesem Buch zugrunde liegende Forschungsprojekt erstreckte sich auf ›Hidden Champions‹ aus Deutschland. Die Frage, in welchem Umfang ›Hidden Champions‹ in anderen Ländern existieren und ob diese Erfahrungen außerhalb

287

Deutschlands angewendet werden können, ist hochinteressant und zugleich relevant.

Im Laufe des Forschungsprojektes habe ich selbst ohne systematische Suche ›Hidden Champions‹ in vielen Ländern entdeckt. Die beispielhafte Auflistung deckt Europa und die USA ab, sie reicht von Südafrika bis Neuseeland. In Frankreich haben die Weltmarktführer 1989 sogar einen Club gegründet, den ›Club des numéros 1 mondiaux français à l'export‹ (Club der globalen Nr.-1-Exporteure Frankreichs). Zu den 139 Mitgliedern zählen meistens Großunternehmen, jedoch auch viele ›Hidden Champions‹.

Eine Auswahl von nichtdeutschen ›Hidden Champions‹ wird in Abbildung 12.1 vorgestellt. Die Abbildung 12.1 belegt, daß ›Hidden Champions‹ in vielen Ländern existieren – wenigstens soweit objektive Kriterien (wie z. B. Umsatz und Marktanteil) zugrunde gelegt werden. Die Existenz dieser Firmen als solche ist interessant, besagt aber nicht unbedingt, daß die nichtdeutschen ›Hidden Champions‹ die gleichen Strategien einsetzen wie die deutschen Vergleichsfirmen. Es sollte nicht außer acht gelassen werden, daß lokale Bedingungen die Unternehmensstrategie und den weltweiten Erfolg nachhaltig beeinflussen können. Ich kann nicht wissenschaftlich nachweisen, daß die Lehren der deutschen ›Hidden Champions‹ überall auf der Welt angewendet werden können und daß die Unternehmen aus Abbildung 12.1 die gleichen Strategien befolgen.

Eine ganze Reihe der nichtdeutschen ›Hidden Champions‹ habe ich jedoch besucht oder mit den Chefs gesprochen. In Workshops und Seminaren habe ich zahlreiche Informationen, Kommentare und Eindrücke über sie erhalten. Alle Informationen, die mir zugänglich waren, lassen mich zu der Schlußfolgerung gelangen, *daß ›Hidden Champions‹ über Ländergrenzen hinweg bemerkenswert ähnlich sind und fast identische Strategien anwenden.* Ihre Einstellung gegenüber der Öffentlichkeit ist ähnlich zurückhaltend, sie teilen die gleichen Grundwerte, und alle zeigen ein hohes Maß an Mit-

Firma	Land	Hauptprodukt	Um-satz Mio. US-$	Be-schäf-tigte	Weltmarkt-Position		
					Rang	Absoluter Marktanteil %	Relativer Markt-anteil
Swarovski	Österreich	Straßschmuck	990	9.200	1	67	>2
Fischer	Österreich	Langlauf-Ski	79	860	1	40	2,8
Mayr-Melnhof	Österreich	Faltschachteln	1.000	4.800	1*	25*	1,5*
Trierenberg	Österreich	Zigaretten-papier	370	900	1*	45*	1,5*
Veitsch-Radex	Österreich	Spezial-reflektoren	540	4.000	1	15	1,3
Nyco Minerals	Dänemark	Wollastonite	30	120	1	60	3
Rockwool	Dänemark	Stein-/Mineralwolle	928	5.600	1		
Babolat	Frankreich	Natursaiten für Tennis-schläger	28	200	1	75	5
Eurocopters	Frankreich	Zivil-Hubschrauber	1.700		1	51	>2
Manitou	Frankreich	Gelände-gängige Gabelstapler	270	1.200	1*	35*	2*
Rossignol	Frankreich	Abfahrtski	410	2.000	1	25	2,4
Sofamor	Frankreich	Instrumente für Knochen-operationen und Implantate	47		1	28	1,2
De'Longhi	Italien	Bewegliche Klimageräte	800	2.000	1*	30*	1,5*
Mabuchi Motors	Japan	Kleine Elektro-motoren			1	40	4,4
Nikon	Japan	Lithograph. Anlagen zur Halbleiter-produktion			1	50	1,9
Eurocom-posites	Luxemburg	Kunststoff-Waben	17	110	1*	50*	1,4*
Gallagher	Neuseeland	Weidezäune	100	650	1	45	2
SAPPI/SAIC COR	Süd-Afrika	Löslicher Zellstoff	300	1.200	1	17	1,4

* in Europa

Abbildung 12.1: Eine Auswahl von ›Hidden Champions‹ aus verschiedenen Ländern

289

Firma	Land	Hauptprodukt	Um-satz Mio. US-$	Beschäf-tigte	Weltmarkt-Position		
					Rang	Absoluter Marktanteil %	Relati-ver Markt-anteil
Chupa Chups	Spanien	Lutscher	275		1		
Freixenet	Spanien	Sekt	300	1.100	1	5	1,2
Gambro	Schwe-den	Dialysewaagen	546	9.000	1	30	1,5
Ares Serono	Schweiz	Biotechnische Produkte	650		1	70	>2
Cerbérus Guinard	Schweiz	Feueralarm-Systeme			1*	50*	3,5*
Flytec	Schweiz	Instrumente für Drachenflieger	3		1	60	>1,5
Uwatec	Schweiz	Sporttauch-Instrumente	14		1	60	>1,5
Giant	Taiwan	Mountain Bikes	400	1.500	1	3	1,1
De La Rue	England	Geld-Druckerei	1.000		1	60	>3
Vinten Group plc	England	Zubehör für TV-Kameras			1	In vielen Segmen-ten 80-90	
Meiko	England	Parallel-Datenverarb.	223	180	1*	25*	
BE Avionics	USA	Passagier-Kon-trolleinheiten für Flugzeugsitze			1	70	>2
Brush Wellman	USA	Beryllium-Erzeugnisse	346		1	65	>2
Compuserve Inc.	USA	Online-Informa-tionsdienste	430		1		
Cray Research	USA	Supercomputer	921		1	66	>3
Institute for International Research	USA	Konferenzen, Seminare	200	1.200	1		
Morton International	USA	Airbags	225	2.000	1	55	1,5
Loctite	USA	Kontaktkleber	417		1	80	>5
Medtronic	USA	Herzschritt-macher	1.600	10.000	1	46	2,1
		Herzdefibrilla-toren			1	33	1

* in Europa

Abbildung 12.1: Eine Auswahl von ›Hidden Champions‹ aus verschiede-nen Ländern (Fortsetzung)

Firma	Land	Hauptprodukt	Um-satz Mio. US-$	Be-schäf-tigte	Weltmarkt-Position		
					Rang	Absoluter Marktanteil %	Relativer Markt-anteil
Melroe	USA	Kleine Alleslader (»Bobcat«)			1	75	>4
Nordson	USA	Klebstoff-Auftragsanlagen	500	3.000	1	60	>1,5
Rohr Industries	USA	Triebwerks-gehäuse	907		1	85	>6
Sensormatic Electronics Corp.	USA	Elektronischer Diebstahlschutz	890	5.500	1		>2
St. Jude Medical	USA	Künstliche Herzklappen	253	725	1	60	9,1
Superior International Industries	USA	Aluminiumräder für Autos	456	4.500	1	20	1,8
S.D. Warren	USA	Feinpapier (holzfrei, maschinen-gestrichen	1.144	4.500	1	7	

* in Europa

Abbildung 12.1: Eine Auswahl von ›Hidden Champions‹ aus verschiedenen Ländern (Fortsetzung)

arbeiter-Motivation. Nach meinen Erfahrungen sind ›Hidden Champions‹ in verschiedenen Ländern einander ähnlicher als ›Hidden Champions‹ und Großunternehmen in einem Land. Meiner Meinung nach ist Kärcher in Winnenden bei Stuttgart eher mit Melroe in Gwinner/Nord-Dakota vergleichbar als mit Volkswagen.

Ein Bericht über den spanischen ›Hidden Champion‹ *Chupa Chups*[1], Weltmarktführer für Lutscher, enthält eine idealtypische Beschreibung und würde auf fast jeden der deutschen ›Hidden Champions‹ genauso zutreffen. Einige Schlaglichter aus dem Bericht über Chupa Chups sind:

• »verwurzelt in einer handwerklichen Tradition;
• durch und durch international, drei Fünftel des Umsatzes kommen aus dem Ausland;

- nur ein Produkt: Lutscher;
- mehr als 80 % der Maschinen werden selbst gefertigt und eifersüchtig vor der Konkurrenz verborgen.«

Bill Gallagher, Chef der neuseeländischen Firma *Gallagher*, Weltmarktführer bei Weidezäunen, sagte mir: »Wir wenden exakt die gleichen Strategien an wie die deutschen ›Hidden Champions‹. Wir wollen überall klarer Marktführer sein, wir innovieren wie verrückt, und wir verlassen uns auf unsere eigenen Stärken.«

Diese und viele weitere Beobachtungen legen nahe, daß die Schlußfolgerungen dieses Buches sich nicht auf Deutschland beschränken, sondern wertvolle Empfehlungen für Unternehmen auf der ganzen Welt enthalten. Die Grundprinzipien erfolgsorientierter Unternehmensführung sind über Länder und Kulturen hinweg ziemlich ähnlich. Erfordert nicht der globale Erfolg, den die ›Hidden Champions‹ erzielt haben, daß diese Unternehmen einen gemeinsamen Nenner gefunden haben müssen, um erfolgreich Geschäfte in allen Ländern dieser Welt zu machen? Diese Feststellungen sind allerdings nicht so zu verstehen, als ob die Bedeutung lokaler Bedingungen gering geschätzt würde.

Meine Schlußfolgerungen aus der Analyse der ›Hidden Champions‹ in Deutschland und anderen Ländern lauten:

- Was letztlich zählt, ist nicht der Standort, sondern ob ein Unternehmen in der Lage ist, die Kompetenzen und Wettbewerbsvorteile zu entwickeln, die auf seinem spezifischen Markt verlangt sind. Obwohl die Fähigkeit, dies zu tun, sicherlich nicht ganz unabhängig vom Standort ist, so muß man dennoch feststellen, daß das Umfeld nur einer unter mehreren Bestimmungsfaktoren des Erfolges ist.
- Die globale Orientierung der ›Hidden Champions‹ – und in den Spitzenunternehmen die Verteilung der Produktionsstandorte über mehrere Länder – machten sie in zunehmendem Maß von einem bestimmten Land unabhän-

gig. Auch viele der deutschen ›Hidden Champions‹ sind mental längst weit über die deutschen Grenzen hinaus gewachsen. Dies gilt teilweise auch für die Betroffenheit durch deutsche Steuer- und Kostenbedingungen.

- In der Spitzengruppe der ›Hidden Champions‹ habe ich viele Gesprächspartner mit kosmopolitischer Einstellung getroffen. Kosmopolit zu werden ist sowohl eine Voraussetzung als auch eine Folge der ›Hidden Championship‹, unabhängig vom jeweiligen Herkunftsland. Jedes Unternehmen, das bereit ist, seine kulturellen und nationalen Grenzen zu überwinden, hat großartige Chancen in einer Welt, die immer kleiner wird, zu wachsen.

Lehren für Investoren

Die ›Hidden Champions‹ sind hochinteressante Zielobjekte für Investoren. Klare Fokussierung, Weltmarktführerschaft und Kontinuität sind Kriterien, die von Investoren bei der Beurteilung von Anlagemöglichkeiten äußerst geschätzt werden. Investoren lieben zielstrebige Unternehmen, und sie verabscheuen Konglomerate, bei denen Ergebnisse und Verantwortlichkeiten nicht transparent sind[2]. Die Tatsache, daß die ›Hidden Champions‹ größtenteils im Verborgenen bleiben und nicht sehr bekannt sind, läßt vermuten, daß sie ihren vollen Wert auf dem Kapitalmarkt bei weitem noch nicht realisiert haben. Dies wird durch die Tatsache verstärkt, daß der deutsche Aktienmarkt für kleinere Unternehmen erst in der Anfangsphase seiner Entwicklung ist.

Nur eine kleine Minderheit der ›Hidden Champions‹ sind börsennotierte Gesellschaften. In Abbildung 12.2 stellen wir eine Auswahl börsennotierter ›Hidden Champions‹ vor.

Diese Unternehmen verdienen eine eingehendere Betrachtung als potentielle Investitionsobjekte. Die Perspektive ihrer langfristigen Geschäftsentwicklung verspricht eine dynamische Kursentwicklung und eine attraktive Dividende.

Die Lehren

Firma	Hauptprodukt	Umsatz Mio. DM	Beschäftigte	Börsenkurs 1.4.1997 DM
Aqua Signal	Schiffsleuchten	252	229	125,– [1]
Barmag	Maschinen zur Herst. von Chemiefasern	720	3700	273,–
Biotest	Pharmazeutika	263	939	66,–
Böwe Systec	Paper Management-Anlagen	175	1000	54,70
Cewe	Farbfilmentwicklung	1660	2400	420,–
CS-Interglas	Techn. Fasern/Gewebe	250	1150	150,–
Dräger	Medizintechnik	885	5278	???,–
Dürr	Auto-Lackieranlagen	1200	3000	61,50
Edding	Filzschreiber	130	250	525,–
Ex-Cell-O	Fräs-/Schleifmaschinen	300	1300	226,–
Fielmann	Brillen (Einzelhandel)	870	5000	46,–
Flender	Getriebe	1440	8700	165,–
Fresenius	Dialysegeräte	670	1749	369,–
Garny	Tresore, Bankeinricht.	300	1100	240,–
Glunz	Holzwerkstoffe	1500	6800	56,–
Grohe	Sanitär-Armaturen	978	4000	525,–
Herlitz	Schreibwaren	730	2800	153,–
Hegener + Glaser	Schachcomputer	90	500	66,–
Hermle	Universal-Fräs-, -Bohrmaschinen		566	190,–
Hohner	Mundharmonikas, Akkordeons	190	1050	42,10
Jado	Design-Türbeschläge	100	700	10,50
Jungheinrich	Flurförderzeuge	1650	6000	225,–
Kiekert	Auto-Schließsysteme	600	2700	66,–
Koenig & Bauer	Geld-Druckmaschinen	575	2000	225,–
Kögel	Anhänger, LKW-Aufbauten	220	1000	220,–
Krones	Flaschenabfüllanlagen	986	4515	640,–
KSB	Pumpen	2030	13800	337,–
Kühnle, Kopp & Kausch	Ventilatoren, Kompressoren, Abgasturbolader	315	2000	249,–
Kunert	Strümpfe	560	5300	127,50
KWS	Saatgut	260	700	1080,–
Linotype	Schriftsatz-Systeme	946	3461	122,–

Abbildung 12.2: Börsennotierte ›Hidden Champions‹

Firma	Hauptprodukt	Umsatz Mio. DM	Beschäftigte	Börsenkurs 1.4.1997 DM
Plettac	Rüst-/Schalgeräte	650	1000	350,–
Röder	Verleih von Zelthallen	150	550	86,90
SAP	Standard-Software	1800	5000	270,–
Sartorius	Industriewaagen, Filter	180	1400	270,–
Schenck	Spezialmaschinen/ Industrielle Wägetechnik	1000	7000	128,–
Schön & Cie.	Maschinen zur Schuh- herstellung	115	500	225,–
Schumag	Komb. Ziehmaschinen für Stangen/Rohre	190	1100	61,–
SGL Carbon	Technische Kohle-/ Graphit-Erzeugnisse	1435	5300	226,70
Temming	Baumwoll-Linters	100	367	91,50
Turbon	Farbband-Kassetten	140	1000	47,–
Villeroy & Boch	Porzellan, Keramik	1450	12000	225,–
Weinig	Profilfräsautomaten	296	1100	580,–
Wella	Haarpflegeprodukte	900	3500	900,–
Windhoff	Gleisbaumaschinen, Flughafenausrüstungen	95	450	235,–
Zanders	Kunstdruckpapier	871	3300	105,–

Abbildung 12.2: Börsennotierte ›Hidden Champions‹ (Fortsetzung)

Kurzfristig schwanken die Kurse der ›Hidden Champions‹ allerdings stärker als bei Großunternehmen. Diese Schwankungen sind unter anderem Folge der Fokussierung auf enge Produktmärkte. Auch sind die Handelsvolumina der Aktien dieser Firmen klein. Aber diese Art von Schwankungen könnte die Aktien dieser Unternehmen sogar für Anleger mit kurzfristigen Gewinnerwartungen attraktiv machen.

Viele der in Abbildung 12.2 aufgeführten Gesellschaften sind erst seit relativ kurzer Zeit an der Börse notiert. Andere Unternehmen planen, diesem Beispiel zu folgen. Dieser Trend bietet in der Zukunft attraktive Anlagemöglichkeiten.

Über die börsennotierten Gesellschaften hinaus sind die ›Hidden Champions‹ hoch präferierte Zielobjekte für Übernahmen, Management-Buy-Outs und private Kapitalanlagen. Es gibt im In- und Ausland institutionelle Anleger, die Kapitalanlagen bei Firmen mit führender Marktstellung bevorzugen. Unter solchen Investoren finden sich Länderfonds (wie z. B. Kuwait oder Singapur, die bereits in ›Hidden Champions‹ investiert haben) sowie spezialisierte Investmentbanken und -fonds aus verschiedenen Ländern. Doch diese Investoren ziehen es in der Regel vor, sehr diskret zu operieren – wie die ›Hidden Champions‹.

Allgemeine Schlußfolgerungen

Die ›Hidden Champions‹ vermitteln uns viele sehr wichtige Lehren. Was sie tun, entspricht im Grunde dem *gesunden Menschenverstand*: den Kunden ein gutes Preis-Leistungs-Verhältnis bieten, verläßlich sein, langfristige Beziehungen aufbauen, gute Qualität und guten Service liefern. Ihre Geschäftspraktiken zeigen, daß viele Modebegriffe der modernen Unternehmensführung (wie z. B. Outsourcing, strategische Allianzen, Zeitwettbewerb) entweder kurzlebige Erscheinungen sind oder einseitige Übertreibungen jeweils eines Aspektes der Unternehmensführung.

Grundlegende und erfolgreiche *Management-Praktiken* scheinen sich im Zeitablauf nicht viel zu ändern. Anstatt jeder neuen Management-Mode nachzurennen, dürfte jeder Unternehmer gut beraten sein, beständig den bewährten Prinzipien zu folgen, die von den ›Hidden Champions‹ praktiziert werden. Als Unternehmer sollte man stets kritisch bleiben und sich nicht zu sehr über den letzten Artikel zur neuesten Wundermedizin für Unternehmen aufregen.

Eine weitere allgemeine Erkenntnis bezieht sich darauf, daß gutes Management bedeutet: Viele kleine Dinge ein wenig besser als die Wettbewerber *zu* tun, anstatt nur ein oder wenige Dinge ›superrichtig‹ zu erledigen.

Die meisten Chefs der ›Hidden Champions‹ haben mir ausdrücklich erklärt, daß sie keine einfache *Erfolgsformel* gegen ihre Konkurrenten haben. Sie räumten ein, daß ihre Wettbewerber ebenfalls stark sind, oft sogar hervorragend. Aber wenn die ›Hidden Champions‹ viele Aspekte insgesamt betrachten, in denen sie überall ein wenig besser sind, dann erklärt sich ihre letztendliche Überlegenheit. Dies soll keineswegs eine gewisse Konzentration ausschließen, wie sie z. B. durch die *EKS-Methode*[3] vorgeschlagen wird. Auf keinen Fall darf ein betrieblicher Teilbereich vernachlässigt werden. Notwendig sind auch *kontinuierliche Verbesserungen* aller betrieblichen Prozesse. In dieser Hinsicht befolgen die ›Hidden Champions‹ die japanische Kaizen-Philosophie. Sie erreichen die kontinuierlichen Verbesserungen weniger durch ein formalisiertes Vorschlagswesen als vielmehr durch aktive Beteiligung ihrer Mitarbeiter.

Eine hervorstechende Erkenntnis liegt in der *Fokussierung* der ›Hidden Champions‹. Niemand kann ein Meister in allen Klassen sein. Diese Erkenntnis ist besonders für kleine Unternehmen mit begrenzten Ressourcen relevant. Sie trifft aber auch auf Großunternehmen zu. Der zielstrebige Spezialist schlägt den Generalisten.

Einfachheit ist eine weitere wichtige Lehre, die wir von den ›Hidden Champions‹ ableiten können. Einfachheit hat viele Facetten. Sie bezieht sich auf organisatorische Strukturen und Prozesse. Die Diskussion der letzten Jahre sowohl über Lean Management als auch Reengineering hat viel mit Einfachheit zu tun. Viele ›Hidden Champions‹ waren schon immer ›schlank‹. Einige Autoren schlagen Einfachheit als erfolgversprechende Methode zur Erreichung einer höheren Produktivität vor. Ein wichtiger Bestandteil von Einfachheit liegt meiner Meinung nach in der Beachtung der Bedingung *mehr Arbeit als Köpfe.* Sie hält die Mitarbeiter davon ab, neue, künstliche Komplexitäten zu erfinden. Einfachheit bezieht sich aber auch darauf, wie man die Welt betrachtet. Die Fähigkeit, Dinge auf ihren wesentlichen Kern zurückzuführen, ohne andererseits zu stark zu simplifizieren, gewinnt immer stärker an Bedeutung, je komplexer die Umgebung wird.

Die ›Sowohl – als auch‹-Philosophie

Heinrich Flik[5] von W. L. Gore, Inc. hat als erster meine Aufmerksamkeit auf die Bedeutung der ›Sowohl – als auch‹-Philosophie für die Unternehmensführung gelenkt. Er plädiert dafür, hart in den Grundsätzen und flexibel/liberal in den Details zu sein. Die gleiche ›Sowohl – als auch‹-Einstellung bestimmt auch das Verhalten der ›Hidden Champions‹, wie wir gesehen haben. Abbildung 12.3 listet eine Auswahl solcher ›Sowohl – als auch‹-Verhaltensweisen auf.

Aspekt	Sowohl ...	... als auch
Markt	Eng (Produkt, Technologie)	Breit (Welt, Region)
Antriebskraft/Innovation	Marktorientiert	Technologieorientiert
Strategie	Externe Chancen	Interne Ressourcen/ Kompetenzen
Innovation	Produkt	Prozeß
Zeithorizont	Kurzfristig (Effizienz)	Langfristig (Effektivität)
Wettbewerbsvorteile	Produktqualität	Service-/Kundenbeziehung
Ort der Wertschöpfung	Insourcing (Kernaktivitäten)	Outsourcing (Nicht-Kernaktivitäten)
Fluktuation	Hoch (in anfänglicher Selektionsphase)	Niedrig (Stammpersonal)
Führungsstil	Autoritär (Grundwerte, Ziele)	Partizipativ (Details, Prozeß)

Abbildung 12.3: Die ›Sowohl – als auch‹-Philosophie der ›Hidden Champions‹

Der ›Sowohl – als auch‹-Aspekt ist ein wiederkehrendes Thema in der jüngsten Management-Literatur. Barry Johnson[6] betont die Notwendigkeit, Kompromisse zwischen Gegensätzen zu finden, und warnt vor der Gefahr, extreme Lösungen zu wählen, so ansprechend letztere auch scheinen mögen. Collins und Porras[7] sprechen von der »Tyrannei des entweder – *oder*« und schlagen vor, »den Genius des *so-wohl – als auch* zu umfassen«.

Hans-Joachim Langmann, Vorsitzender des Vorstands der Merck KGaA in Darmstadt, sagte mir einmal, seines Erachtens sei der wichtigste Teil der Management-Kunst, scheinbar unvereinbare Aspekte in Einklang zu bringen. Obwohl wir vorher die Einfachheit betonten, ist die Welt kaum so einfach, daß es ausreicht, nur eine Seite der Medaille zu betrachten und eine extreme Lösung zu suchen. Es ist zu beachten, daß die ›Sowohl – als auch‹-Philosophie nicht einen naiv-faulen 50:50-Kompromiß bedeutet. Es geht nicht um ein bißchen Technik- und ein bißchen Marktorientierung, sondern darum, beiden Aspekten ein möglichst starkes Gewicht zu verleihen. Ein Unternehmen soll sowohl technik- als auch marktorientiert sein. Diese Erkenntnis beinhaltet stillschweigend eine Warnung vor jeder Art von Einseitigkeit. Und Einseitigkeit ist einer der vorherrschenden Fehler in den populären Erfolgsformeln für das Management. In der Unternehmensführung sind schwierige Wahlentscheidungen und Abwägungen unvermeidbar, obwohl Manager solche Abwägungen nicht mögen. Michael Porter[5] sagt: »Ich habe festgestellt, daß die Manager alle zu begierig sind, eine oder mehrere dieser Wunderformeln als Lösung zu begrüßen, weil diese Formeln versprechen, die Notwendigkeit für schwierige Wahlentscheidungen zu beseitigen.« Gutes Management ist vom ›Sowohl – als auch‹ – und nicht vom ›Entweder – oder‹-Typ. Es beinhaltet immer schwierige Abwägungen und Wahlentscheidungen.

Lehren der ›Hidden Champions‹

In Abbildung 12.4 werden die Lehren der ›Hidden Champions‹ in einem System-Zusammenhang von drei konzentrischen Kreisen dargestellt.

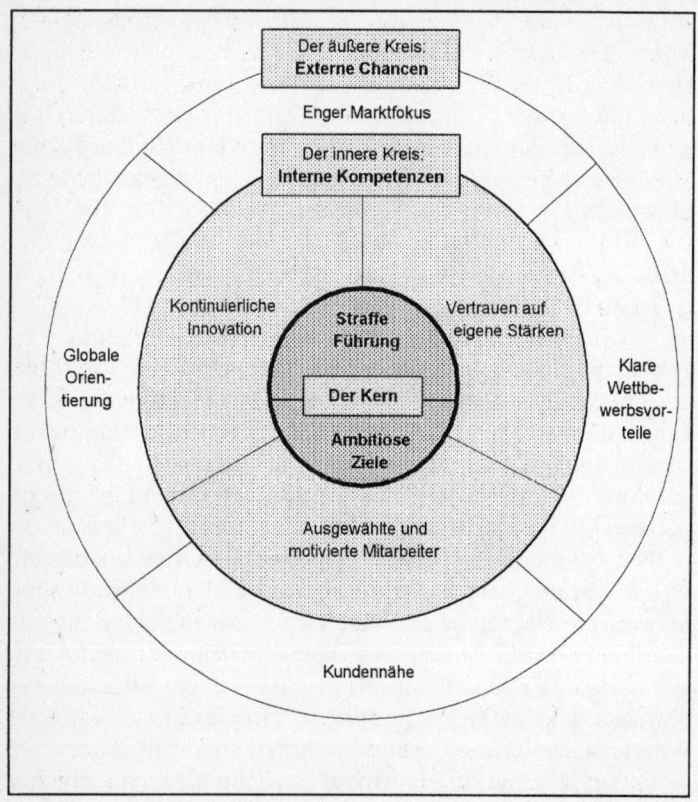

Abbildung 12.4: Die drei Kreise und die Lehren der ›Hidden Champions‹

Der *Kern* ist definiert durch eine starke Führung, die ehrgeizige Ziele setzt, die ihrerseits die internen Kompetenzen des
Unternehmens definieren und ausrichten. Der *innere Kreis*
beschreibt diese internen Kompetenzen. Sie umfassen sorgfältig ausgewählte und motivierte Mitarbeiter, kontinuierliche Innovation in Produkt und Service sowie Verlassen
auf die eigenen Stärken. Die internen Kompetenzen schließlich werden in externe Chancen transformiert. Der *äußere*

Kreis der externen Chancen beinhaltet den engen Marktfokus (in Produkt/Technologie/Anwendung), Kundennähe, klare Wettbewerbsvorteile und globale Orientierung. Wenn die Lektionen auch vom Kern zum Rand in kausaler Reihenfolge vorgestellt werden, so gibt es jedoch nicht einen Aspekt, der die anderen dominiert. Es ist vielmehr die Kombination aller Aspekte, die zum Erfolg führt.

Die Lehren der ›Hidden Champions‹ sind:

1. Die ›Hidden Champions‹ streben Marktführerschaft an – sonst nichts. Sie verfolgen das klare Ziel, in ihren Marktsegmenten die Nr. 1 auf der Welt zu sein oder zu werden und verteidigen diese einmal errungene Position mit aller Vehemenz.
2. Die ›Hidden Champions‹ verstehen die Marktdefinition nicht als extern vorgegeben, sondern als Teil ihrer Strategie. Sie definieren ihre Märkte eng und beziehen dabei Kundenbedürfnisse und Technologie ein. Sie sind fokussiert sowie eher tief als breit. Sie konzentrieren sich auf ihre Kernkompetenzen und vermeiden Ablenkungen oder Verzettelungen.
3. Die ›Hidden Champions‹ kombinieren ihre Spezialisierung in Produkt und Know-how mit weltweiter Vermarktung. Sie sind in wichtigen Zielmärkten mit eigenen Tochtergesellschaften präsent und delegieren die Beziehung zum Kunden nicht an Dritte. So erreichen sie trotz ihrer Nischenmärkte ›Economies of Seale‹ und verhindern das Entstehen neuer Konkurrenten in fremden Märkten.
4. Die ›Hidden Champions‹ haben eine sehr große Kundennähe – insbesondere *zu* den Top-Kunden. Die Kundennähe umfaßt alle Funktionen und Ebenen. Sie sind hingegen keine Marketing-Profis im Lehrbuch-Sinne. Sie verkaufen primär über den Wert, nicht über den Preis, ohne jedoch die Kosten zu vernachlässigen.

5. Die ›Hidden Champions‹ sind hochinnovativ. Innovation heißt für sie Produkt und Prozeß. Innovationen (oft Durchbruchsinnovationen) bilden das Fundament ihres langfristigen Erfolges. Durch kontinuierliche Innovation bleiben sie an der Spitze.

6. Die ›Hidden Champions‹ sind weder einseitig markt- noch einseitig technologieorientiert. Vielmehr integrieren sie – anders als Großunternehmen – Markt und Technik als gleichwertige Antriebskräfte und erreichen damit die Synergie von internen Kompetenzen und externen Marktchancen.

7. Die ›Hidden Champions‹ schaffen ausgeprägte Wettbewerbsvorteile bei Produktqualität und Service. Sie sind nahe an ihren besten Wettbewerbern und suchen aktiv die Konkurrenz mit diesen. Sie verteidigen ihre Wettbewerbsposition verbissen und reagieren sofort auf Angriffe.

8. Die ›Hidden Champions‹ vertrauen auf ihre eigenen Kräfte. Sie glauben nicht, daß andere ihre Probleme lösen. Um ihr Know-how und ihre Kernkompetenzen zu schützen, mißtrauen sie Kooperationen und strategischen Allianzen bzw. gehen solche nur mit großer Vorsicht, falls sie es allein nicht schaffen (wie z. B. im japanischen Markt), ein.

9. Die ›Hidden Champions‹ zeichnen sich durch hohe Identifikation und Motivation der Mitarbeiter aus. Sie haben stets ›mehr Arbeit als Köpfe‹ und selektieren im Frühstadium eines Arbeitsverhältnisses scharf. Langfristige Fluktuation und Krankenstand sind niedrig. Universelle Einsetzbarkeit, Vorschlagsaktivitäten und Lernbereitschaft der Mitarbeiter sind vorbildlich.

10. Die Leiter der ›Hidden Champions‹ leben die Einheit von Person und Aufgabe. Sie führen autoritär in den Grundwerten und partizipativ im Detail. Sie sind große Energieträger und Inspiratoren. Die Kontinuität in der Führung ist extrem hoch.

Abbildung 12.5 faßt die Lehren in Kurzform zusammen:

1. Vorgabe eines klaren und ehrgeizigen Zieles, idealerweise Nr. 1 zu werden bzw. zu sein.
2. Enge Marktdefinition und Konzentration auf Kernkompetenzen.
3. Globale Orientierung: weltweite Vermarktung.
4. Sehr große Kundennähe; wertorientiert, nicht preisorientiert.
5. Kontinuierliche Innovation in Produkt und Prozeß.
6. Gleichwertige Antriebskräfte Markt und Technik.
7. Klare Wettbewerbsvorteile in Produkt und Service.
8. Vertrauen auf eigene Stärken.
9. Mehr Arbeit als Köpfe. Sorgfältige Auswahl der Mitarbeiter.
10. Gelebte Führung - autoritär in den Grundsätzen, partizipativ in den Details.

Abbildung 12.5: Die Lehren der ›Hidden Champions‹

›Hidden Champion‹-Audit

Die Lektionen der ›Hidden Champions‹ regen an, das eigene Unternehmen bezüglich dieser Kriterien zu bewerten. Ich habe solche ›Hidden Champion‹-Audits in zahlreichen Unternehmen durchgeführt.

In einem ersten Schritt wird die Bedeutung der Lektionen bzw. Kriterien festgelegt. Diese Bedeutung variiert von Markt zu Markt. In einem zweiten Schritt wird dann die Leistung des Unternehmens in bezug auf das jeweilige Kriterium bewertet. Dies kann individuell erfolgen durch Manager, die einen Fragebogen ausfüllen, oder in einer Gruppendiskussion/Workshop-Sitzung. Um Bedeutung und Leistung zu vergleichen und auf diese Weise *zu* beurteilen, wie gut ein Unternehmen die ›Hidden Champion‹-Lehren befolgt, kann die Matrix verwendet werden, die in Kapitel 6 für die Analyse der Wettbewerbsleistung und der internen Kompetenzen vorgestellt wurde. Wir tragen dabei die Bedeutung auf der vertikalen Achse und die Leistungsbewertung auf der horizontalen Achse ab.

Im Idealfall sollte die Leistung um so besser sein, je wichtiger ein Kriterium ist. Dies wird durch die schattierte Diagonale in Abbildung 12.6 illustriert.

Abbildung 12.6 stellt ein ›Hidden Champion‹-Audit für zwei Unternehmen dar. Der linke Fall betrifft einen echten ›Hidden Champion‹, der rechte Fall ein größeres diversifiziertes Unternehmen. In beiden Firmen wurde der Fragebogen von jeweils 10 Führungskräften ausgefüllt.

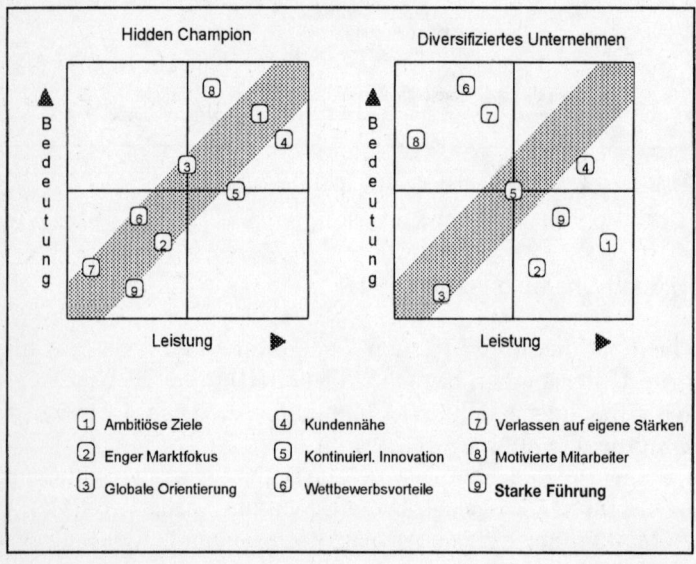

Abbildung 12.6: Ein ›Hidden Champion‹-Audit für zwei Unternehmen

Das Audit für den ›Hidden Champion‹ ergab, daß dieses Unternehmen die Lehren gut befolgt. Es gibt eine große Übereinstimmung zwischen Bedeutung und Leistung der Kriterien. Bei den wichtigen Faktoren weist diese Firma eine ausgezeichnete Leistung auf. Das Gegenteil ist der Fall für das diversifizierte Unternehmen. Die Leistung bei den wichtigsten Kriterien wird niedrig bewertet (und umgekehrt).
Es ist auch interessant, die Bedeutungsgewichtung für die beiden Unternehmen zu vergleichen. Der ›Hidden Champion‹ fühlt offensichtlich weniger Wettbewerbsdruck und

vergibt für ›Wettbewerbsvorteile‹ ein unterdurchschnittliches Bedeutungsgewicht, für das diversifizierte Unternehmen ist ›Wettbewerbsvorteil‹ hingegen das wichtigste Kriterium. Das Gegenteil gilt für ›Ambitiöse Ziele‹. Dieses Kriterium hat eine hohe Bedeutung für den ›Hidden Champion‹ und eine geringe Bedeutung für das diversifizierte Unternehmen.

Diese beiden Unternehmen sehen und erfahren die Welt sehr verschieden. Aber der ›Hidden Champion‹ scheint auf dem zielgerichteteren und erfolgreicheren Weg zu sein. Der ›Hidden Champion‹ wird sich weiter darauf konzentrieren, die Motivation seiner Mitarbeiter zu verbessern. Dieses Audit und der Vergleich führten in dem diversifizierten Unternehmen zu größeren Konsequenzen. Diese Firma hat sich vorgenommen, aus ihren bisher nicht allzu fokussierten Einheiten eine Gruppe von ›Hidden Champions‹ zu schmieden – ein großes Ziel und ein langer Weg!

Fazit

Die ›Hidden Champions‹ gehen ihren eigenen Weg. Sie machen fast alles anders als andere Unternehmen und als es populäre Management-Gurus unserer Zeit predigen. Sie haben keine geheime Erfolgsformel. Dagegen achten sie sehr auf gesunden Menschenverstand. So einfach, jedoch so schwierig umzusetzen! Vielleicht ist das die wichtigste Lektion.

Anmerkungen

1 International Management, June 1992, S. 55.
2 Owen, Geoffrey, und Harrison, Trevor: Why ICI Chose to Demerge, Harvard Business Review, 73, (March–April) 1993, S. 133–142.
3 EKS, d. h. Engpaß-Konzentrierte Strategie nach Wolfgang Mewes.
4 Rommel, Günter, Brück, Felix, Diederichs, Raimund, und Kempis, Rolf-Dieter: Simplicity Wins – How Germany's Mid-Sized

Industrial Companies Succeed, Boston: Harvard Business School Press, 1995.

5   Flik, Heinrich: The Ameba Concept – Organizing around Opportunity within the Gore Culture, in: Simon, Hermann (Hrsg.), Herausforderung Unternehmenskultur, Stuttgart: Schäffer-Verlag, 1990, S. 91–129.

6   Johnson, Barry: Polarity Management, Identifying and Managing Unsolvable Problems, Amherst (Mass.): HRD Press, 1992.

7   Collins, James C., und Porras, Jerry I.: Built to Last – Successful Habits of Visionary Companies, New York: Harper Collins Publishers, 1994.

8   Collins, James C., und Porras, Jerry I.: Die Besten der Besten – Zwölf Managementmythen, gdi-impuls 1/1995, S. 23–29, Zürich: Gottlieb-Duttweiler-Institut 1995.

9   Porter, Michael E.: Competitive Strategy Revisited: A View from the 1990s, Boston: Harvard Business School Press, 1994, S. 273.

LITERATUR

Abell, D. F.: Defining the Business – The Starting Point of Strategic Planning, Englewood Cliffs (N.J.) 1980.

Adamer, M. M.; Kaindl, G.: Erfolgsgeheimnisse von Markt- und Weltmarktführern, München 1994.

Albach, H.: Culture and Technical Innovation, Berlin/New York 1994.

Albaum, G.: International Marketing and Export Management, Boston 1989.

Andersen, O.: On the Internationalization Process of Firms: A Critical Analysis, Journal of International Business Studies, 2, 1993, S. 209–231.

Arrufat, M. A.; Haines, G. H.: Market Definition For Application Development Software Packages, Carleton University School of Business, Working Paper 93–02, 1992.

Attiyeh, R. S.; Wenner, S. L.: Critical mass: Key to Export Profit, The McKinsey Quarterly, (Winter) 1981, S. 73–87.

Australian Manufacturing Council, McKinsey & Company: Emerging Exporters: Australia's High Value-Added Manufacturing Exporters, Australian Manufacturing Council, 1993.

Ayal, I.; Zif, J.: Competitive Market Choice Strategies in Multinational Marketing, Journal of Marketing, 43, (Spring) 1979, S. 84–94.

Bennis, W.: Why Leaders Cant Lead, San Francisco 1989.

Biallo, H.: Die geheimen deutschen Weltmeister: Mittelständische Erfolgsunternehmen und ihre Strategien, Wien 1993.

Buzzell, R. D.; Gale, B. T.: The PIMS Principles, Linking Strategy to Performance, New York 1987.

Cavusgil, S. T.: On the Internationalization Process of the Firm, European Research, November 1980, S. 273–281.

Clifford, D. K.: Growth Pains of the Threshold Company, Harvard Business Review, 51, (September–October) 1973, S. 143–154.

Clifford, D. K.; Cavanagh, R. E.: The Winning Performance, New York 1985.

Collis, D. J.; Montgomery, C. A.: Competing on Resources: Strategy in the 1990s, Harvard Business Review, 73, (July–August) 1995, S. 118–128.

Collins, J. C.; Porras, J. I.: Die Besten der Besten – Zwölf Managementmythen, gdi-impuls 1/1995, S. 23–29, Zürich 1995.

Collins, J. C.; Porras, J. I.: Built to Last – Successful Habits of Visionary Companies, New York 1994.

Cooper, R. G.: The Dimensions of Industrial New Product Success and Failure, Journal of Marketing, 43, (July) 1979, S. 93–103.

Davenport, T. H.: Process Innovation – Reengineering Work through Information Technology, Boston 1993.

Drewes, C.: Euro-Kommunikation, in: Meissner, H. G. (Hrsg.): Euro-Dimensionen des Marketing, Dortmund 1992, S. 84–96.

Drucker, P. F.: Adventures of a Bystander, New York 1978.

Drucker, P. F.: Management and the World's Work, Harvard Business Review, 66, (September–October) 1988, S. 65–76.

Drucker, P. F.: Lest Business Alliances Become Dangerous, The Wall Street Journal Europe, (11. September) 1989.

Flik, H.: The Ameba Concept – Organizing around Opportunity within the Gore Culture, in: Simon, Hermann (Hrsg.): Herausforderung Unternehmenskultur, Stuttgart 1990, S. 91–129.

Ford, H.: My Life and Work, New York 1922.

Foster, R.: Innovation: The Attacker's Advantage, New York 1986.

Glouchevitch, P.: Juggernaut – The German Way of Business: why it is Transforming Europe – and the World, New York 1992.

Hamel, G.; Prahalad, C. K.: Competing for the Future, Boston 1994.

Hammer, M.; Champy, J.: Reengineering the Corporation – A Manifesto for Business Revolution, New York 1993. Deutsch: Business Reengineering, Frankfurt/Main 1993, 5. Auflage 1995.

Heskett, J. L.; Hart, C.; Sasser, W. E. Jr.: The Profitable Art of Service Recovery, Harvard Business Review, 68, (July–August) 1990, S. 148–156.

Henderson, B. D.: The Anatomy of Competition, Journal of Marketing, 47, (Spring) 1983, S. 7–11.

Homburg, Ch.: Kundennähe von Industriegüterunternehmen – Konzeptualisierung, Erfolgsauswirkungen und organisationale Determinanten, Habilitation, Universität Mainz, 1995.

Jacobson, R.; Aaker, D. A.: Is Market Share All That is Cracked Up to Be?, Journal of Marketing, 49, (Fall) 1985, S. 11–22.

Johnson, B.: Polarity Management, Identifying and Managing Unsolvable Problems, Amherst (Mass.) 1992.

Landrum, G. N.: Profiles of Genius, Buffalo (New York) 1993.

Learned, E. P.; Christensen, C. R.; Guth, W. D.: Business Policy: Text and Cases, Homewood (Ill.) 1965.

Levitt, Th.: Marketing Myopia, Harvard Business Review, 38, (July–August) 1960, S. 24–47.

Levitt, Th.: The Globalization of Markets, Harvard Business Review, 61, (May–June) 1983, S. 92–100.

McQuarrie, E. F.: The Customer Visit: A Tool to Build Customer Focus, San Francisco 1993.

Miesenbock, K. J.: Small Business and Exporting: A Literature Review, International Small Business Journal, 6,2 1988, S. 42–61.

Mintzberg, H.; Waters, J. A.: Of Strategies, Deliberate and Emergent, Strategic Management Journal, 6, 1985, S. 257–272.

Montana, J. (Hrsg.): Marketing in Europe, London, 1994.

Ohmae, K.: Triad Power, New York 1985.

Ortega y Gasset, J.: What is Philosophy?, New York 1960.

Owen, G.; Harrison, T.: Why ICI Chose to Demerge, Harvard Business Review, 73, (March–April) 1993, S. 133–142.

Penrose, E. T.: The Theory of the Growth of the Firm, Oxford 1959.

Peteraf, M. A.: The Cornerstone of Competitive Advantage: A Resource-Based View, Strategic Management Journal, 14, 1993, S. 179–191

Peters, Th. J.: Liberation Management, New York 1992.

Peters, Th. J.: The Tom Peters Seminar: Crazy Times for Crazy Organisations, New York 1994.

Peters, Th. J.; Waterman, R. H.: In Search of Excellence-Lessons from Americas Best-Run Companies, New York 1982.

Porter, M. E.: Competitive Strategy, New York 1980. Deutsch: Wettbewerbsstrategie, Frankfurt/Main 1983, 8. Auflage 1995.

Porter, M. E.: Competitive Advantage, New York 1985. Deutsch: Wettbewerbsvorteile, Frankfurt/Main 1986, 3. Auflage 1992.

Porter, M. E.: Competitive Advantage of Nations, London 1990.

Porter, M. E.: Competitive Advantage of Nations, Harvard Business Review, 1990.

Porter, M. E.: Competitive Strategy Revisited: A View from the 1990s, Boston 1994.

Prahalad, C. K.; Hamel, G.: The Core Competence of the Corporation, Harvard Business Review, (May–June) 1990, S. 79–91.

Rommel, G.; Brück, F.; Diederichs, R.; Kempis, R. D.: Simplicity Wins – How Germany's Mid-Sized Industrial Companies Succed, Boston 1995.

Root, F. R.: Entry Strategies for International Markets, Lexington, Mass. 1987.

Schmitt, E.: Strategien mittelständischer Welt- und Europamarktführer, Dissertation Universität Mainz, 1996.

Selznick, P.: Leadership in Administration, New York/Tokyo 1957.

Simon, H.: Management strategischer Wettbewerbsvorteile, Zeitschrift für Betriebswirtschaft, 58-4, 1988, S. 461–480.

Simon, H.: International Expansion: Theoretical Concepts and Experiences in a Medium-Sized Company, Berlin 1982.

Simon, H.: Lessons from Germany's Midsize Giants, Harvard Business Review, 70 (March–April) 1992, S. 115–123.

Simon, Kucher & Partner: Strategische Analyse und Aktion, Bonn 1995.

Slater, R.: The New GE: How Jack Welch Revived an American Institution, Homewood (Ill.) 1993.

Staudt, E.; Bock, J.; Mühleneyer, P.: Informationsverhalten von innovationsaktiven kleinen und mittleren Unternehmen, Zeitschrift für Betriebswirtschaft, 62, 1992, S. 989–1008.

Treacy, M.; Wiersema, F.: The Discipline of Market Leaders, Boston 1995. Deutsch: Marktführerschaft, Frankfurt/Main 1995.

von Hippel, E.: The Sources of Innovation, New York/Oxford 1988.

Wallace, D. B.; Gruber, H. E. (Hrsg.): Creative People at Work, Twelve Cognitive Case Studies, New York/Oxford 1989.

Warnecke, H.-J.: Die fraktale Fabrik (The Fractal Factory), Heidelberg/New York 1992.

Wells, L. T. (Hrsg.): The Product Life Cycle and International Trade, Cambridge (Mass.) 1972.

FIRMEN- UND PERSONENREGISTER

Der Preis - die vernachlässigte Größe

1997. 384 Seiten, gebunden
ISBN 3-593-35802-6

Durch niedrigere Preise einen noch größeren Marktanteil erobern: der Traum eines jeden Managers. Doch im Dreieck der gewinnbestimmenden Faktoren nimmt der Preis neben der Absatzmenge und den Kosten einen bislang vernachlässigten Platz ein. Wurden doch in den vergangenen Jahren erhebliche Anstrengungen unternommen, um die Kosten zu senken und die Absatzmenge zu erhöhen. Dabei sind die Auswirkungen einer professionellen Preispolitik auf den Gewinn oft größer als die Effekte von Kostensenkungsmaßnahmen.

Profit durch Power Pricing widmet sich dem bisher stiefmütterlich behandelten Thema. Das internationale Team von Managementberatern und Wissenschaftlern schaute dazu auf der ganzen Welt Firmen über die Schulter, deren Denken und Maßnahmen sich deutlich von der üblichen Praxis abheben, und analysiert deren Erfolge.

Campus Verlag · Frankfurt/New York

HEYNE BÜCHER

Spannend
wie ein Krimi

Firmenporträts
in der Heyne
Business-Reihe

19/666

John F. Love
Die McDonald's Story
Anatomie eines Welterfolgs
22/1024

David Packard
Die Hewlett Packard Story
Wie Bill Hewlett und ich unser
Unternehmen aufbauten
22/1043

Gerd Meissner
**SAP – die heimliche
Software-Macht**
Wie ein mittelständisches
Unternehmen den
Weltmarkt eroberte
22/1055

Tim Jackson
Inside Intel
Die Geschichte des erfolgreichsten
Chip-Produzenten der Welt
22/1062

Dieter Brandes
Konsequent einfach
Die ALDI-Erfolgsstory
19/666

HEYNE-TASCHENBÜCHER